PASEO PINTORESCO POR LA ISLA DE CUBA

COLECCIÓN ARTE CUBANO

HERENCIA CULTURAL CUBANA y EDICIONES UNIVERSAL,
Miami, Florida, 1999

PASEO PINTORESCO POR LA ISLA DE CUBA

Herencia Cultural Cubana

-- EDICIONES UNIVERSAL

—————

Primera edición en cuadernillos, 1841-1842
publicado por el establecimiento tipográfico del Gobierno y Capitanía General en La Habana

Primera edición, 1999 de mil ejemplares en rústica
y cien ejemplares numerados y encuadernados manualmente en piel.

HERENCIA CULTURAL CUBANA
y
EDICIONES UNIVERSAL
P.O. Box 450353 (Shenandoah Station)
Miami, FL 33245-0353. USA
Tel: (305) 642-3234   Fax: (305) 642-7978
e-mail: ediciones@kampung.net
http://www.ediciones.com

Library of Congress Catalog Card No.: 99-67188
I.S.B.N.: 0-89729-900-0

Diseño de la cubierta: Luis García Fresquet

ÍNDICE

HERENCIA CULTURAL CUBANA agradece de una manera especial a los que hicieron este proyecto posible:

Luis Aguilar León
Emilio Cueto
Armando Cobelo
Alberto Sánchez de Bustamante
Pedro G. Menocal
Juan Manuel Salvat
Víctor Martínez Cuellar
Jutta Levasseur
Ediciones Universal

A MANERA DE PRÓLOGO

Luis Aguilar León

Quien cruce los umbrales de este libro ha de hacerlo con paso quedo y callada admiración, como corresponde a un encuentro valioso que estuvo a punto de perderse. La admirable y meticulosa introducción de Emilio Cueto, avezado explorador de remotas y sumergidas bibliotecas e insólitos rincones, de donde emerge con tesoros de enrevesados mapas, antiguas piezas y recónditos libros, nos cuenta la peligrosa jornada que recorrió este *Paseo Pintoresco por la Isla de Cuba*, y las innumerables veces en que la obra corrió el riesgo de esfumarse para siempre en algún oscuro rincón de una ignorada biblioteca. Inicial y solemne agradecimiento ha de otorgarse a Emilio Cueto, a los doctores Armando Cobelo y Alberto Sánchez de Bustamante de «Herencia Cultural Cubana», y a todos aquellos que, después de seguir las más lejanas pistas literarias, lograron salvar esta obra para nuestro enriquecimiento y deleite, y, sobre todo, para ponerla al alcance de las nuevas generaciones.

El rescate valía la pena. A pesar de todas esas pasadas vicisitudes, rebasando las limitaciones de un proyecto que quedó trunco (el*Paseo Pintoresco* no llegó más allá de Matanzas) por falta de apoyo financiero; dándonos cuenta de que hubo hojas perdidas y un cierto caos en la distribución de los capítulos (la publicación en forma de folletos no facilitó la homogeneidad de la obra); a pesar de todo eso, ¡qué brisa de amor a la tierra cubana emana de estas páginas!, ¡qué positiva incursión en el ambiente criollo de hace centuria y media! y ¡cuántas evocaciones de las bellezas naturales de la isla se despliegan en las láminas que lo enriquecen!

Me apresuro a confesar, sin embargo, que para mí, la más rica veta que atesora el libro reside en los comentarios marginales de los autores, en los párrafos que, mientras describen una iglesia o un paseo, se desprenden del tema y brindan notas personales o ensayos de interpretación que nos ayudan a integrar mosaicos de la cultura cubana. Antonio Bachiller y Morales, Cirilo Villaverde, Manuel Costales, nos ofrecen atisbos de cómo era, o cómo parecía ser la Cuba de 1842, cuando el ambiente parecía estar libre de las fuertes tensiones que trajo la idea de la independencia. Por el contrario, en estas páginas se nota una especie de infantil optimismo, una convicción de que una tierra tan bella y feraz, habitada por un pueblo dinámico no podía marchar sino a mejores tiempos. Dos rasgos notables que dibujan esas curvas personales de los autores, son el orgullo de ser cubanos y la noción de que en esa fecha los cubanos tenían conciencia de su identidad como pueblo.

Curiosamente, la primera nota que provoca una reacción admirativa hacia el siglo XIX cubano, ese siglo cuya intensa y extensa jerarquía cultural no cesa de pasmarnos, planteando el dilema de explicar cómo surgió ese dinamismo cultural en una sociedad dominada por la conocida intransigencia del gobierno colonial español. Preciso es dejar pendiente ese fascinante tema para prestar atención al detalle que, casi de pasada, menciona Emilio Cueto en su introducción. Al enumerar los grabados en que trabajaron los hermanos Costa, quienes sembraron de láminas el *Paseo Pintoresco*, se mencionan «20 retratos destinados a iluminar la *Historia de las inclinaciones y sentimientos del hombre, según la teoría de Gall*» obra que, según menciona el *Diario de la Marina* de la época, iba a ser publicada, o se iba intentar publicar en español.

Se impone una pausa reflexiva. Porque ese dato parece apuntar que en 1842, cuando las comunicaciones internacionales eran todavía rudimentarias, en Cuba, una isla del Caribe dominada por una España que marchaba a la retaguardia del progreso científico europeo, existía una élite que no sólo estaba al corriente de las corrientes literarias de Europa, sino que registraba tesis psicológicas como las ofrecidas por el fisiologista alemán Franz Joseph Gall (1758-1828), cuyo nombre, para mayor asombro, no era muy prominente en Europa[1]. Lo cual permite adelantar una crítica a la famosa y dolorida opinión de Félix Varela sobre que en la Habana lo único que en verdad interesaba eran los cambios en el mercado y el precio del azúcar. Aparentemente había cubanos que conocían el devenir de muchos avances de la técnica europea.

Después de anotar tal hallazgo, entramos en el libro a disfrutar las descripciones de edificios, avenidas y paisajes, sabiendo que muchas veces, dentro del marco de esas expresiones, va a brotar el comentario sagaz, o el párrafo que nos muestra un fragmento de los juicios que sustentaban los cubanos sobre ellos mismos o sobre la problemática de su época. Después de describir al Morro y al Hospital de San Francisco de Paula, por ejemplo, Bachiller y Morales nos enseña la «Casa de Parada del Camino de Hierro de Güines» y «El Jardín Social». Bien pronto la mera descripción se tiñe de orgullo cubano. «Por una coincidencia notable, el ferrocarril corre por la misma Zanja Real (el único surtidero de agua que antes tenía la Habana)... Así por el mismo punto que antes venía el agua a templar la sed de los habaneros, corre hoy el vapor conduciendo al mercado **los riquísimos frutos de nuestros campos, mientras**

---

[1] Curiosamente, algunas teorías de Gall, sobre todo la de que diversas regiones del cerebro controlaban unas determinadas funciones mentales, fueron más tarde parcialmente reivindicadas por Sigmund Freud.

un soberbio acueducto conduce más dignamente, para los habitantes numerosos de un pueblo adelantado, el agua suficiente a sus necesidades. «Riquísimos frutos», «un soberbio acueducto», «un pueblo adelantado», ¿hay necesidad de más directos testimonios para saber qué sentimientos sobre su tierra abrigaban los autores?

Cuando, un poco más tarde, Manuel Costales pormenoriza los detalles de la antigua y casi abandonada «Factoría» de tabaco, no puede evitar lanzar un dardo contra la «pasada» política de Madrid, inclinada a imponer ruinosos monopolios sobre los productos cubanos. En el caso del tabaco dice Costales: «Estableciose (el monopolio), según hemos apuntado, antes de 1765, **cuando la naciente y feracísima Cuba gemía bajo el brazo férreo del monopolio... pobre y mezquina la cosecha en la época del estanco, pues apenas llegaba a 100,000 arrobas, ascendió luego a 500,000... el soplo benéfico de la libertad mercantil dio fuerza y vigor a los labradores, fertilizó nuestros terrenos, alentó el comercio, vivificó la industria y cambio ventajosamente la suerte de millares de familias.**[2]»

Desde luego que no todas esas incursiones o fugas fuera de la circunstancia concreta llevan signo patriótico o expresan criterios sobre la sociedad colonial. Los autores vivían bajo la sombra del Romanticismo y sus escapadas, no siempre elegantemente expresadas[3], nos describen vivencias personales, bañadas por el nuevo estilo literario que en aquella época imperaba. Así, cuando Bachiller y Morales entra en el hospital de San Francisco de Paula, y descubre el recinto donde se atiende a las mujeres enfermas, algunas de ellas prostitutas, su prosa se desliza hacia la descripción de una escena que más parece del teatro romántico que de la realidad del hospital. «Allí una loca que gime por la pérdida de su amante... se encuentra al lado de una joven bella, inquieta, que jamás supo lo que era amor y que ha corrido por todos los senderos de la corrupción, y convalece de sus males: **la mujer de todos, la amante de ninguno, la amada de nadie**». Casi dan ganas de ponerse de pié y aplaudir.

Esa misma tendencia reaparece cuando nuestro joven autor se aproxima al Teatro Principal de la Habana, cuya fachada exterior con razón critica por fea, y comenta que en aquellos días ese teatro era frecuentado **«por gente de tono, por la aristocracia de sangre y de dinero»**. Después, nos inmersa en el recuerdo de un baile de disfraz allí celebrado, al cual había asistido de joven, donde conoció, protegido por un antifaz, a la dama que iba a ser su esposa. Pero, en realidad, el baile se le hizo memorable porque, además del amoroso encuentro, recibió la trágica noticia de que un amigo de la infancia había sido aniquilado por el cólera. Lo cual le provocó «copiosas lágrimas». He ahí, pues, la clásica trilogía del Romanticismo: juventud, amor y temprana

---

[2] La comparación con lo que aconsejan hoy al gobierno de Castro los economistas cubanos es ineludible.

[3] Bachiller y Morales, por ejemplo, quien tenía un conocimiento enciclopédico y cuya vida fue de ejemplar sacrificio por su patria, no le prestaba mucha atención al estilo.

muerte. Nada tienen que ver esas emociones con la descripción o la historia del teatro, pero, bien significativamente, la incursión romántica termina, como siempre, con un destello del amor a su tierra. «Brillaba hermosa la luna en un cielo que no puede ser ni aún comparado con otro alguno, azul, sereno, **cubano en fin**». «Cubano en fin», entonces, como ahora, no había nada más que decir.

En páginas siguientes, Don Manuel Costales, afirma, con orgullosa confianza, que quienquiera ver la pujanza comercial de Cuba no tiene más que situarse en la plaza de San Francisco, a las once de la mañana de cualquier día de trabajo, para ver el abarrote de las calles y la continuidad del tráfico. Luego compensa el mercantilismo mencionando que en ese convento hay «una biblioteca con más de quinientos volúmenes», y «en la parte baja de los claustros está establecida la clase de filosofía que, para bien de los habaneros, dirige Don José de la Luz y Caballero». Así, situándonos la historia a nivel del presente, como si pudiéramos tocar a la puerta de esa clase, y sentarnos en un aula que hizo historia, Don Manuel nos hace visualizar la diversidad y el colorido del barrio, la presencia del maestro cubano y cierra los párrafos con una crítica a aquellos que, con tiendas y distracciones, incitan al pueblo a que apueste y juegue. La crítica toca a todas las clases pero « más terrible era el cuadro que ofrecía la clase culta», particularmente en la casa de portales conocida por el «Café del León de Oro», que «devoró inmensas sumas y desgració a una porción preciosa de nuestra juventud». En el famoso Café, hubo malabaristas, ventrílocuos, juegos públicos y una presencia tan exótica que mueve a Don Manuel a dedicarle un especial recuerdo. «En la sala estuvo una joven natural de China, la única que ha venido a América». ¡Ah, como quisiéramos poder acercarnos a esa joven china para conocer más detalles sobre cómo había llegado a Cuba! Pero es todo lo que sabremos siempre de esa misteriosa damisela.

Así van desfilando en este libro tópicos y tipos, edificios y paisajes, costumbres y piedras, con una secuencia que conmueve y enriquece, y con comentarios que brotan del perceptible deseo de compensar lo malo con lo bueno, lo deficiente con lo perfecto; el mundo interior, acaso sombrío, con el mundo exterior, con esa naturaleza cuya belleza todo lo vence y lo convence. En cierto momento, Don Manuel Costales reconoce que aún en las casas ricas del campo cubano no se encuentran muebles elegantes o múltiples adornos, pero «a falta de arte, en todos los lugares veréis ese cielo tropical, esas palmas bellísimas, esos encorvados cocoteros **y la naturaleza riente de Cuba**». La naturaleza riente de Cuba, ¡qué hermosa expresión!

Aprendemos que la educación está a niveles lamentables, pero de inmediato nos informan que el documento más importante para comprender el «fecundo» proceso comercial de Cuba lo redactó Arango y Parreño, defendiendo, esencialmente, la libertad de comercio. La religión encuentra lugar en el cuadro social, pero los autores eran, o parecen haber sido, positivistas y pragmáticos. Cuando se enfoca a la Iglesia o Santuario de Nuestra Señora de

Regla, Don Nicolás abre una reflexión típica de los positivistas. «La idea de obra sagrada se ha convertido en profana; la idea que levantó iglesias, construye hoy ferrocarriles; la idea de Dios se la ha apropiado el hombre, y como la idea divina está transformando al mundo ¡bendigámosla!».

Al darnos la estampa de la ermita de «Jesús, María y José», Cirilo Villaverde, el futuro autor de «Cecilia Valdés», comenta sobre nuestros templos y describe, con acentos negativos, cómo las tradicionales «fiestas religiosas» o «ferias» españolas se han transformado en Cuba en puros bailes «criollos», donde la naturaleza del ambiente (imaginamos que Don Cirilo se refiere al famoso erotismo del trópico), reúne a parejas jóvenes que tienden a caer en excesos. «Nada se feriaba», describe Villaverde, «todo era juego. El número excesivo de mujeres y hombres jóvenes, reunidos, apiñados en una sala estrecha... la falta de educación y decoro, la libertad con que se entregaban a la danza y a los trasportes del momento, **la exaltación producida por la música criolla**, en fin, contribuía más y más a la relajación de las virtudes sociales y domésticas». A lo cual podríamos añadir, nosotros los lectores, que las detalladas descripciones de las fiestas y los bailes que hace Don Cirilo, alienta la sospecha que a muchas debió haber concurrido.

Pero en definitiva, los autores de los diversos trabajos nos van brindando piezas del rompecabezas cubano para que nos hagamos una idea del conjunto. Hace un momento apunté, por ejemplo, que casi todos los autores que participaron en la obra escribían bajo el influjo del romanticismo. Pues bien, veamos un fragmento donde Cirilo Villaverde parece negar tal afirmación, a pesar de que una segunda lectura muestra su romántica añoranza por las ruinas. Cuando empieza a destacar la importancia del Palacio de Bejucal, el gran costumbrista escribe: «Por desgracia nuestra tierra es tan poco romántica que no tiene ruinas ni monumentos que atestigüen su edad». Y añade con un toque de ironía, «que sirvan de recreo al anticuario, al historiador y al poeta, para sus serias investigaciones».

Hay también quien ha señalado la contradicción de que Cuba es una isla donde nunca germinaron marineros, donde por largo trecho los habitantes le volvieron las espaldas al mar. Pues bien, en el *Paseo Pintoresco* nos topamos de pronto con esta afirmación, «porque hay que señalar la poca afición entre los naturales a cruzar las olas». ¡Cruzar las olas! ¿Quién iba a predecir que centuria y media más tarde el pueblo cubano se hubiera visto obligado a cruzar en masa el peligro de las olas?

Por otro lado, hay historiadores que mantienen que la tesis de la violencia y la idea de la «revolución necesaria» llegó temprano a Cuba montada en la influencia de la Revolución Francesa. Veamos lo que dice sobre tal tema Cirilo Villaverde. Al margen de sus notas sobre el Palacio de Bejucal, el autor de «Cecilia Valdés» diagnostica apasionadamente: «Es preciso que nos convenzamos de que la época de **demoler para levantar**[4] ya pasó: principio

---

[4] El subrayado es del autor y aparece en el original.

maquiavélico que ha figurado mucho en las revoluciones que conmovieron a Francia a fines del pasado siglo y comienzos del presente; y como tal, en el día necio, absurdo, bárbaro, anticristiano».

En fin, ¿qué más puedo decir de un libro fascinante que oculta y muestra en cada página un detalle o un rasgo que expande nuestro conocimiento de Cuba y su historia y que incita a indagar un poco más su relación con los factores externos e internos que forjaron el ambiente cubano? Si en algo vale mi palabra puedo asegurarles, a quienes hojeen las páginas de este libro, que ningún lector, por muy débil que sea su conocimiento o su curiosidad sobre Cuba, ha de concluir su lectura sintiéndose defraudado.

LOS GRABADOS DEL *PASEO PINTORESCO POR LA ISLA DE CUBA* [1]

Emilio Cueto

Hacia fines de la década de 1830, La Habana presentaba un panorama de creciente adelanto, ornato y modernidad: progresos sanitarios, pavimento y alumbrado público, acueducto, cuerpo de bomberos, jardín botánico, academia de pintura, teatro fastuoso, compañía de ópera, navegación a vapor e incluso un ferrocarril, el primero en el mundo hispánico (¡incluyendo la metrópolis!).

Para la reproducción de vistas e imágenes, sin embargo, en 1837 La Habana solamente contaba con artesanos de grabado en madera o metal pero, fuera de algunos intentos anteriores poco exitosos[2], aún no tenía una buena empresa donde se grabara de acuerdo con la última técnica venida de Europa: la litografía. Esta técnica consistía en dibujar trazos e imágenes directamente sobre una piedra especial (piedra es *litos* en griego, y de ahí el nombre del proceso) permitiendo al artista más libertad y flexibilidad, así como menor costo en la producción de las láminas[3].

---

[1] En agosto de 1984, una versión anterior de este trabajo fué presentada personalmente por el autor al Dr. Julio Le Riverend, entonces Director de la Biblioteca Nacional de Cuba, para posible publicación en la revista de esa Institución. Por aquellas fechas era bastante insólito (y, para algunos, impensable y hasta indeseable) que se le publicara nada en Cuba a un autor exilado y, en efecto, la pieza fue engavetada. Sin embargo, gracias al empeño de grandes amigos en la Biblioteca (ellos saben quiénes son), y en especial de la directora siguiente, la Dra. Marta Terry, seis años más tarde el trabajo fue publicado en la *Revista de la Biblioteca Nacional José Martí*, Año 81, 3° época- vol. XXXIII, julio-diciembre 1990, Núm. 2, págs. 127-140. Considero un gran triunfo —para ambas partes, por supuesto— el que se haya logrado romper esa triste y estéril barrera.

[2] El taller de Santiago Lessieur que operó entre 1822 y 1829 y el de Louis Caire, entre 1829 y 1831. Ver Zoila Lapique et al. «La primera imprenta litográfica en Cuba» en *Revista de la Biblioteca Nacional José Martí,* septiembre-diciembre 1970, págs. 35 y sig. Este trabajo, pionero, comprobó que, contrariamente a lo que se había afirmado hasta entonces, la litografía no había sido introducida en la isla por Juan de Mata Tejada, en Santiago de Cuba, sino por litógrafos franceses en La Habana.

[3] «A la reina de las Antillas, al privilegiado y envidiable suelo cuyos habitantes rivalizan con los más cultos de Europa en ilustración, finura, cortesanía é ingenio, faltaba uno de los elementos de exquisita refinación y que atendidas las necesidades creadas por el gusto, clamaba por su introducción. Tal es el noble arte de trasladar al papel con la mayor velocidad y economía por medio de toscas piedras y gracientas tintas las mas sublimes concepciones del genio, y los mas brillantes rasgos de la pluma y del pincel, y de reproducir tan precioso estampado en millares de copias.» *Diario de La Habana*, 20 de enero de 1839. (ortografía original).

Esta situación cambió radicalmente hacia fines de 1838 cuando, casi simultáneamente, se establecieron en La Habana dos empresas litográficas con personal y equipos provenientes de Europa. Una de ellas tomó el nombre de la Sociedad Patriótica, y, por nuclear a varios artistas franceses como Alexandre Moreau de Jonnès, François Cosnier y Fréderic Mialhe, se la conoció como «de los franceses»[4]. La otra se llamó «Litografía Española» (luego «del Gobierno»), era de los hermanos madrileños Fernando y Francisco Costa y pasó a ser la «de los españoles»[5]. La rivalidad entre ellas no se hizo esperar[6].

Ambas empresas tenían planes ambiciosos y bien pronto comenzaron sus trabajos. La empresa de los Costa anunció un proyecto de 48 láminas pero éste quedó inconcluso[7]. Por su parte, entre 1839 y 1841 la Imprenta Litográfica de la Real Sociedad Patriótica publicó en La Habana una serie de vistas, principalmente de la capital y sus alrededores, que, con el título «Isla de Cuba Pintoresca», fue litografiada por el artista bordelés recién llegado

---

[4] Ver Guillermo Sánchez, «Federico Mialhe: Diseño biográfico y señalamientos para la estimación de su obra» en *Revista de la Biblioteca Nacional José Martí*, septiembre-diciembre 1973, págs. 27-59.

[5] En el Legajo 205 del Real Consulado y Junta de Fomento se encuentra el expediente sobre el privilegio solicitado por ellos para las litografías. Asiento No. 9042 del *Catálogo de los Fondos del Real Consulado de Agricultura, Industria y Comercio y de la Junta de Fomento* (La Habana, 1943), pág. 473.

[6] Esta rivalidad ha sido descrita así por Adelaida de Juan: «Vemos, pues, que se manifiesta una polarización económica y política que se establece también es la esfera cultural: el «taller de los franceses» trabajará predominantemente para los criollos, mientras el «de los españoles» recibirá todos los encargos de los peninsulares. Es evidente que la rivalidad entre estos dos talleres litográficos no es sino un aspecto de la dicotomía mayor, de carácter ideológico y político, establecida entre la metrópoli –las autoridades y comerciantes españoles— y la colonia —los hacendados criollos. Sociedad Patriótica de La Habana por un lado y Capitanía General por otro; los hermanos Costa, apoyados por el escritor español Mariano Torrente y la administración metropolitana, los franceses propiciados por los delmontinos.» Adelaida de Juan, «Artistas franceses en la pintura cubana» en *Cuba et la France* (Bordeaux, 1983), págs. 345-346. Ver también Jorge R. Bermúdez, *De Guttemberg a Landaluze* (La Habana, 1990), págs. 213-214. En 1845 ambos talleres se fusionaron en uno solo y, con el nombre de Litografía del Gobierno, continuó hasta 1860.

[7] Esta empresa se había establecido en La Habana, calle Obrapía 101, en 1839. Ya el 3 de febrero de ese año aparecía en el *Diario de La Habana* una larga nota anunciando el «Prospecto de suscripción á una colección de láminas litográficas», que tendría 48 grabados (16 retratos, 8 cuadros grandes de historia, 10 vistas marinas y croquis de puertos, 4 vistas terrestres, 4 de castas y trajes antiguos y modernos y 6 de monumentos y otros objetos de interés local). Aunque este proyecto comenzó oportunamente (ver nota en el número del 6 de diciembre de 1839 del *Diario de La Habana* comentando que la quinta entrega estaba por repartirse) el mismo no prosperó, al menos tal como estaba pensado.

a Cuba, Federico Mialhe[8]. Movidos, quizás, por el éxito de esta publicación[9], los hermanos Costa decidieron entonces editar otra serie de láminas, ahora complementada con artículos descriptivos de las vistas representadas. Sería, en efecto, nuestra primera «guía turística» ilustrada, en la que se reseñarían iglesias, fortalezas, teatros, colegios, hospitales, mercados, así como otros monumentos y puntos de interés.

Esta nueva colección llevó por título *Paseo Pintoresco por la Ysla de Cuba*[10] y fue distribuida por suscripción, a ocho reales cada entrega, siendo prevista una entrega por mes[11]. Su formato era de 8°, oblongo o apaisado, 8½ por 19½ cms. El primer fascículo lleva fecha de 26 de abril de 1841 y contenía un artículo de Antonio Bachiller[12] sobre el Morro y dos litografías de dicho castillo desde perspectivas diferentes.

El *Paseo Pintoresco* tuvo serios problemas económicos y la obra se dejó de publicar en 1842. En una «Advertencia a los Sres. Suscriptores», al final del segundo y último volumen, se explica así por qué cesan las entregas:

> «Los empresarios de esta publicación la hubieran continuado si solo tuvieran que dar vistas de esta ciudad [La Habana] y sus alrededores: al llevar a cabo la idea que se propusieron de reunir en esta colección las vistas de los monumentos y lugares mas notables de toda la Isla se han convencido de que no les es posible costear el viaje del dibujante y los demás gastos que exige la empresa con solo los auxilios de la escasa suscripcion que hoy cuentan.» (ortografía original).[13]

---

[8] Fréderic Mialhe (1810-1881). Ver Emilio Cueto, *Mialhe's Colonial Cuba* (Miami: The Historical Association of Southern Florida, 1994), especialmente págs. 25-68.

[9] Teresa Batista Villareal, *Los Grabados de la Colección Cubana* (La Habana: Biblioteca Nacional José Martí, 1964), pág 6. Adelaida de Juan también opina que el *Paseo* se hace «para competir con el album de Mialhe». Adelaida de Juan, «Un curioso dibujante martiniqueño en la Cuba del Siglo XIX» en *Anales del Caribe* (Santiago de Cuba), enero de 1981, pág. 194.

[10] En la ortografía castellana del siglo XIX era muy común deletrear «Ysla» con y griega. De hecho, muchas obras referentes a Cuba en el Catálogo de la Biblioteca Nacional de Madrid están, aún hoy, clasificadas, no bajo «Cuba» sino bajo «Ysla de Cuba»... ¡y sin referencia cruzada!

[11] Francisco González del Valle, *La Habana en 1841* (La Habana, 1952), pág. 297.

[12] Antonio Bachiller y Morales. Erudito, investigador, periodista y educador cubano (1812-1889).

[13] La nota continuaba diciendo que los empresarios no desistían de llevar a cabo su idea original y que la suspensión de la serie sería solamente temporal. Desafortunadamente, no lo fue. *Paseo Pintoresco*, Vol. 2, pág. 48.

Si el *Paseo Pintoresco* se hubiera publicado originalmente en forma de libro, todas las copias llegadas hasta nuestros días serían idénticas. Pero fue editado parcialmente en cuadernos individuales que fueron distribuidos por entregas periódicas y con vista a que el conjunto fuera encuadernado como un todo al final de su publicación. Por ello, al quedar trunco el proyecto, no es de asombrarse que la mayoría de las colecciones no fueran encuadernadas y que, en las que sí lo fueron, algunas páginas y láminas se hayan extraviado o colocado en orden distinto al originalmente concebido por los editores. El resultado de este singular y caótico proceso ha sido que cada ejemplar encuadernado que conocemos es diferente a los demás y cada vez que algún autor hace una referencia al *Paseo*, se ofrece una descripción distinta de su contenido, dependiendo, obviamente, de la copia que dicho autor ha tenido a la vista.

Así, por ejemplo, tenemos que Trelles publica en 1912 que el *Paseo* tiene 68 láminas (52 en el volumen 1 y 16 en el volumen 2)[14], cifra que repite Sánchez Roig en 1966[15]. Por su parte, el bibliógrafo catalán Palau había dicho en 1920 que eran 42 las láminas[16] y Trelles, en otra publicación de 1925, consigna ese nuevo dato[17]. A su vez, González del Valle dice que son 67[18], Adelaida de Juan anota que son 76[19] y Núñez Jiménez nos informa que son 80[20]. Otros repertorios bibliográficos consignan el libro pero no dan el número de láminas[21].

---

[14] Carlos M. Trelles, *Bibliografía Cubana del Siglo XIX*, Tomo Tercero (1841-1855) (Matanzas, 1912), pág. 23.

[15] Mariano Sánchez Roig, *Notas inéditas sobre el grabado en Cuba* (La Habana, 1966), pág. 24.

[16] Antonio Palau y Dulcet, *Manual del librero hispano-americano* (Barcelona, 1ª edición, 1924), Tomo 2, pág. 342 (bajo «Cuba (isla de)»). Curiosamente, hay otra descripción del mismo libro en el Tomo Sexto, bajo «Paseo», pero en ésta no se consigna el número de láminas. Ver también segunda edición del mismo título, al número 214052.

[17] Carlos M. Trelles, *Suplemento a la Biblioteca Geográfica Cubana* (La Habana, 1925), pág. 26.

[18] González del Valle, *ob. cit.*, pág. 322.

[19] Adelaida de Juan, *Pintura y grabados coloniales cubanos* (La Habana, 1974), pág. 45.

[20] Antonio Núñez Jiménez, *Cuba: La Naturaleza y el Hombre / Geopoética* (La Habana, 1983), pág. 459.

[21] Ya mencionamos a Palau. Ver también, Joseph Sabin, *Dictionary of Books Relating to America* (reimpreso en Amsterdam, 1961), No. 17795.

LOS EJEMPLARES DEL *PASEO PINTORESCO*

Con el propósito de aclarar «definitivamente» la cantidad, identidad y secuencia de las láminas, me dispuse hace 20 años a consultar el mayor número de copias existentes, tarea que he continuado hasta el día de hoy. No sabemos de cuántos ejemplares constó la tirada original aunque creo que se puede afirmar que su número no pudo haber sido menor que el de los suscriptores, que fue alrededor de 340[22]. Por otro lado no creo que haya sido mucho mayor tampoco (aunque supongo que, además de la suscripción al libro completo, se venderían algunas láminas sueltas a quien así lo solicitase).

¿Qué ha sucedido con estas copias? También lo ignoramos, pero dado que la encuadernación de las mismas quedaría a cargo del lector que iba adquiriendo los cuadernillos sueltos, es lógico suponer que un buen número de copias (posiblemente la mayoría) no fueron nunca empastadas en forma de libro. Y aunque es de esperar que aún existan varias copias en colecciones privadas (normalmente de difícil consulta y acceso a los investigadores, cuando no ignorada su existencia completamente), lo cierto es que son muy escasos los ejemplares que se encuentran en bibliotecas públicas.

Empecemos por Norteamérica. Entre los catorce millones de libros publicados antes de 1956 que poseen las 760 bibliotecas más importantes de Estados Unidos y Canadá, y que se encuentran repertoriados en el monumental *National Union Catalog* («NUC»), sólo se menciona una copia del *Paseo*, existente en la Biblioteca del Congreso, en Washington, D.C. (No. de clasificación F 1761 P. 27)[23]. Para colmo de males, esta copia se encuentra hoy extraviada[24]. Consultadas personalmente algunas de las más famosas bibliotecas de Estados Unidos, he podido confirmar que ni la Biblioteca Pública de Nueva York, Harvard, Yale, Princeton, o la valiosa colección cubana en la Biblioteca Otto Richter de la Universidad de Miami poseen ejemplar alguno y sólo Columbia University, en Nueva York, tiene una copia[25].

---

[22] Ver lista de los mismos al final de esta edición facsimilar.

[23] *National Union Catalog*, Pre-1956 Imprints (Washinghton, D.C), Vol. 444 (1976) pág. 57. El suplemento correspondiente a la letra P, publicado en 1981, no añade ningún otro ejemplar.

[24] Comunicación al autor, fechada el 3 de octubre de 1983. Según confirmación del 15 de junio de 1999, este ejemplar continúa perdido.

[25] La copia de Columbia University debió haber aparecido en el *National Union Catalog* pero, por una omisión inexplicable, no fue incluida en dicha publicación. Durante muchos años este ejemplar se encontraba en los estantes de la Biblioteca Central (Butler), circulante y de fácil acceso a todos los estudiantes. Preocupado por una posible pérdida del libro, en 1984 el autor sugirió al entonces director de la Sección de Libros Raros de esa Biblioteca que retirara la copia del *Paseo* de circulación, pero este esfuerzo fué infructuoso. En 1987 el autor volvió a insistir, esta vez con el bibliotecario de la biblioteca especializada de la Facultad de Arquitectura, el Sr. Herbert Mitchell, y, afortunadamente, este ejemplar se encuentra hoy cuidadosamente guardado entre los libros raros de esa dependencia. Es, que yo sepa, el único original accesible hoy al público en Estados Unidos.

En Europa la situación es igualmente lamentable. Ni la Biblioteca Nacional de Madrid, ni la Biblioteca de Catalunya (antes Central) en Barcelona, ni la Bibliotohèque de France (antes Nationale) de Paris, ni el gabinete de grabados del Rijksmuseum de Amsterdam ni la Biblioteca Boldeian de la Universidad de Oxford poseen ejemplar alguno. En realidad, la única copia del *Paseo* que he logrado encontrar en Europa está en la British Library (antes British Museum) de Londres[26].

En Cuba he podido localizar cuatro copias: dos en la Biblioteca Nacional José Martí, una en la Biblioteca Central de la Universidad de La Habana y una en la Biblioteca de la Oficina del Historiador de la Ciudad de La Habana. No existen, sin embargo, ejemplares ni en la Biblioteca de la antigua Sociedad Económica de Amigos del País (hoy Instituto de Literatura y Lingüística en La Habana), ni la «Elvira Cape» de Santiago de Cuba, ni la «Gener y Del Monte» de Matanzas ni la «Coronado» de la Universidad Central de Las Villas. Por supuesto, es de esperar que aún existan en Cuba algunas copias en manos privadas[27].

Además de los seis ejemplares ya mencionados, he consultado dos ejemplares en colecciones privadas en los Estados Unidos[28].

Ocho, pues, han sido los ejemplares del *Paseo* que, encuadernados o conservados con texto dentro de sus portadillas correspondientes, he podido estudiar, lo cual, considerando el número de bibliotecas y coleccionistas privados consultados y la amplitud geográfica de mi búsqueda, confirma la rareza y el valor inapreciable de esta obra.

---

[26] Por supuesto que hay muchas otras bibliotecas en Alemania, España e Italia, además de las bibliotecas de los países de Europa Oriental (por no hablar de América del Sur, Asia y Africa), que no he visitado pero, por ser muchas de éstas de menor envergadura o porque las relaciones entre Cuba y estas instituciones fueron muy limitadas durante el siglo pasado, sospecho que la búsqueda en ellas no sería demasiado fructífera. También es posible que, durante los últimos 20 años desde que que comencé mi investigación, alguna de las instituciones originalmente consultadas haya adquirido un ejemplar. De todos modos, sigo investigando dondequiera que voy.

[27] En 1944, Loló de la Torriente comentaba que ella sólo conocía dos ejemplares «completos» del *Paseo*: «El que conserva Emilio Roig de Leuchsenring y el que guarda la Biblioteca Nacional». Loló de la Torriente, *Estudios de las Artes Plásticas en Cuba* (La Habana, 1944), pág. 59. Desconozco si el ejemplar del ilustre historiador de la Ciudad continúa en manos privadas o si es el que hoy tienen algunas de las instituciones cubanas antes mencionadas. También debería existir en alguna parte el ejemplar que Palau y Trelles citan con 42 láminas y que se menciona en las notas 16 y 17, arriba. Recientemente he tenido noticias de que un particular en La Habana posee una copia con 82 láminas (le faltan las tres que aparecen en la Tabla adjunta con los números 83, 84 y 85 del ejemplar A) pero no he podido consultar el volumen personalmente.

[28] Por supuesto, láminas sueltas del *Paseo* aparecen de vez en cuando (aunque no con demasiada frecuencia) en casas de antigüedades y ferias de grabados. No así el libro con su texto correspondiente.

Para mi análisis comparativo, que aparece en la Tabla al final de estas breves notas introductorias, he asignado una letra a cada uno de los ejemplares consultados, como sigue:

A: Ejemplar existente en mi biblioteca. Tiene 85 láminas (sin contar el frontispicio). El texto está completo, pero le falta la lista de suscriptores;

B: Ejemplar número uno en la Biblioteca Nacional José Martí, en La Habana («BNJM»). Este ejemplar está encuadernado en un tomo y va precedido de la portadilla del cuaderno (entrega) no 5. Tiene 75 láminas (76 si se cuenta la portada)[29];

C: Ejemplar número dos en la BNJM. Encuadernado en dos tomos y estampado con la nota «Elías Zúñiga. Biblioteca», Clasificación 917.291 Pas. Tiene 79 láminas (80 con la portada)[30];

D: Ejemplar en la Biblioteca Central de la Universidad de La Habana. Tiene 58 láminas (59 con la portada);

E: Ejemplar en la Universidad de Columbia en Nueva York (Control Number ABG 3954). Tiene 76 láminas (77 con la portada);

F: Ejemplar en el British Library de Londres (No. 10470 de. l. / Hab. 1841). Tiene 68 láminas (69 con la portada)[31];

G: Ejemplar en la Biblioteca de la Oficina del Historiador de La Habana. Tiene 85 láminas, más la portada[32]; y

H: Ejemplar en la colección del Dr. Alberto Sánchez de Bustamante, radicado en Orlando, Florida. Tiene 71 láminas más la portada. Le faltan algunas páginas de texto pero posee las cubiertas originales para algunos de los cuadernillos individuales (y que se reproducen en esta edición)[33].

---

[29] Este debe ser el que consultó Adelaida de Juan (ver nota 19, arriba).

[30] Este debe ser el que consultó Núñez Jiménez (ver nota 20, arriba).

[31] Este pudiera ser el que primero citó Trelles (ver nota 14, arriba).

[32] Este ejemplar lo conocí por casualidad (no estaba clasificado) luego de haber entregado a la imprenta la primera versión de este artículo.

[33] De la existencia de este ejemplar sólo tomé noticia en junio de 1999.

LAS LÁMINAS

Luego de un minucioso análisis de estos ocho ejemplares he llegado a las siguientes conclusiones[34]:

1.   El *Paseo* fué publicado por entregas y en dos volúmenes que generalmente se encuentran encuadernados en un solo tomo.
2.   El primer volumen tiene 290 páginas de texto más 10 páginas con la lista de suscriptores. Incluye 69 láminas con vistas diferentes y la lámina del frontispicio.
3.   El segundo volumen, que quedó trunco, tiene 48 páginas de texto y 16 láminas.
4.   Las entregas de los cuadernos comenzaron a fines de abril o principios de mayo de 1841[35] y terminaron hacia mediados de 1842. En total se hicieron 12 cuadernos del volumen 1 y quizás dos (?) del volumen 2. Para establecer las fechas de aparición de los cuadernos individuales habría que consultar con más detenimiento del que me ha sido posible la prensa periódica habanera de esos años. Yo sólo he podido constatar que:
el cuaderno no. 9 salió a fines de enero de 1842[36],
el no. 11 salió hacia fines de marzo de 1842[37]

---

[34]   Estas conclusiones son, por supuesto, tentativas. Si apareciera algún otro volumen del *Paseo* con información distinta o adicional, habría que hacer los ajustes correspondientes. Sin embargo, en los 15 años que han transcurrido desde que terminé la primera versión de estas notas sólo he tenido que variar ligeramente algunas de mis conclusiones originales. Y no ha aparecido ningún otro grabado distinto.

[35]   La introducción del *Paseo* está firmada el 26 de abril de 1841. *Paseo Pintoresco*, Tomo 1, pág. 2.

[36]   *Diario de La Habana*, 20 de enero de 1842. Considerando que el ritmo programado inicialmente era de una entrega por mes, la aparición del cuaderno 9 en enero de 1842 se ajusta bastante bien al plan original.

[37]   «Acaba de ver la luz la 11ª entrega de esta obra». *La Prensa*, 23 de marzo de 1842. Otra nota de prensa indica que en el cuaderno 11 se tratan los temas de Casa de Beneficencia (continuación), Hospital de S. Ambrosio, Paseo de Tacón, Alameda de Paula y Palacio de Bejucal, «acompañadas de sus correspondientes láminas litografiadas». *Diario de La Habana*, **21 de marzo de 1842.**

y el no. 12 un mes más tarde[38]. A su vez, el cuaderno 1 del segundo volumen apareció hacia fines de mayo de 1842[39].

5.   Como los editores no publicaron pauta o guía para colocar las láminas (posiblemente porque el proyecto no llegó a concluirse), no sabemos con certeza ni cuántas láminas hubo en total ni el orden de colocación de las mismas. En cuanto al número, mi investigación arroja que fue no menor de 85 (el número más alto de láminas enteramente diferentes que he encontrado). En cuanto al orden, aunque no sabemos a ciencia cierta cuál era, dado que las láminas ilustran un texto que sí nos es conocido, este ejercicio es, para la mayor parte de las láminas, algo relativamente fácil. Basta mirar la Tabla adjunta para darnos cuenta que la mayoría de las láminas siguen un orden más o menos idéntico en todos los ejemplares conocidos.

6.   Hay, sin embargo, algunas láminas que encuentran ubicación bastante distinta en algunos de los ejemplares, a saber: «Subida al Castillo del Príncipe» (núm. 23 del ejemplar «A»), «Mercado de Cristina» (núm. 29), «Playa y puerto de Cogimar» (núm. 32), «Fuente del Comercio» (núm. 49), «Baños de la Beneficencia» (núm. 54), «Palacio de Bejucal» (núm. 63), «Iglesia de Bejucal» (núm. 64), «Cueva donde se sume el río de San Antonio» (núm. 65) y «Baños en el río de San Antonio Abad» (núm. 66).

7.   Una de las láminas del primer volumen, «Mercado de Cristina. Habana», fue también publicada, con ligeras variantes, bajo el título «Interior del Mercado de Cristina. Habana.» Ignoro el porqué de esta segunda versión pero mi hipótesis de trabajo (mientras no tenga otra información) es que la piedra litográfica utilizada en la primera versión se pudo haber dañado (o borrado, para ser utilizada de nuevo) y hubo necesidad de grabar nuevamente la vista[40]. En esta edición facsimilar tenemos la buena fortuna de poder reproducir ambas versiones.

8.   Cuatro de las láminas del primer volumen—marcadas con un asterisco después del título en la Tabla adjunta— fueron grabadas por Cuevas y, por motivos que desconozco (pero que sospecho podrían estar relacionados con la inutilización de la piedra litográfica original), fueron

[38] «Hemos visto el cuaderno no. 12 de esta interesante obra». *La Prensa*, 20 de abril de 1842. La nota continúa diciendo que contiene 3 láminas. Por su parte, en la edición de igual fecha del *Diario de La Habana*, se indica que las materias del cuaderno 12 son Palacio de Bejucal (fin), Iglesia de Bejucal, Cueva donde se sume el río de S. Antonio, S. Antonio Abad, Puentes Grandes y Puente de Marianao, aunque no se especifica el número de láminas. *Diario de La Habana*, 20 de abril de 1842.

[39] «Se está repartiendo el cuaderno no. 1 del 2º y último tomo de esta obra correspondiente al presente mes...» *Diario de La Habana*, 28 de mayo de 1842. En otra nota del mismo diario varios días más tarde se indica que este cuaderno trata del Camino de Hierro de Guines, Guanabacoa, Valle del Yumurí y Paseo Nuevo de Matanzas, «acompañado de sus correspondientes láminas». *Diario de La Habana*, 1 de junio de 1842.

[40] Esto mismo sucedió con dos de las vistas de la colección «Isla de Cuba Pintoresca» de Federico Mialhe. Ver Emilio Cueto, *Mialhe's Colonial Cuba*, *ob. cit.*, págs. 48-50 y 68.

también grabadas por Costa, a veces con ligeras variantes en la imagen, aunque sin modificación en el título. Por ello, algunos ejemplares del *Paseo* llevan las láminas de Cuevas y otros las de Costa. En esta edición se reproducen algunas láminas con sus respectivas variantes del mismo tema (entre ellas la «Tercera Plazuela del Paseo Militar. Habana»), unas grabadas por Cuevas y otras por Costa.

9.   De los ocho ejemplares, solamente existen dos con 85 grabados distintos, el número más alto de láminas que he podido encontrar. Curiosamente, el de la Oficina del Historiador de La Habana («G») posee una de las variantes de la lámina del antiguo Mercado de Cristina («Interior del Mercado de Cristina»), mientras que la del autor («A») posee la otra variante («Mercado de Cristina»).

10.   Solamente uno de los 4 ejemplares que se conservan en instituciones dentro de la isla está «completo» (el de la Oficina del Historiador). Si consideramos las láminas de los otros 3 ejemplares juntos se llegan a contar 83 grabados distintos, más la variante del «Mercado» mencionada en el numeral anterior.

11.   Una de las láminas del primer volumen, («Alameda de Paula. Habana») fue publicada con igual título y tamaño pero con papel, detalle y formato distinto en versión que, obviamente, no forma parte de la serie del *Paseo*. Poseo un ejemplar de la misma pero desconozco el contexto particular en que fue impresa o si otras láminas del *Paseo* tuvieron igual destino.

12.   Aunque las láminas del *Paseo* no tuvieron, ni con mucho, la difusión internacional que logró la obra de Mialhe[41], algunas de sus láminas se vieron reproducidas en otras publicaciones del siglo pasado. Así vemos que las láminas «Alameda de Paula» (núm. 62 del ejemplar «A» de la Tabla), «Puentes Grandes» (núm. 68) y la «Vista Gral. de Guanabacoa» (núm. 73). fueron reproducidas por Pezuela en un libro publicado tres décadas más tarde en España[42]. Y la lámina «Palacio de Bejucal» (núm. 63) fue reproducida en*Cuba y América* (La Habana) en 1900[43].

13.   Resulta interesante mencionar también que algunas de las láminas del *Paseo* sirvieron de inspiración a los ceramistas gallegos del siglo XIX. Entre las láminas así reproducidas se encuentran las numeradas en la Tabla adjunta, bajo ejemplar «A», con los números 1, 3, 4, 11,

---

[41]   Ver Emilio Cueto, *Mialhe's Colonial Cuba, ob. cit.*, especialmente págs. 25-68.

[42]   Jacobo de la Pezuela, *Crónica General de las Antillas* (Madrid, 1871). Los grabados, esta vez en madera, aparecen en las páginas 67, 129 y 113 respectivamente.

[43]   Número del 20 de agosto de 1900, pág. 5.

13, 14, 26, 35 y 51[44]. Y una empresa de cerámica en Inglaterra se basó en la lámina de la «Alameda de Paula» (número 62 del ejemplar «A») para fabricar una de sus piezas e incluirlas entre las miles de vajillas que salieron de sus hornos de Staffordshire el siglo pasado[45].

LOS ARTISTAS

Poco sabemos de los autores de las litografías, Laureano Cuevas y Fernando de la Costa[46].

Según Guillermo Sánchez[47], Fernando de la Costa y Prades nació en Madrid en 1804. Lo encontramos trabajando en 1826 en el Real Establecimiento Litográfico de Madrid bajo la dirección de José de Madrazo[48]. Después de 1834, cuando se concede en España la libertad de fundar empresas litográficas, establece la Litografía de Costa y Lanzaco, en calle de Barrionuevo 5, en Madrid[49]. Luego de trabajar durante cuatro años en Madrid[50], llega a La Habana en el otoño de 1838 con su hermano Francisco y juntos inauguran la Litografía Española, luego convertida en Litografía del

---

[44] El Museo de Arte Colonial en La Habana posee ejemplares de algunos de estos platos. Otros los he podido ver en museos y colecciones privadas en España.

[45] Ver reproducción en Eugenio Sánchez de Fuentes, *Cuba Monumental, Estatuaria y Epigráfica*. Tomo I (La Habana, 1916), pág. 215.

[46] Siempre se ha considerado que el autor de estas láminas es Fernando Costa. Sin embargo, hay que notar que junto con Fernando vino a La Habana su hermano Francisco, litógrafo también, y que cuando una lámina está firmada solamente con la incial «F.» cabría preguntarse si Francisco no pudo haber dibujado alguna de las láminas del *Paseo* u otras tradicionalmente atribuidas a Fernando. No tengo respuesta pero dejo abierta la interrogante.

[47] Guillermo Sánchez, investigador en la Biblioteca Nacional José Martí, se encontraba trabajando en su *Diccionario Biográfico Cubano de Artistas Plásticos* cuando falleció hace ya algunos años. Su manuscrito se encuentra en dicha Biblioteca. Tengo entendido que la investigadora Caridad Pino Santos está en proceso de publicar una edición, corregida y aumentada, de tan valioso libro de referencia.

[48] Elena Páez Ríos, *Repertorio de grabados Españoles* (Madrid, 1981-3) vol. 1, pág. 245, núms. 522 y 523.

[49] Antonio Gallego, *Historia del Grabado en España* (Madrid, 1979), pág. 351. Lanzaco seguirá unido a los hermanos Costa en la empresa habanera, situada en la Calle Ricla No. 70. Francisco González del Valle, *ob. cit.*, pág. 279.

[50] Ver nota a tal efecto en el número del 20 de enero de 1841 del *Diario de La Habana*.

Gobierno, que funcionó hasta 1860[51]. Fue, siempre según Sánchez, Vicepresidente de la Sección de Bellas Artes del Liceo Artístico y Literario de La Habana (1848)[52], se retiró como impresor en 1860[53] y falleció en La Habana el 16 de septiembre de 1870. El diccionario de artistas cubanos (inédito) de Rodríguez Morey no aporta muchos datos más[54]. Por su parte, Francisco Costa siguió una trayectoria bastante parecida a la de Fernando, y falleció 3 años antes que su hermano[55].

Además de los 17 grabados para el *Paseo Pintoresco* y de realizar todo tipo de trabajo de imprenta[56], Costa (o quizás debería decir los hermanos Costa) trabajó(aron) en las siguientes obras[57]:

---

[51] Guillermo Sánchez, *Federico Mialhe, ob. cit.*, pág. 34.

[52] En una nota aparecida en la revista *El Liceo de La Habana* de 1857, se menciona que Costa era «socio facultativo de la Sección de Bellas Artes». Ver Zoila Lapique, *Música Colonial Cubana* (La Habana, 1979), pág. 212.

[53] En El *Directorio de Artes, Comercio e Industrias de La Habana* de 1859 aparece como litógrafo radicado en Muralla 70 en 1859.

[54] Antonio Rodríguez Morey, antiguo Director del Museo Nacional (antes de Bellas Artes) ha dejado un manuscrito valiosísimo (aunque obviamente desfasado por el tiempo) titulado *«Diccionario de Artistas Plásticos de Cuba»*, que se conserva en esa institución. Sobre Costa dice lo siguiente: «Dibujante y grabador de la primera mitad del Siglo XIX que trabajó en Cuba y del que existen muy pocos datos de su vida.- Solo sabemos que junto con su colega L. Cuevas ilustró el interesante libro titulado «Paseo Pintoresco por la Isla de Cuba», publicado en el año 1841, en la Litografía del Gobierno y Capitanía General. Interesante libro que está totalmente agotado y que solo se encuentra en algunas bibliotecas. Costa fue el autor de los grabados litográficos de la Alameda de Paula, Fuente del Comercio, Palacio de Bejucal, Muelle de La Habana, Entrada del Vapor Almendares en el Muelle de La Habana, etc.»

[55] Guillermo Sánchez, *Diccionario, ob. cit.*, nos dice que Francisco era «Litógrafo, hermano de Fernando. Nacido en Madrid en 1799 y fallecido en La Habana el 30 de octubre de 1867. Trabajó en La Habana hasta 1860 en que, por enfermarse, se retiró del trabajo litográfico». Sánchez no le atribuye ninguna obra en particular. Rodríguez Morey ni siquiera lo menciona. Calcagno (ver nota 82) tampoco.

[56] «El propio establecimiento continúa sirviendo á este respetable público que tanto le favorece, con todo el esmerado desempeño que acreditan sus obras en toda clase de dibujo y escritura comprendiendo los documentos del comercio y oficinas, papeletas de dar días, partes de casamiento, de mudanza de casas, papeletas de entierro, etiquetas para boticas, confiterías, tiendas de ropas, y para cuantos ramos se soliciten, advirtiendo que las papeletas de entierro se estampan en oro o plata sobre escelente papel negro coquille como se costumbra en París y otros puntos de Europa, todo con graciosos adornos y bien egecutadas viñetas...». *Diario de La Habana*, 6 de diciembre de 1839. (ortografía original).

[57] Sánchez Roig, *ob. cit.*, pág. 21, nos dice que Costa había grabado en 1832 un retrato en acero con el retrato del Obispo Espada. Yo tengo serias dudas sobre esta aseveración. Para empezar, Costa no había llegado a Cuba para esas fechas y, además, no consta en ninguna parte que Costa grabara en acero. Costa, sin embargo, sí dibujó, en litografía, un retrato de Espada en 1846.

1839 Retratos del Capitán General Ezpeleta, del Conde de Villanueva[58], del Marqués de la Torre y de Don Luis de las Casas[59]; **6 láminas del** *Obsequio á Las Damas* de Oliva[60]; una lámina representando la Primera Misa celebrada en La Habana[61]; y una *Vista de la Ciudad y Puerto de La Habana desde la Loma del Indio*[62].

1840 Impresión de partituras musicales para la *Colección Escogida de Piezas de Canto Ligeras y Festivas y sobre todo Nacionales*[63].

1842 Retrato del Capitán General Gerónimo Valdés[64]; 20 retratos para la *Historia de las inclinaciones y sentimientos del hombre, según la teoría de Gall*[65]; 4 láminas de tema odontológico para un libro especializado de Koth[66]; y 5 láminas—un retrato de Sor Juana Inés de la Cruz y cuatro escenas mejicanas— para las *Memorias de la Sociedad Patriótica*[67].

---

[58] *Diario de La Habana*, 31 de marzo de 1839.

[59] *Diario de La Habana*, 25 de mayo de 1839. Hay que notar que los retratos de Vlllanueva y de la Torre han sido atribuidos a otro litógrafo, Amérigo, y es muy probable que los Costa sólo se hayan ocupado de la impresión de dichos retratos en su taller, pero no de dibujar los mismos.

[60] Ramón de Oliva, *Obsequio a las Damas* (La Habana, 1839). Copia en la BNJM.

[61] *Diario de La Habana*, 16 de julio de 1839.

[62] Se anunciaba en el número del 25 de mayo de 1839 del *Diario de La Habana*. Vi una copia en casa de un coleccionista cubano residente en Filadelfia en los años 80.

[63] Una de ellas, la canción de la Manola, iba adornada con una «Manola», copia de un cuadro de Augusto Ferrán. Zoila Lapique, *Musica Colonial, ob. cit.*, pág. 137.

[64] *Diario de La Habana*, 10 de mayo de 1842. Copia del retrato en la BNJM.

[65] Una nota en el número del 30 de noviembre de 1842 del *Diario de La Habana*, anuncia que «pronto verá la luz pública» la traducción de este libro. Sin embargo, llevo más de 20 años tratando de ubicar algún ejemplar sin éxito alguno. Según la misma nota, entre los retratos litografiados estarían los de Kant, Rubens, Colón, Catalina de Medicis y Pedro el Grande. Tampoco he visto estos grabados sueltos.

[66] Mauricio C. J. Koth, *Instrucciones Generales sobre el desarrollo y conservación de la dentadura y breve manual de dentistas.* (La Habana, 1842). Copia en la BNJM.

[67] Sor Juana Inés de la Cruz (págs. 280-1), Palacio Principal del Palenque (págs. 296-7), Vista y altura de la fortificación de Mitla y Plano de la fortificación de Mitla (págs. 472-3).

1844   Retrato del Padre Gerónimo de Ripalda, en las *Memorias de la Sociedad Patriótica*[68] y retrato de la Avellaneda[69].

1845   3 grabados, entre ellos un retrato del Conde de Revillagigedo y una escena representando el desembarco de Colón para el *Protocolo de Antigüedades* de García[70], y catorce grabados para el *Registro Yucateco*, que se editaba en México, aunque las láminas eran litografiadas en La Habana[71].

1846   Retratos del Obispo Espada y del Intendente Ramírez para *Flores del Siglo* de Roldán y Costales[72].

1847   4 láminas para el *Aguinaldo Habanero* de Güell y Costales[73].

1848-   Retrato del Capitán General Federico Roncali[74], y anuncio para la fábrica de tabaco «La Norma».

1850   Retrato de Tomás Romay en el libro de Costales[75].

---

[68]   Noviembre de 1844, pág. 71.

[69]   Tengo referencia de que apareció en *La Prensa* del 16 de septiembre de 1844, pero no lo he podido localizar.

[70]   Joaquín José García, *Protocolo de Antigüedades* (La Habana, 1845-46). Copia en BNJM, clasificada bajo revista. Sánchez Roig, *ob.cit.*, pág. 21, se equivoca al decir que el retrato del Conde de Revillagigedo es en acero y no una litografía.

[71]   La mayor parte de estas láminas abordan temas mejicanos, aunque hay una «Farola y Morro de la Habana» (1846, pág. 95) y un «Interior de la Catedral de La Habana» (1846, pág. 177). Curiosamente, estas láminas aparecen grabadas en la litografía de la Real Sociedad Económica, pues, para esa fecha, ya las dos empresas rivales se habían fusionado.

[72]   *Flores del Siglo*, Tomo II, págs. 6-7 y 78-79, respectivamente. Copia en la BNJM. El grabado de Espada lo reproduce Raimundo Cabrera en *Cuba and the Cubans* (Philadelphia, 1896), pág. 161.

[73]   Juan Güell y Renté y Manuel Costales, *Aguinaldo Habanero* (La Habana, 1847). Láminas del «Ángel de la Guarda», «Vista de la Chorrera», «El Huérfano» y «El Hermano de San Lázaro». Copia en la BNJM.

[74]   Elena Páez, *ob. cit.*, Vol. 3, pág. 522. Aunque el retrato no está fechado, creo que pudiera ser situado entre el 20 de mayo de 1848 y el 13 de noviembre de 1850, período en que Roncali fue Capitán General de Cuba.

[75]   Manuel Costales, *Elogio del Dr. D. Tomás Romay* (La Habana, 1847). Copia en la BNJM. De este retrato existe más de una versión.

1851   6 Láminas para la *Historia del Archipiélago y Sultanía de Joló*[76].

1855   Impresión del *Gran Plano Topográfico de La Habana* de José María de Loma Ossorio y Fernández[77].

1857   Impresión de la partitura musical *La Piedad*[78].

1858   Retrato de La Avellaneda para *Cuba Poética*[79].

Del segundo artista del *Paseo*, Laureano Cuevas, tengo menos noticias aún pues no aparece consignado en el Diccionario de Ossorio[80], ni en el extenso *Repertorio* de Elena Páez[81] ni en el *Diccionario Biográfico* de Calcagno[82]. Tampoco aportan mucha información Guillermo Sánchez[83] o Rodríguez Morey[84].

---

[76]   José García de Arboleya, *Historia del Archipiélago y Sultanía de Joló* (La Habana, 1851). En las bibliotecas de Estados Unidos, según el *NUC*, existen dos copias de este libro, una en Harvard y otra en la Biblioteca del Congreso. Debo notar que la copia de la Biblioteca del Congreso (OSG S 963) posee el frontispicio que le falta a la de Harvard (OC 9534.3). Existe otra copia en la British Library de Londres. En la BNJM hay alguna lámina suelta pero no estoy seguro si tienen el libro completo.

[77]   Copia en la BNJM.

[78]   Apareció en la revista *El Liceo de La Habana* con la anotación siguiente: «El señor Costa puede decir que decidió el problema práctico de que la impresión litográfica podía conseguirse en este país con la misma limpieza y perfección que en Europa. El Liceo no puede menos que tributarle una nota de gracias por su presente». Zoila Lapique, *Música Colonial, ob. cit.*, págs. 212-3.

[79]   José Socorro de León (ed.), *Cuba Poética* (La Habana, 1858), pág. 72. Hay varios ejemplares en la BNJM pero no todos están ilustrados.

[80]   M. Ossorio, *Galería Biográfica de Artistas Españoles del Siglo XIX* (Madrid, 2ª ed. 1975, reproduciendo la de 1885).

[81]   Elena Páez, *ob. cit.*

[82]   Francisco Calcagno, *Diccionario Biográfico Cubano* (Nueva York, 1878).

[83]   Guillermo Sánchez, *Diccionario, ob. cit*, nos reporta que Cuevas fue «Grabador y litógrafo. Vino a Cuba a trabajar a la Litografía Española de Costa y Hermano en sustitución de Ramón Amérigo y Morales que había regresado a España. Colaboró en la ilustración del *Paseo Pintoresco*... Poco después de 1842 abandonó la empresa y se marchó de Cuba. Toda su obra gráfica conocida se encuentra contenida en el *Paseo*. [En esto se equivoca el querido Guillermo.] Fue un dibujante de fino trazo, minucioso y objetivo».

[84]   Antonio Rodríguez Morey, *ob. cit.* Sobre Cuevas, de quien no nos dice ni el nombre de pila, comenta:
«Dibujante y litógrafo de la primera mitad del Siglo XIX. Muy pocas son las noticias que de él se tienen, sólo sabemos que fue el autor junto con F. Costa de las láminas del libro «Paseo Pintoresco por la Isla de Cuba», publicado por la Litografía del Gobierno y Capitanía General en el año 1841. Esta obra está totalmente agotada y sólo

Supongo que, al igual que Costa, Cuevas era español y que vino a Cuba hacia 1838-9 (o quizás no llegó hasta 1841) a formar parte del equipo de la Litografía del Gobierno. Además de grabar la inmensa mayoría de los grabados para el *Paseo Pintoresco* (68 de 85), se le conocen otras piezas de mayor tamaño, tales como «Vista de la Plaza de Armas en La Habana en Noche de Retreta» (parecida a otra de igual tema incluida en el *Paseo Pintoresco*), «Vista de la Quinta del S. D. José Suárez Argudín situada en el camino del Cerro tomada del interior de uno de sus jardines»[85] y «Entrada del Vapor Almendares visto desde la Machina»[86]. Al parecer, regresó a España cuando se dejó de imprimir el *Paseo*.

Por regla general, Cuevas y Costa trabajaron por separado, cada cual haciendo el trabajo completo de cada lámina, o sea, tanto el dibujo (del natural) como la litografía (en la imprenta). Sin embargo, en algunas láminas, como «Casa de Parada en el sitio de los Almacenes del Camino de Hierro» o en la «Tercera Plazuela del Paseo Militar. Habana», Cuevas y Costa aparecen identificados como litógrafos solamente, sin mencionarse al dibujante. En el caso de la Tercera Plazuela es obvio el porqué: Costa estaba grabando una lámina originalmente dibujada (y litografiada) por Cuevas, aunque es posible que en otros casos esto haya sido una omisión de la rúbrica normal «dibujó y litografió». Con el fin de hacer este estudio lo más completo posible, he añadido a la Tabla adjunta las categorías «d» y «l» bajo cada artista para consignar así si el autor dibujó y/o litografió la lámina en cuestión.

VALORACIÓN DE LAS LÁMINAS

En una nota aparecida en la prensa habanera de 1842, su autor comentaba que era «profano en las artes» y no podía pronunciarse sobre los grabados del *Paseo* pero que había consultado las láminas «con peritos y su voto no las condena, antes bien les es propicio y laudatorio.» La crítica del siglo XX ha sido algo menos generosa. Juan Sánchez, por ejemplo, ha dicho, que tanto Costa como Cuevas «abusaron de los contornos borrosos y el exceso de

---

quedan algunos ejemplares en bibliotecas particulares. Son de Cuevas los grabados: Iglesia y Hospital de Paula, Castillo del Gobierno [sic], Interior de la Catedral, Fachada de la Catedral de La Habana, El Templete, Fuente de la India, Real Casa de Benefiencia y otros.»

[85] Ambas fueron vistas por el autor en casa de un coleccionista cubano residente en Filadelfia en la década de los 80.

[86] Esta pieza se encontraba en manos de un coleccionista de Miami en 1979, pero nunca he podido examinarla personalmente.

medias tintas»[87]. Por su parte, Adelaida de Juan comenta que los grabados, especialmente los de Costa, son «en algunos casos estereotipados y rígidos»[88] y Guillermo Sánchez dice que los grabados de Costa «no tienen la finura y firmeza de trazos de los de Mialhe»[89].

En efecto, las laminas del *Paseo Pintoresco* son inferiores a las de Mialhe[90] y no logran comunicarnos (al menos a quien esto escribe) una visión ágil y simpática de la Habana (o Matanzas) de la época. Sus personajes, sobre todo, son un tanto esquemáticos. Y el tema costumbrista, que ya comienza a perfilarse tímidamente en la obra de Mialhe de esos años, no parece encontrar mucho eco en el *Paseo*.

Pero si las láminas del *Paseo* no representan estrictamente lo mejor de la producción artística en la Cuba decimonónica[91], su valor documental, en cambio, es de primerísimo orden. Gracias al pincel de estos dos artistas metropolitanos tenemos hoy una amplia y variada representación gráfica del cambiante urbanismo habanero y a ellos debemos las primeras ilustraciones de nuestro primer vapor, el Almendares, y de nuestro primer ferrocarril.

Además, en el *Paseo* encontramos imágenes de edificios y lugares que ningún otro artista dibujara y, de no haber sido por Costa y Cuevas, no tuviéramos hoy las vistas de las diferentes plazuelas del *Paseo* Militar, o del Palacio de Bejucal, o del Hospital de San Juan de Dios, o de la Iglesia de Jesús del Monte, por citar sólo algunos ejemplos. Las láminas del *Paseo* son, en verdad, fuente obligada para alcanzar una visión completa de nuestra Capital hace siglo y medio. Muy en particular, sus once grabados de Matanzas forman posiblemente la colección más importante de nuestra «Atenas» que nos queda del siglo XIX[92].

Es hora, pues, de prestar mayor atención al legado de Costa y Cuevas. Sirvan estas notas de estímulo a futuros investigadores que quieran ahondar en la vida y producción artística de estos litógrafos que tanto han contribuido a nuestra comprensión del pasado colonial. La reproducción íntegra (hasta

[87] Juan Sánchez, *El grabado en Cuba* (La Habana, 1956), pág. 46.

[88] Adelaida de Juan, *Pintura y grabados, ob. cit.*, pág.

[89] Guillermo Sánchez., *Diccionario, ob. cit.*

[90] «Mialhe fue el gran señor de la litografía a mediados del siglo pasado. Nadie puede arrebatarle el cetro». Juan Sánchez, ob. cit., pág. 46.

[91] La obra de Leonardo Barañano (1822-post 1873) y Eduardo Laplante (ca. 1818-post 1878), junto con la de Mialhe, ya citado, es decididamente superior.

[92] Conozco otras dos series importantes de grabados matanceros del XIX: la de José López Martínez hacia 1846-54, que pareciera tener al menos 25 láminas pero sólo he podido repertoriar 8 de ellas (5 en la BNJM y 3 más que se expusieron en La Habana en 1942), y las 5 láminas que aparecen en el libro *Apuntes para la Historia de la Isla de Cuba con relación a la Ciudad de Matanzas* (Matanzas, 1878) José Mauricio Quintero y Almeyda.

donde conocemos) de las láminas del *Paseo* en esta coedición de Herencia Cultural Cubana y Ediciones Universal de Miami, que se hace por vez primera en más de siglo y medio, nos debe llenar de profundo orgullo a todos los cubanos.

XXX

BIBLIOGRAFÍA

Aguinaldo Habanero (eds. Juan Güell y Renté y Manuel Costales) (La Habana, 1847).

BATISTA VILLARREAL, TERESA. *Los Grabados de la Colección Cubana* (La Habana: Biblioteca Nacional José Martí, 1964).

BERMÚDEZ, JORGE R. *De Guttemberg a Landaluze* (La Habana, 1990).

CABRERA, RAIMUNDO. *Cuba and the Cubans* (Philadelphia, 1896).

CALCAGNO, FRANCISCO. *Diccionario Biográfico Cubano* (Nueva York, 1878).

Catálogo de los Fondos del Real Consulado de Agricultura, Industria y Comercio y de la Junta de Fomento (La Habana, 1943).

COSTALES, MANUEL. *Elogio del Dr. D. Tomás Romay* (La Habana, 1847).

Cuba Poética (ed. José Socorro de León). (La Habana, 1858).

CUETO, EMILIO. «Las Láminas del Paseo Pintoresco por la Isla de Cuba» en *Revista de la Biblioteca Nacional José Martí* (Año 81, 3° época- vol. XXXIII, julio-diciembre 1990, Núm. 2), págs. 127-140.

—— *Mialhe's Colonial Cuba* (Miami: The Historical Association of Southern Florida, 1994).

Diario de La Habana (La Habana).

Directorio de Artes, Comercio e Industrias de La Habana. 1859. (La Habana, 1859).

Flores del Siglo (eds. Roldán y Costales) (La Habana, 1847).

GALLEGO, ANTONIO. *Historia del Grabado en España* (Madrid, 1979).

GARCÍA DE ARBOLEYA, JOSE. *Historia del Archipiélago y Sultanía de Joló* (La Habana, 1851).

GONZÁLEZ DEL VALLE, FRANCISCO. *La Habana en 1841* (La Habana, 1952).

JUAN, ADELAIDA DE. «Artistas franceses en la pintura cubana» en *Cuba et la France* (Bordeaux, 1983).

—— *Pintura y grabados coloniales cubanos* (La Habana, 1974).

—— «Un curioso dibujante martiniqueño en la Cuba del Siglo XIX» en *Anales del Caribe* (Santiago de Cuba), enero de 1981.

KOTH, MAURICIO C. J. *Instrucciones Generales sobre el desarrollo y conservación de la dentadura y breve manual de dentistas* (La Habana, 1842).

LAPIQUE BECALI, ZOILA. *Música Colonial Cubana.* Tomo I (1812-1902) (La Habana, 1979).

———— «La primera imprenta litográfica en Cuba» en *Revista de la Biblioteca Nacional José Martí*, septiembre-diciembre 1970.

LOMA OSSORIO Y FERNÁNDEZ, JOSÉ MARÍA. *Gran Plano Topográfico de La Habana* (La Habana, 1855).

Memorias de la Sociedad Patriótica (La Habana).

National Union Catalog. Pre-1956 Imprints (Washington, D.C.).

NÚÑEZ JIMÉNEZ, ANTONIO. *Cuba: La Naturaleza y el Hombre / Geopoética* (La Habana, 1983).

OLIVA, RAMÓN DE. *Obsequio á las Damas* (La Habana, 1839).

OSSORIO, M. *Galería Biográfica de Artistas Españoles del Siglo XIX* (Madrid, 2ª ed. 1975, reproduciendo la de 1885).

PAEZ RÍOS, ELENA. *Repertorio de grabados Españoles* (Madrid, 4 vols., 1981-1983).

PALAU Y DULCET, ANTONIO. *Manual del librero hispano-americano* (Barcelona, 1ª edición, 1924).

PEZUELA Y LOBO, JACOBO DE LA. *Crónica de las Antillas* (Madrid, 1871).

Prensa, La (La Habana).

Protocolo de Antigüedades (ed. Joaquín José García) (La Habana, 1845-46).

QUINTERO Y ALMEYDA, MAURICIO. *Apuntes para la Historia de la Isla de Cuba con relación a la Ciudad de Matanzas* (Matanzas, 1878).

Registro Yucateco (México).

RODRÍGUEZ MOREY, ANTONIO. «*Diccionario de Artistas Plásticos de Cuba*» (inédito). Manuscrito encuadernado en varios volúmenes en el Museo Nacional (antes Bellas Artes) de Cuba.

SABIN, JOSEPH. *Dictionary of Books Relating to America* (reimpreso en Amsterdam, 1961).

SÁNCHEZ, GUILLERMO. *Diccionario Biográfico Cubano de Artistas Plásticos* (inédito). Manuscrito en la Biblioteca Nacional José Martí, en La Habana.

———— «Federico Mialhe: Diseño biográfico y señalamientos para la estimación de su obra» en *Revista de la Biblioteca Nacional José Martí*, septiembre-diciembre 1973.

SÁNCHEZ ROIG, MARIANO. *Notas inéditas sobre el grabado en Cuba* (La Habana, 1966).

SÁNCHEZ DE FUENTES Y PELAEZ, EUGENIO. *Cuba Monumental, Estatuaria y Epigráfica*. Tomo I (La Habana, 1916).

TORRIENTE, LOLO DE LA. *Estudio de las Artes Plásticas en Cuba* (La Habana, 1944).

TRELLES, CARLOS M. *Bibliografía Cubana del Siglo XIX, Tomo Tercero* (1841-1855) (Matanzas, 1912).

———— *Suplemento a la Biblioteca Geográfica Cubana* (La Habana, 1925).

LÁMINAS DEL *PASEO PINTORESCO POR LA ISLA DE CUBA*

		Cuevas[1]		Costa[2]		Ejemplares consultados y orden de láminas							
TEXTO págs.	LÁMINAS[3]	d[4]	l[5]	d	l	A[6]	B[7]	C[8]	D[9]	E[10]	F[11]	G[12]	H[13]
VOL. I													
36161	Paseo Pintoresco por la Ysla de Cuba. (frontispicio)					X	X	X	X	X	X	X	X
36224	Castillo del Morro de La Habana.	X	X			1	1	1	1	1	1	1	X
	Castillo del Morro. Habana.	X	X			2	2	2	2	-	3	2	X
36352	Iglesia y Hospital de San Francisco de Paula. Habana.	X	X			3	3	3	3	2	4	3	X
	Casa de Parada en el Sitio de los Almacenes del Camino de Hierro.		X			4	5	4	5	3	5	4	X
36538	Camino de Hierro frente al Jardín Social. Habana.	X	X			5	4	5	4	4	6	5	X
15-24	Interior de la Catedral. Habana.	X	X			6	6	6	8	5	7	6	X
25-28	Fachada de la Catedral. Habana.	X	X			7	7	7	9	6	8	7	X

TEXTO págs.	LÁMINAS	d	l	d	l	A	B	C	D	E	F	G	H
29-36	Factoría y muelle de Tallapiedra. Habana.	X	X			8	8	9	11	8	10	9	X
	Casa de Factoría. Habana.	X	X			9	9	8	10	7	9	8	X
37-42	Teatro Principal. Habana.	X	X			10	10	10	12	9	11	10	X
43-46	Entrada del Vapor Almendares en el Muelle de La Habana.				X	11	11	12	13	10	12	11	X
47-54	Iglesia Parroquial de la Salud. Habana.	X	X			12	14	13	14	11	13	12	X
	El Tívoli. Habana.	X	X			13	13	14	15	12	14	13	X
55-58	Camino de Hierro en la Aguada del Cura.	X	X			14	15	15	16	13	15	14	X
59-66	Plaza de San Francisco. La Habana.	X	X			15	19	16	17	14	16	15	X
	Quinta Sanitaria del Dr. Belot.	X	X			16	20	-	18	15	19	16	X
	Casa del Capitán del Partido de San Antonio Chiquito. Habana.	X	X			17	21	17	19	16	17	17	X
67-68	Puerta de Monserrate. Habana.	X	X			18	22	18	20	17	18	18	X
69-72	Intendencia. Habana.	X	X			19	23	19	21	18	20	19	X

TEXTO págs.	LÁMINAS	d	l	d	l	A	B	C	D	E	F	G	H
73-78	Real Aduana. Habana.	X	X			20	24	20	22	19	21	20	X
79-80	Oratorio de San Felipe. Habana	X	X			21	25	21	23	20	23	21	X
81-86	Colegio del Príncipe. Habana.	X	X			22	26	22	24	21	24	22	X
	Subida al Castillo del Príncipe. Habana. *	X	X		X	23	63	-	6	76	60	57	X
87-94	Iglesia de Regla.	X	X			24	27	23	25	22	25	23	X
95-98	Quinta Sanitaria de Garcini. Habana.	X	X			25	28	24	26	23	26	24	X
99-106	Cementerio General. Habana.	X	X			26	29	25	27	25	27	25	X
107-114	Iglesia de Jesús María. Habana.	X	X			27	30	26	28	26	28	26	X
115-120	Castillo de la Punta. Habana.	X	X			28	31	27	29	28	29	27	X
121-126	Mercado de Cristina. Habana.	X	X			29	33	29	56	29	31	-	-
	Interior del Mercado de Cristina. Habana. (variante)	X	X			-	-	-	57	-	-	82	X
	Iglesia y Plaza del Santo Cristo. Habana.	X	X			30	32	28	30	30	30	28	X
127-128	Vista interior de la Plaza del Vapor. Habana.	X	X			31	34	30	31	31	32	29	X

TEXTO págs.	LÁMINAS	d	l	d	l	A	B	C	D	E	F	G	H
	Playa y Pueblo de Cogimar.	X	X			32	65	36	58	71	2	80	X
129-132	Plaza de Armas en Noche de Retreta. Habana.	X	X			33	35	31	32	32	33	30	X
133-138	Real Colegio Seminario de San Carlos. Habana.*	X	X	X		34	36	32	33	33	34	31	X
139-140	Fuente de la India en el Paseo Nuevo.	X	X			35	37	33	34	34	-	32	X
141-144	Cuartel de la Fuerza Habana.	X	X			36	38	34	35	35	35	33	X
145-148	Subida a la Cabaña por el Muelle de Cocos.	X	X			37	39	35	36	36	36	34	X
149-156	Teatro del Diorama Habana.	X	X			38	40	37	37	37	37	35	X
157-162	Fachada principal del Teatro de Tacón.	X	X			39	41	38	38	38	38	36	X
163-166	Fachada de la Cárcel por la parte del Cuartel de Presi-diarios. Habana.	X	X			40	42	39	39	39	39	37	X
167-170	Casa de la Real Junta Superior de Farmacia. Habana.	X	X			41	43	40	40	40	40	38	X
171-176	Casa de Correos en la Plaza de la Catedral. Habana.	X	X			42	44	41	41	41	41	39	-
177-182	Iglesia y Hospital de San Juan de Dios. Habana.	X	X			43	45	42	42	42	42	40	-

TEXTO págs.	LÁMINAS	d	l	d	l	A	B	C	D	E	F	G	H
183-190	Campo Militar. Habana.	X	X			44	46	43	43	43	43	41	-
191-194	Casa de Recreo del Escmo. Sr. Conde de Villanueva. Cerro.	X	X			45	47	44	44	44	44	42	-
195-198	Palacio del Capitán General. Habana.	X	X			46	48	45	45	45	45	43	-
199-204	Templete. Habana.	X	X			47	49	46	46	46	46	44	X
205-210	Convento de Belén. Habana.	X	X			48	50	47	47	47	47	45	X
211-216	Fuente del Comercio, Capitanía del Puerto y Muelle de La Habana.			X	X	49	12	11	49	49	22	85	X
	Puerta del Muelle de Luz. Habana.	X	X			50	51	48	48	48	48	46	X
217-222	Comandancia General de Marina de La Habana.	X	X			51	52	49	50	50	49	47	X
223-230	Puerta del Arsenal. Habana.	X	X			52	53	50	51	51	50	48	X
231-236	Casa de Sn. Dionisio.	X	X			53	54	51	52	52	51	49	X
237-242	Baños de la Beneficencia. Habana.	X	X			54	56	53	54	24	52	84	X
	Real Casa de Beneficencia, Calzada de San Lázaro.	X	X			55	55	52	53	53	53	50	X

TEXTO págs.	LÁMINAS	d	l	d	l	A	B	C	D	E	F	G	H
243-250	Real Hospital Militar de San Ambrosio. Habana.	X	X			56	57	54	-	54	54	51	-
251-256	Última Plazuela del Paseo Militar. Habana.	X	X			57	62	60	-	59	59	56	X
	Cuarta Plazuela del Paseo Militar. Habana.*	X	X		X	58	61	59	-	58	58	55	X
	Tercera Plazuela del Paseo Militar. Habana.*	X	X		X	59	60	58	-	57	57	54	X
	Segunda Plazuela del Paseo Militar. Habana.				X	60	59	57	-	56	56	53	X
	Entrada del Paseo Militar. Habana.	X	X			61	58	56	-	55	55	52	X
36163	Alameda de Paula. Habana.			X	X	62	66	61	-	60	62	58	X
36293	Palacio del Bejucal.			X	X	63	17	62	-	61	63	59	X
271-274	Iglesia del Bejucal.			X	X	64	18	63	-	62	64	60	X
275-278	Cueva donde se sume el Río de San Antonio.			X	X	65	16	65	55	63	65	61	X
279-282	Baños en el Río de San Antonio Abad.			X	X	66	70	64	-	64	-	83	-
	Iglesia de la Villa de San Antonio Abad.			X	X	67	-	66	-	65	66	62	X
283-286	Puentes Grandes.			X	X	68	-	67	-	66	67	63	X

TEXTO págs.	LÁMINAS	d	l	d	l	A	B	C	D	E	F	G	H
287-290	Puente de Marianao.			X	X	69	-	69	-	67	68	64	X
VOL. II													
36227	Arco Morisco á la entrada del Socavon.			X	X	70	67	-1	-	70	-	65	-
	Puente del Almendares.			X	X	71	-	68	-	69	-	79	-
	Travesía del Camino de Hierro al Pie del Castillo del Príncipe. Habana.	X	X			72	64	55	7	68	61	81	X
36448	Vista Gral. de Guanabacoa.			X	X	73	-	-2	-	72	-	66-	-
36448	Valle del Yumurí. Matanzas.	X	X			74	-	-3	-	73	-	67	-
21-24	Paseo Nuevo. Matanzas.	X	X			75	-	-4	-	75	-	71	-
25-30	Iglesia de Jesús del Monte.			X	X	76	-	-5	-	27	-	72	-
31-34	Río Yumurí y Loma de las Cuevas. Matanzas.	X	X			77	69	-	-	-	-	73	X
35-40	Puente de San Luis sobre el Río San Juan. Matanzas.	X	X			78	71	-8	-	-	-	74	X
	Puente sobre el Río de San Juan. Matanzas.	X	X			79	73	-7	-	-	-	75	X

TEXTO págs.	LÁMINAS	*d*	*l*	*d*	*l*	A	B	C	D	E	F	G	H
	Puente sobre el Yumurí. Matanzas.	X	X			80	68	-6	-	74	-	68	-
41-44	Las Canteras en el Río Yumurí. Matanzas.	X	X			81	72	-9	-	-	-	76	X
45-47	El Muelle. Matanzas.	X	X			82	74	-10	-	-	-	77	X
	Cuartel de Infantería. Matanzas.	X	X			83	75	-	-	-	-	69	X
	Real Aduana. Matanzas	X	X			84	-	-	-	-	-	78	X
	Hospital de Santa Isabel. Matanzas.	X	X			85	-	-	-	-	-	70	X

NOTAS A LAS LÁMINAS

1. Laureano Cuevas.

2. Fernando de la Costa y Prades.

3. El título está en mayúsculas en el original y seguramente por eso las palabras no aparecen acentuadas. Al convertir los títulos a letras minúsculas no se han añadido los acentos que gramaticalmente corresponden. Un asterisco (*) después del título significa que la lámina fue grabada, en algunos casos por Cuevas y en otros, con ligeras variantes, por Costa. A falta de más detalles, mi hipótesis de trabajo es que la piedra litográfica original se rompió en el proceso de impresión y hubo que hacer otra similar para sustituirla y poder cumplir con las obligaciones a los suscriptores. Ver, a título de ejemplo, las dos variantes de la lámina "Tercera Plazuela del Paseo Militar".

4. «d» significa que el artista dibujó la lámina.

5. «l» significa que el artista litografió la lámina.

6. «A» se refiere al ejemplar del autor, adquirido de un librero radicado en Iowa a principios de la década de 1980 (Número 748 de su catálogo). Según me contó posteriormente el librero él lo había obtenido de una institución académica norteamericana cuyo bibilotecario había decidido poner a la venta todos los libros que no hubieran sido consultados por los usuarios en los últimos cincuenta años. Hay que notar que las láminas en este ejemplar están encuadernadas de modo tal que a veces el lector las encuentra insertadas para ser vistas del lado izquierdo del libro, y otras del lado derecho. Cuando hay varias láminas referentes al mismo tema, a veces una está frente a la otra, otras veces una detrás de la otra.

7. «B» se refiere al ejemplar número uno de la Biblioteca Nacional José Martí (Ciudad de La Habana). Este ejemplar está encuadernado en un tomo y va precedido de la portadilla del cuaderno No. 5.

8. «C» se refiere al ejemplar número dos de la Biblioteca Nacional José Martí. Este ejemplar está encuadernado en dos tomos y tiene estampado: «Elías Zúñiga. Biblioteca» (Clasificación 917.291 Pas). Para efectos dé esta table las láminas del primer volumen están numeradas del 1 al 69. Las del segundo volumen del (1) al (10).

9. «D» se refiere al ejemplar de la Biblioteca Central de la Universidad de La Habana.

10. «E» se refiere al ejemplar que, a instancias del autor y desde 1987, se encuentra en la sección de libros raros («Avery Classics») de la Biblioteca de La Facultad de Arquitectura (Avery Architectural and Fine Arts Library) de la Universidad de Columbia (Nueva York).

11. «F» se refiere al ejemplar de la British Library (antes British Museum) en Londres (Clasificación 10470. de. l).

12. «G» se refiere al ejemplar de la Biblioteca de la Oficina del Historiador de La Habana. Este ejemplar, encuadernado en piel, lleva estampado el escudo de la familia Del Valle, lo cual pareciera indicar que, en algún momento, perteneció a algún miembro de esta familia. Según información que obtuve hace varios años en la Oficina del Historiador, fue adquirido en 1988 del Sr. Luis Carlos Guerrero García por la suma de mil pesos.

13. «H» se refiere al ejemplar, no encuadernado sino aún en los cuadernillos sueltos, adquirido en Islas Canarias en 1998 por el Dr. Alberto Sánchez de Bustamante, de Orlando, Florida. Según su vendedor, perteneció a una familia española que emigró de Cuba hacia 1912. Por no estar encuadernado, las láminas estaban en completo desorden, por lo que esta columna sólo consignará la presencia, o no, de dicha lámina con una X.

PASEO
PINTORESCO
*por la Ysla
de Cuba.*

INTRODUCCION.

EL PASEO PINTORESCO POR LA ISLA DE CUBA, es una descripcion de edificios, monumentos, campos y costumbres de dicha Isla. Se compone de una coleccion de vistas y paisages con sus correspondientes ilustraciones históricas ó descriptivas, y precisamente de sitios cubanos, escogiendo aquellos de mas interes. En esta eleccion se ha atendido á las bellezas naturales de los unos, á la importancia civil de los otros, y al mérito y buen gusto que se nota en aquellos, que ha embellecido el arte. Algunas veces se verán sitios de poco interes natural ó artificial; pero que llevan recuerdos de acciones ilustres, ó reminiscencias históricas que no pueden mirarse con indiferencia. Los testos que acompañan á cada vista estan redactados con entera independencia los unos de los otros, y hasta por diferentes autores : cuya variedad se ha creido seria favorable, para no dar á la obra un aspecto de monotonía que la hiciese cansada. Serán unos guias que vayan anticipando el juício del lector, previniéndole y llevándole por la mano en lo que necesitaría tiempo y viva voz para informarse. Y aunque esta obra no se presenta con grandes pretensiones, pues si primeramente aspira á ser amena y divertida, no por eso se desatiende en ella la instruccion, procurando seguir aunque modesta y en pequeño, aquella antigua máxima de mezclar lo útil con lo agradable.

Aquí se verán los recuerdos de todos, los puntos y épocas de esta Isla, que han podido llegar á nuestras manos incluyendo desde la punta de Maisí, hasta el Cabo de San Antonio, y desde la conquista hasta la época presente. Se ofrece al forastero una cómoda guia, un breve y ameno prontuario de un pais que no conoce; y al habitante del pais, una coleccion de cuadros interesantes por los recuerdos que llevan y lo manuable del libro. Si nuestras fuerzas no han podido hacerle mejor, á lo ménos presentamos cordialmente á nuestros lectores este tributo de nuestra buena voluntad, esperando que se nos acepte como un pequeño monumento que consagramos á la gloria de la Isla de Cuba.

Habana y Abril 26 de 1841.

Los Empresarios.

CASTILLO DEL MORRO DE LA HABANA.

CASTILLO DEL MORRO. HABANA.

EL MORRO.

EL castillo del Morro encierra el recuerdo mas glorioso de nuestra historia: está en él situado el fanal que señala á los navegantes la entrada del puerto y es por lo tanto por donde debemos principiar esta coleccion de vistas.—Por lo mismo que es el monumento mas célebre de nuestra historia es angustiosa la suerte del escritor que en son de viagero quiera dar novedad á sus descripciones: sin embargo suele tenerse una intencion mas modesta, pueden guiarle los sentimientos que le inspiran las impresiones sentidas por un corazon lleno de vida y libre de cuidados: ¿pero esas impresiones pueden reproducirse años despues de recibidas, cuando el torbellino de los negocios, y el *positivismo* de la existencia casi abruman al viajante en este valle de lágrimas?—No; escapan como las nubes de estío; vuelan con la rapidez que corre el relámpago y solo queda el recuerdo, pero el recuerdo solo de que sentimos.

Eran las seis de la mañana, cuando hace algunos años ví el **Morro** por ese mismo lado en que le representa la lámina: el buque andaba lentamente, el sol doraba las eminencias, aparecia la **Punta**, el castillo de su nombre, la desnuda playa cubierta de un ligero velo del humo de algunas casas, que se detenia en la superficie de la tierra. Entraba en el pais de mi nacimiento, y esta impresion mil veces descrita, era tan profunda, que agitó á mi alma hasta un punto que jamás pensé: entónces, es verdad, creia ángeles los hombres: podian alimentar en mi alma ilusiones que solo me han dejado un recuerdo tambien, pero muy amargo. **Mi** mente corrió á lo pasado, se detuvo en lo presente, se lanzó al porvenir y consideraba ese castillo inmóvil, testigo mudo del progreso de mi patria, y luego pasaba rápida por ella la idea de la cortedad de la vida: y no me pesaba morir, pesábame el no ser testigo del engrandecimiento de **Cuba**.

¿**Y** quien no ha sufrido esas sensaciones?

El alma de **D.** Luis Vicente de Velasco, el heróe de la guerra con los ingleses en **Cuba**, el generoso, valiente y desgraciado español que supo sacrificarse al honor de su bandera, que fué entregado á la muerte por la ignorancia de sus gefes y el escedente número de sus enemigos, era un recuerdo que adulaba á mi espíritu en aquellos momentos. Absorto en una contemplacion religiosa, si cabe esta espresion, entraba ya el buque en el puerto y el *bosque* de mástiles, el número de buques atracados al muelle, me trajeron á este mundo desde las regiones poéticas á donde mi corazon me llevaba, y confieso que sin saber entónces por qué, la palabra ¡*industria!* heló los hervores de mi sangre, y solo pensé en desembarcar.

Pero yo debo hablar del **Morro** y no de mí á los lectores, debo dar una leve noticia de esa fortaleza, atalaya de nuestro puerto, y de su fanal que conduce á los estrangeros á este hermoso pais. Sus formas estan señaladas por el artista y á mí me corresponden sus recuerdos. Pudiera ser el cronista de hechos de armas honrosos para mi patria, **pero el** alma de Velasco era mas grande que pudieran serlo mis palabras, y la historia no le pinta con la exactitud que sus cartas al Conde de Alvemarle: pero yo tengo que prescindir de estas reflexiones y solo aludiré á la correspondencia de paso, y á la historia brevemente.

En esos documentos que se han conservado para gloria de su autor se nota una mezcla de valor y respeto, cortesanía y lealtad, que bien pudieran figurar en la fingida leyenda de algun caballero de nobles prendas de la antigüedad mas poética. Las consideraciones que se guardaban los dos caudillos, y los cuidados que mereció al gefe ingles el español, brillan como piedras preciosas engarzadas en el manto ensangrentado de la historia, que se estiende por todos los ámbitos de la tierra. La historia, pues al conservar las palabras de Albermarle: ''Tan doloroso me será no tomar la fortaleza como el que su esforzado espíritu le ponga en parage de perder la vida'' tambien nos recuerda su contestacion de Velasco ''quedo con el dolor de que sea en este caso preferente al deseo de servirle, la última determinacion de las armas. A las tres de

la tarde del dia 30 de julio de 1762 tremoló en el **Morro la** bandera inglesa, despues de **44** dias de ataque. Velasco **fué** encontrado con un balazo en el pecho, y recibió cuantos honores y cuidados pudieran esperarse de los enemigos. La Academia de Artes de Madrid deseosa de perpetuar su **nombre** acuñó una medalla en honor de este gefe y de su digno **compañero** el segundo, **D. Vicente Gonzalez**, marques **Gonzalez, que** pereció lidiando.—El gobierno español declaró Vizconde **del Morro** al hijo de Velasco y mandó, que en la armada española llevase siempre el nombre de Velasco, uno de los buques.

La inscripcion puesta á la medalla, es la siguiente: **en** el anverso rodeando los bustos de Velasco y **Gonzalez.**— Ludovico de Velasco et Vicentio Gonzalez.—**En el** reverso al rededor de una representacion del Morro en el acto de volarle las minas.—In Morro vit. glor. funct.—**Y** al pié, Artium Academia Carolo Rege cathol. annuente cons. **A. MDLXIII.**

Comenzóse la reedificacion del Morro en el gobierno **del** conde de Ricla á consecuencia del tratado con **Inglaterra en** que se devolvieron á España los lugares conquistados por aquella nacion, y se concluyó en el de D. Antonio Bucarelly y Urzua. Los castellanos del Morro tuvieron grandes consideraciones políticas: entre otras de sus atribuciones sucedian en el mando á los gobernadores cuando morian estos en el ejercicio de sus funciones. Construyóse el año de 1589 por el Maestre de campo Tejeda y el ingeniero Antonelli, siendo alcalde Alonso Sanchez de Toro. Así consta de una inscripcion que copia Arrate. El privilegio de suceder en el mando á los Capitanes generales se conservó hasta el año de 1615, en que se crearon los Cabos subalternos, ó Tenientes de rey para esta plaza.

Despues de la invasion inglesa los cañones de nuestro castillo han permanecido silenciosos en puntos de guerra: y la *farola ó faro* en tiempos de paz y de industria, es un objeto que debe ocupar, aunque tambien brevemente, la atencion de mis lectores. Ese fanal fué reparado por el Sr. D. Honorato Bouyon en el año de 1820. Consta de doce reflectores parabólicos de plata construidos en esta ciudad, siendo lo demas de hoja de lata; y los mecheros, tornillos y otras piezas se hicieron en el *Arsenal*. El diámetro de los reflectores es de $11\frac{1}{4}$ pulgadas por no permitir mayor tamaño la forma y estension que ofrece el torreon construido para fanal: no obstante el instruido Sr. Bouyon procuró aprovechar cuantos recursos cupiesen para enmendar ó disminuir dichos defectos.

No creo necesario el que hable de la tropa que actualmente reside en el castillo ni de su estension, pues descenderia á pormenores que no son característicos de obras semejantes á esta, en que solo deben tocarse las particularidades mas notables; y todo fuera insignificante despues de lo que acabo de indicar. ¡Ojalá que los sentimientos heróicos, que el ejemplo de los dos adalides castellanos no sean perdidos para la generacion actual! ¡Ojalá que el espíritu de mis compatriotas dé pruebas de que no olvidan la leccion de sus mayores, y ya que no en los campos sangrientos de la guerra, veamos en el regazo de la paz esos destellos de virtudes sublimes, que haciendo la felicidad de los hombres labran la corona de la inmortalidad!

Antonio Bachiller.

IGLESIA Y HOSPITAL DE SAN FRANCISCO DE PAULA. HABANA.

HOSPITAL DE S. FRANCISCO DE PAULA.

DON Nicolás Esteves Borges, natural de Cuba, Arcediano de su iglesia y cura beneficiado que fué de la Habana en su testamento otorgado en 1655 dejó los bienes con que se dió principio á la fundacion del Hospital de S. Francisco de Paula, con destino á la curacion de mugeres enfermas. Contribuyó á dar cumplimiento al deseo del fundador el Maestre de campo D. Francisco Dávila Orejon, y obtuvo la confirmacion real de las Constituciones de la Casa, en 31 de octubre de 1765, cien años despues de creado el establecimiento, D. Pedro Agustin Morel de Stª Cruz, Obispo de Cuba.— Cuando se obtuvo la real confirmacion contaba 45,002 $ 4 rs. impuestos en *fincas útiles* y *efectivas* segun frase del Illmo. Morel.

Gobernábase ántes por la voluntad de sus administradores, intervenida con la aprobacion de los Obispos; y por el art? 2? de las aprobadas Constituciones se declaró el patronato del Hospital en los mismos Obispos, siendo el motivo de la formacion de las Constituciones el que no se *pervirtiesen las buenas prácticas* de la administracion.

Bajo el especial patronato de los obispos de la Habana se halla hoy el establecimiento por haberse dividido la Diócesis de la Isla con el Arzobispo de Cuba, á quien siendo Obispo, pertenecía, segun se ha manifestado. En este concepto nombra el patrono su administrador que, por el art? 2? de las Constituciones, debe ser Pbro. natural de esta ciudad, que está encargado de la cobranza de Rentas y demas intereses del Hospital: señalósele de sueldo ó retribucion 200 ducados cada año y 25 $ mas al que no tuviese casa propia y la habitase de alquiler. Hoy se le señala el 8 p. 8 de las cantidades que perciba.

Ademas del Administràdor y empleados del Hospital reside en él un Capellan para la administracion de sacramentos y auxilios espirituales de los enfermos, que tambien debe ser natural de esta ciudad, segun el art? 14, y ademas de 50 ducados anuales de salario se le declara el goce de tres capellanías de 1000 $ cada una que impuso á su favor el padre Alonso Villalobos. Hoy se le abonan 43 $ 2 rs. de salario mensual.

Los gastos ordinarios del establecimiento escedian de 1,000 $ mensuales en 1836 : el sueldo diario de ramos de consumo, sin incluir las carnes pan y botica que se toman por contrata, llegaba de 12 á 14 $.

Las rentas de la casa en el mismo año se hallaban distribuidas en esta forma.

De Censos..................	12,025 $ 5½ y ¼
De Estancias..............	260
De Casas..................	2,757
	15,042 $ 5½ y ¼

El capital de solo el ramo de censos ascendía por lo visto á 227,656 $ 4 rs. no pudiendo graduarse el de las casas y estancias por el producto, tanto por la inexactitud de este dato, cuanto por la circunstancia de ser pertenencias de mano muerta en cuyo caso aun hay menos seguridad de un buen resultado: por lo que hace á los réditos de censos es sabido que son al 5 p. ⅗

Ademas de dicha entrada que hoy debe ser mayor por las nuevas imposiciones hechas, se deben contar con las *dietas* ó pension que abonan los dueños de esclavas enfermas que se remiten al Hospital con licencia del Obispo, y se pagan anticipadas. Al principio no se debian admitir sino personas libres enfermas, y no de contagio, á cuyo fin habian de llevar certificacion de facultativo en que se espresase que no era contagioso el mal. Prohibiose espresamente por el artículo 9 admitir esclavas aunque pagasen sus dueños los costos, pero no está en práctica la prohibicion. Suelen hacerse algunas limosnas á pobres que influyen muy poco en los gastos del Hospital.

El objeto de esta piadosa fundacion es en primer lugar el alivio de la humanidad doliente, pero en la época de su establecimiento, en que el elemento religioso se mezclaba con todo lo que tenia por fin el bien de los hombres, no pudo dejar de darse un carácter religioso á la obra de Esteves Borges. Construyóse una hermita á S. Francisco de Paula se creó una cofradia, que no ecsiste, y se le dedicaron cultos al titular, debidos, segun Arrate, á los beneficios que hizo el santo á los habitantes de la Habana.

Andando el tiempo en que se iba resfriando el fervor religioso, y en época en que ya empezaba á difundirse entre [nosotros un espíritu de beneficencia mas mundano, por que se esperaba el prémio antes de la opinion, que del cielo, el Hospital de Puala vió crearse una Junta de Sras. que formaron sus reglamentos y se dedicaron á la vigilancia y asistencia de las enfermas á la indicacion de la condesa de Sta. Clara. En el archivo de la administracion ecsisten curiosos documentos de esa época en que los resabios de la cuna conservaban su influencia en un Hospital. Una Junta de Sras. era un escelente medio de conservar en todo el orden y vigilancia, que si en muchos casos, como hoy sucede, no se echan de ménos, es evidente que en las mas de las ocasiones surtiria bellísimos efectos principalmente en la moral: **madres tiernas**, matronas venerables aconsejando y aliviando á seres que la caridad pública acoge en su seno para hacer llevaderos sus últimos dias; esos rostros sin remordimientos que se acercan tal vez al lecho de una desgraciada prostituta y la enseñan prácticamente lo que vale la virtud, que quizá la arrancan de la carrera del vicio poniendola en el sendero de las virtudes, no pueden sustituirse por los cuidados meramente relativos á lo físico.

No existe ya la Junta de Sras.; pero en el archivo de la administracion constan sus servicios mientras duró, y el movimiento que en su época recibió la fábrica del Hospital.

En el dia no solo hay un número considerable de enfermas en las tres salas en que está dividido, sino que porcion de ancianas, hasta 27 he llegado á contar, permanecen recogidas en un departamento á que se dá el nombre de *palenque*, y cuya etimologia quizá tendrá alguna relacion con la raza africana, que escede en número entre sus habitadores.

Celebróse un acuerdo con la casa de Beneficencia en 1801 para que esta recibiese las pobres ancianas en el departamento de mendigos asi como el Hospital recibia y curaba sus enfermos: pero este acuerdo no se observa á pesar de haberse reclamado por el Hospital, y se hallan gravados sus fondos con el sostenimiento de esas infelices que perecerían de hambre y miseria sin su socorro. Tambien se destinan reclusas al Hospital, y es el lugar de los depósitos de mugeres en asuntos matrimoniales, segun la sínodo diocesana. La iglesia que hoy se halla situada al lado del Hospital, es pequeña de una sola nave; fué construida despues de la destruccion de la primitiva hermita que se arruinó en 1730 por un temporal: en un libro del archivo se lee *ad perpetuam rei memoriam* que la estatua del santo se sacó intacta de entre los escombros en este desgraciado acontecimiento. El terreno que ocupa con el Hospital le cedió el gobierno que indemnizó á sus dueños con otros solares. El Illmo. Lazo fué encargado por S. M. de la reparacion del templo, como hoy se encuentra y renovacion de la enfermería El altar mayor contiene várias imágenes al óleo, entre adornos góticos, y la urna de cristal que contiene al santo Patrono.

Como este instituto se halla bajo el patronato eclesiástico,

está sugeto á pagar en las imposiciones el derecho de amortizacion: el gobierno no obstante concede plazos para su pago,
en lo que consigue hacer mas acequibles las adquisiciones del
Hospital, y conservar el sábio principio que hizo promulgar la
Real órden de la materia para la deduccion del pago de derechos. El Dr. D. Angel Reyes principió, siendo administrador, su espediente con el fin de impetrar de S. M. la exo-
neracion de este gravámen.

Carece el establecimiento de un método escrito para su
arreglo económico: así pende de la moralidad y conciencia
del Administrador el gasto que se hace: por fortuna la clase
de estos empleados, su carácter sacerdotal, son garantias de órden que raras veces resultan fallidas. Sin embargo puede ser-
se muy honrado y carecerse de conocimientos y economía: en
este caso fuera conveniente un Reglamento económico que indicase el pormenor de las raciones y lo demas: ecsisten apuntes sueltos en el archivo de remota época, pero pudieran ar-
reglarse á semejanza de los hospitales militares.

Nada es mas fácil que ajustar las cuentas, ecsistiendo un Reglamento económico, nada mas vago y costoso en no existien-
do. Redúcese lo primero á contar las estancias de enfermas
por los números de los recetarios de medicinas y alimentos que
firman diariamente los facultativos, con el Reglamento á la vista; lo segundo es enteramente arbitrario, pues si se manda ra-
cion de gallina, y esta no está determinada, es imposible exijir
la responsabildad.

El movimiento de este Hospital tiene de notable una mortan-
dad de consideracion, hija de las circunstancias, en que llegan
las enfermas, por lo regular ancianas. Muchas jóvenes que
acuden á este asilo llevan la semilla de la muerte en la mala
condicion de los humores á que las conduce el desastrado gene-
ro de vida á que se entregan.

Objetos de estudio se presentan á veces en las hermosas salas de la parte alta divididas por una arquería: allí una loca que gime por la pérdida de su amante y que continuamente
llora y le llama, se encuentra al lado de una jóven bella, inquieta, que jamás supo lo que era amor, y que ha corrido por todos
los senderos de la corrupcion, y convalece de sus males la muger

2*

de todos, la amante de ninguno, la amada de nadie. Varias veces me detuve á contemplar este cuadro; y en medio de los estragos de la demencia, aquella alma enamorada me arrancó una lágrima, mientras mis ojos permanecian enjutos al contemplar la flor de la juventud, la bella prostituida, su compañera, y mi compasion era amarga, porque su alma se veia en sus ojos y era demasiado mundana.

En el año de 1840 ofreció el Hospital los siguientes resultados.

En primero de Enero existian enfermas	141	444
Han entrado en todo el año..........303		
Se curaron.....................110		271
Fallecieron....................161		
Quedan........................173		

Tales son las noticias que he podido adquirir acerca de esta casa de misericordia: cansaria á mis lectores, me escederia de los límites trazados á los artículos de esta obra, si quisiera estender cuanto se pueda decir en esta materia de suyo basta: creo que estas meras indicaciones darán á conocer el Hospital y nada mas es nuestro propósitio.

Antonio Bachiller.

CASA DE PARADA EN EL SITIO DE LOS ALMACENES DEL CAMINO DE HIERRO.

CAMINO DE HIERRO FRENTE AL JARDIN SOCIAL. HABANA.

CASA DE PARADA DEL CAMINO DE HIERRO DE GÜINES; Y JARDIN SOCIAL.

Estas dos láminas que colocamos en la entrega , merecen un artículo por separado cada una para que tenga la oportuna estension; pero hemos de hablar del camino de hierro mas adelante y reservamos para entónces la insercion de las inscripciones que se indican en la vista y cuantas noticias sean relativas á la recomendable obra del Ecsmo. Sr. Conde de Villanueva y Junta de Fomento, que tanta influencia ha tenido en el desarrollo del espíritu de asociacion entre nosotros, presentando á la indústria los ventajosos resultados obtenidos con un notable ejemplo digno de imitacion.

El *Jardin Social*, así como el *Tívoli* que se halla en la acera del frente, ha tenido su época en que estuvo de moda. En él se reunian porcion de individuos á pasar el tiempo entregados á toda clase de juegos atraidos por lo pintoresco del sitio, que tiene la ventaja de que le cruce por la calle la *Zanja real*, único surtidero de agua que ántes tenia la Habana,

Por una coinsidencia notable el ferro-carril corre por la misma Zanja, sobre travesaños de madera que dejan ver el agua que se desliza suavemente por un álveo construido de ladrillo y que vierte el agua en la ciudad. Así por el mismo punto que antes venia el agua á templar la sed de los habaneros, corre hoy el vapor conduciendo al mercado los riquísimos frutos de nuestros campos, miéntras un soberbio acueducto conduce mas dignamente para los habitantes numerosos de un pueblo adelantado el agua suficiente á sus necesidades. Obra digna del pueblo á que se consagra y del ilustre habanero que deja en ese monumento eternizado su nombre, como acontece en todas las obras en que pone su mano.

El jardin Social no es un monumento arquitectónico, ni un ameno jardin artificial: es lo que se ve en la lámina un punto que debe á la naturaleza sus galas y á la circunstancia el ser un lugar que atraviesa el ferro–carril. Las pintorescas palmas, los encorbados cocoteros realzan el cielo del paisage, y sus risadas *pencas* al blando murmurio de nuestra brisa, se mecen y agitan continuamente llegando á los oidos un suave y voluptuoso susurro que nos arrastra involuntariamente á la meditacion ó al placer.—

B.

INTERIOR DE LA CATEDRAL. HABANA.

INTERIOR DE LA CATEDRAL DE LA HABANA.

SEPULCRO DE COLON.

DETENTE, ó Viajero, quienquiera que seas: detente en el interior de ese templo. ES LA CATEDRAL DE LA HABANA. Otras encontrarás mas suntuosas, mas estensas, mas sólidas y firmes; pero no mas gloriosas. ¿Ves esas ligeras bóvedas, que en encontradas aristas se van entrelazando hasta el distante santuario? Pues bajo su modesto aspecto cubren el monumento mas precioso que jamás tendrá el Nuevo Mundo. Ahí está el SEPULCRO DE CRISTOBAL COLON.

Al contemplar sus huesos y su muerte, ocurre el recordar su nacimiento; pero nunca hubo varon tan ilustre cuyos principios fueran menos conocidos. Nació en la ciudad de Génova; y esto lo sabemos porque él mismo lo espresó y lo repitió en su testamento; mas todavía se ignora el verdadero año en que vió la luz. Pero qué nos importa? Fué grande, fué sábio y fué virtuoso; y esto es lo que nos interesa. Sus méritos fueron los suyos, no los de sus abuelos. Su ingenio excedió á su siglo, su ciencia venció la sabiduría de toda Europa, su constancia rindió á los gobiernos y á los reyes, y dominó á la naturaleza misma. Pobre y miserable, enriqueció á una nacion ya poderosa: entró en ella pidiendo *un pedazo de pan* para su hijo, y correspondió dando un mundo entero. Sin mas recurso que sus brazos, rompió los términos del Océano, y duplicó la estension conocida del Orbe. Y ese hombre que acometió y dió cima á empresas gigantescas, sin ser gravoso á los pueblos ni á los príncipes; ese hombre que esploró y conquistó tan vastas regiones sin derramar sangre humana; ese hombre piadoso, sabio, intrépido y estraordinario, ha existido para nosotros y sus huesos están entre nosotros, y están en ese templo, delante de tí. Acércate, ó Viajero: acércate hácia el altar y allí á su lado contempla con veneracion aquella lápida labrada en relieve que cubre tan respetables cenizas. Allí,

bajo aquella inscripcion y detrás de aquel busto de mármol, duerme en paz el despojo mortal del grande Almirante.

No es esta la ocasion de pronunciar su elogio, ni menos oportunidad para referir su vida. Delante de su sepulcro, debiéramos ocuparnos de solo su muerte. Empero se nos rebosan recuerdos de aquel varon clarísimo, que fué grande por sí solo, sin deber nada á sus contemporáneos. Nada debió á los reyes, pues estos no hicieron sino ceder ante su constancia: nada debió á las naciones, pues estas se burlaron constantemente de su ciencia; y luego atónitas al ver su prodigioso triunfo, quisieron adorarle como á un génio celestial; pero en breve lo olvidaron injustas, para despojarle de lo único que restarle debiera: la gloria. En la ingeniosa Francia, como en la pensadora Inglaterra; entre los cultos italianos, como entre los espertos portugueses y los graves castellanos, oyeran á Colon, pero no le entendian. Oyéranle decir que navegando á poniente se encontrarian grandes tierras y las estremidades del Oriente, y no le entendian. Tuviéronle por loco ó por delirante; porque la ignorancia de aquellos sabios no podia alcanzar á la ciencia de aquel ilustre marinero. Colon se embarcó en un miserable barquichuelo, y desde su popa con solo su saber venció y confundió la sabiduría de los inteligentes del siglo. Descubrió un Nuevo—Mundo, y les dijo: Venid ahora á hartaros de oro y de aromas, de perlas y de diamantes; que yo nada quiero, sino la **GLORIA**!

¡Y ni la gloria habeis querido dejarle, naciones injustas! Y se la dísteis á un marinero faláz, y la robásteis á Colon para darla á Amérigo Vespuchi! (*)

Y los hombres creyeron que era poco, y en su envidia para disimular su pequeñez quisieron deprimir y calumniar al varon ilustre. E inventáron una fábula, de que Colon sin duda habia hecho público el descubrimiento; pero no lo debia á su ingenio, sino á otro piloto que murió en su casa y le dejó ciertos papeles con el secreto y el derrotero. Este cuento ha sido desmentido no solo por las historias de Anglería, Bernaldez, Fernando Colon, el P. Casas y otros escritores contem-

(*) Este era su nombre, y no *Américo Vespucio*, como se dice comunmente. El firmaba *Amérrigo*.

poráneos sino tambien por la multitud de documentos antiguos que de los archivos ha desenterrado y publicado Navarrete; por la delicada historia que de Colon ha escrito Irving; y sobre todo, por el ruidosísimo pleito que contra el Rey tuvo la familia de Colon sobre la primacía del descubrimiento. Esta fué probada con *ciento nueve testigos;* y parte de ellos, y de la multitud que en contra presentó el fiscal, eran enemigos de Colon ó parciales de sus adversarios; y á ninguno le ocurrió siquiera mencionar al tal piloto desconocido, ni á Amérigo Vespuchi como primer descubridor, cuando precisamente se estaba ventilando esta cuestion. Pero los Pinzones envidiosos y resentidos, andando el tiempo inventaron cuanto pudieron en contra de Colon; y treinta años despues Hernan Perez Mateos adicto de aquellos, cundió aquel rumor en la isla Española contándolo entre otros, á un historiador crédulo (Oviedo) que lo anotó de paso; y otro historiador célebre aunque no muy digno de fé (Gomara), lo copió dándolo por cierto. Este mismo rumor, ya impreso, se divulgó mas, y cien años adelante el Inca Garcilaso sin mas exámen lo escribió como verdad en

3

su historia del Perú, bien que como recuerdo confuso que en su niñez habia oido. (*) Y esta infundada conseja se atendió cuidadosamente, y no se atendieron los graves historiadores que han demostrado lo contrario. ¡Tan miserables somos, que nos complacemos y recreamos con cuanto puede empañar el mérito de un hombre que valga mas que nosotros!

Pero no importa. La agradecida y religiosa Habana ha sabido hacer justicia al intrépido descubridor, y le conserva cuidadosamente en su seno, aunque

"Solo el despojo mortal
Pues su espíritu gigante
En dos mundos cupo mal. ,, (**)

¿Porqué, pues, toleramos que el Nuevo—Mundo se llame con el injusto nombre de *América* que le han dado los estran-

---

(*) Garcilaso escribia en 1609 y señala la aventura del dicho piloto, en 1484; pero ya habia mas de diez años que Colon habia consultado y publicado su proyecto de descubrimiento, es decir en 1474 de suerte que aun cuando fuera cierto lo del piloto, siempre Colon lo habia pensado y calculado por sí solo, con mucha anterioridad. *V. Irving y Navarrete.*
(**) Jorrin, en la *Siempreviva.*

---

geros? Por qué no hemos de llamarle *Colombia*, como han reclamado constantemente los escritores españoles, desde el antiguo Solórzano, hasta el moderno Caballero?... Pero adonde me descarria la imaginacion? Volvamos á la catedral de la Habana, al sepulcro de Colon.

Este, en sus últimos años, fué amado y honrado afectuosamente por los Reyes, pero envidiado y perseguido por almas débiles y medianas. En el mismo teatro de sus glorias, en la isla Española, fué ignominiosamente sorprendido, encarcelado, cargado de grillos (*) y enviado á Castilla. Vuelto á estas Indias, regresó á España para morir en Valladolid, de cerca de setenta años, pobre y miserable, dejando una prole tierna y cuasi desamparada, la cual ha sido el tronco ilustre de la casa de Veraguas.

(*) Estos grillos no están en su sepulcro, como el vulgo cree, y como Colon habia mandado. Humboldt preguntó por ellos á Aristizábal, y este respondió que no habia visto vestigios de ellos. Pero es ciertísimo que el Almirante les guardaba como monumento del premio que se le habia dado, y su hijo Fernando dice: *Y yo les ví siempre colgados en su gabinete, y encargaba que cuando muriese fuesen enterrados con él.*

El alma generosa del insigne varon abandonó este valle de lágrimas y fué á reunirse con su Criador el 20 de mayo de 1506. Sus restos mortales fueron sepultados en el convento de S. Francisco de Valladolid; y en 1513 fueron trasladados al monasterio de Cartujos de las Cuevas en Sevilla, en la misma capilla en que luego fué enterrado su hijo D. Diego que murió en 1526, precisamente nueve años despues de la fundacion de la Habana.

En 1536 estas preciosas reliquias, y las de su hijo fueron trasladadas á la ciudad de Santo Domingo en la isla Española: ciudad fundada por su hermano Bartolomé. Allí permanecieron hasta el año de 1795 en que aquella isla fué cedida á la República Francesa, por el artículo noveno de la paz de Basilea. Aristizábal, teniente general de marina, propuso (en 11 de Diciembre) al gobernador García trasladar á la isla de Cuba en el navío S. Lorenzo las cenizas de aquel héroe y no abandonar á manos estrangeras el padron mas glorioso de las armas españolas. Contestóle García aplaudiendo, y que ya el Duque de Veraguas habia hecho igual solicitud y comisio-

nado para ello á D. Juan Bautista Oyarzabal y D. Andres de Lecanda; é insinuando tambien la exhumacion del adelantado D. Bartolomé Colon. El arzobispo Portillo y demas autoridades concurrieron unánimes y gustosas al mismo objeto.

El dia 20 de Diciembre, ante el escribano Hidalgo, se abrió el sepulcro de Colon.... Estaban presentes el regidor decano del Ayuntamiento, el arzobispo, el general Aristizábal, el teniente-rei Canzi, el mariscal Barba, el sargento mayor Rocha, etc. etc. etc.

Era una bóveda de una vara cúbica sobre el prebisterio de la iglesia Catedral, al lado del Evangelio.... Abierta se halló carcomida y deshecha la caja de plomo que encerraba las cenizas.... planchas rotas y despegadas como de un pié de largo, era lo que quedaba; y con ellas pedazos de huesos, canillas y otras varias partes y pulverizados restos del que habia sido sido un hombre.... un ilustre y clarísimo hombre.... ¡A esto habia venido á quedar reducido aquel héroe mas célebre que Ulises y Jason, que César y Alejandro....! aquel varon á quien tanto honraron los Reyes y á quien hoy con tanto respeto reverencian las Naciones....! Polvo, y nada mas que un poco de polvo....!

Recojióse toda aquella tierra y fragmentos de huesos en una salvilla y púsose en una caja de plomo dorada, de media vara de largo y ancho, y un pié de alto. Cerrada con llave de hierro, fué entregada esta al arzobispo, y la caja puesta en un ataud forrado de terciopelo negro, guarnecido de galones y flecos de oro, que en seguida fué puesto en un túmulo. Al dia siguiente se le celebró un oficio de difuntos, predicando el mismo arzobispo.

A las cuatro de la tarde, todas las Autoridades y Corporaciones civiles, militares y eclesiásticas, se reunieron en torno de aquellas reliquias. Cargaron el ataud el gobernador, el Regente y dos oidores, hasta la puerta de la iglesia: allí sucedieron los otros dos oidores, y la tropa saludó con sus descargas y bandera de luto. Cargáronle entónces el mariscal Barba, el teniente-rei Canzi, el brigadier Cabrera y coronel Casasola; y alternando los demás gefes, fueron hasta la puerta de tierra. Allí le recibió y le cargó el Ayuntamiento, á saber: los regidores Saviñon, Martinez y Tapia, y alcalde Arredondo. Al salir de los muros se hizo un descanso: se cantó un responso y la plaza saludó con 15 cañonazos como á Almirante. El capitan general tomó del arzobispo la llave del ataud, y la entregó solemnemente al comandante general de la Armada, para que la entregase al gobernador de la Habana en calidad de depósito, hasta la resolucion del Rey.

Acto continuo se depositó el ataud en el bergantin Descubridor, que así como los demas buques estaba de luto; y todos saludaron las cenizas de Colon con honores y tratamiento de Almirante efectivo.

¡Así se despidió la Isla Española, con tiernísimos afectos y la efusion de su mas vivo cariño de aquel mismo hombre que tres siglos antes habia visto salir de sus playas cargado de cadenas con el mayor vilipendio! así en esta triple procesion cívica, religiosa y militar se dió una solemne demostracion que los españoles saben honrar el talento y las virtudes! así los huesos de Colon en los hombros de S. A. la Real Audiencia que representa la Real Persona se veian mas altos y mas honrados que los de muchos Reyes! Tardío, pero justo honor, al insigne Argonauta!

El bergantin pasó á la ensenada de Ocoa, y allí se trasbordó el ataud al navío San Lorenzo (*) para que se le condujese á la Habana con los honores de Almirante, y acompañándole un retrato que el duque de Veraguas enviara para colocarle junto á las cenizas de su ilustre abuelo. En 21 de diciembre, escribieron las Autoridades de Santo Domingo á las de la Habana, sobre este particular.

Por fin, llegó el despojo fúnebre del Almirante, á la isla de Cuba, á su querida Cuba, aquella Cuba de quien el mismo Colon decia *que nunca mas fermosa cosa vido* (**), *que no se podia cansar de ver tanta lindeza* (***), *que certificaba que debajo del sol no podia haber mejor tierra* (****) y en la cual habia sido siempre tan afectuosamente recibido. Fué en el puerto de

(*) De 70 cañones, hecho en la Habana en 1747.
(**) Diario de Colon, 28. de octubre de 1492.
(***) Ibid. 3. de noviembre.
(****) Ibid. 27 de noviembre.

la Habana á las siete de la mañana del mártes 15 de enero de 1796: el general de marina Araoz, el jefe de escuadra Muñoz, los brigadieres Riviere y Herrera y toda la plana mayor de marina pasaron á bordo del San Lorenzo: cuyo comandante Ugarte por ante el escribano Izquierdo, entregó solemnemente al general Araoz el ataud que contenia las cenizas de *D. Cristóbal Colon,* y llave que cerraba la caja. Araoz hizo trasladarle á una falúa, cargándole dos brigadieres [Riviere y Cruzat] y dos capitanes de navío [Herrera y Ugarte] que en la falúa siguieron á tierra en medio de la formacion en tres columnas de las demas falúas y botes todo adornado vistosamente con toda la oficialidad de marina. Seguian al ataud otras dos falúas con la guardia de honor, banderas y cajas enlutadas; y en otra el general y plana mayor. Y los buques de guerra al pasar las reliquias de su malogrado Almirante le saludaban como á tal, con todos los honores correspondieutes......

Así se le llevó hasta el muelle, y allí salió á recibirle el Capitan general D. Luis de las Casas, con todos los gefes y toda la plana mayor del ejército, y la poblacion de la ciudad entera; allí la amantísima Habana dió el mas solemne testimonio de su fiel amor al venerable Patriarca: porque enternecida y profundamente afectada, en medio de aquella melancólica música, del estruendo de la artillería y demas señales de luto y de dolor, ella misma representada en su Ilustre Ayuntamiento recibió de los cuatro gefes marinos que le venian cargando, el luctuoso féretro del Héroe, y cargándole cuatro de sus capitulares y remudándole los otros le llevaron por entre dos filas de infantería tendidas desde el Muelle hasta la plaza de Armas; y allí en esta, al pié de la sagrada Seiba y sacro Obelisco donde se celebró la primera misa y cabildo: allí delante de la estátua de la Religion, y sobre un panteon preparado al efecto: los venerables senadores de la muy leal Habana depositaron su preciosa carga. Entonces fué abierta y reconocida la caja, y terminado el reconocimiento, se hizo entrega formal al Capitan general, volviéndose á cerrar la caja y féretro, y continuando la procesion con la mayor magestad, con acompañamiento de uno y otro Cabildo eclesiástico y secular, de todas las Corporaciones civiles, de todas las Comunidades religiosas, de todas las Autoridades, toda la Nobleza, y en fin toda la poblacion. Llegado á la Catedral, le celebraron los oficios mas solemnes, en los que el Obispo ofició de pontifical; y terminada la pia y solemne ceremonia, se colocó el precioso depósito al lado del Altar mayor en bóveda practicada en la pared, con una inscripcion histórica y afectuosa, en que la amorosa Habana se congratula de poseer *tan preciosas exuvias* y desea conservarlas eternamente en su seno: cubriéndolo todo una losa de blanco mármol con el busto de Colon y otra inscripcion al pié. Y como si no fuera bastante, la enternecida Ciudad, pidió por merced hacer todos los costos, y suplicó á la piedad del Monarca que jamás salga de ella este sagrado é inestimable depósito que de hoy mas será su mayor timbre y su mas esclarecido blason, como prueba de la altísima estimacion y venerable memoria que hacia de aquel héroe que, descubriendo esta Isla, habia el primero plantado en ella la señal de la Cruz. Por cuya espontánea y afectuosa adhesion, los descendientes y familia del Grande Almirante, por medio de su gefé el duque de Veraguas, hicieron á esta ciudad la accion de gracias mas solemne, que jamás hizo á un pueblo entero familia alguna; asegurándole que en cuanto á los derechos sobre los últimos honores fúnebres á las cenizas de Colon, la ciudad de la Habana se habia hecho preferente y mas digna que la familia misma, por conservar y estender hácia el ilustre descubridor una benevolencia tan estraordinaria con un esceso de virtud sin ejemplar. (*)

Sí: allí está enterrado el Descubridor del Nuevo–Mundo: mírale allí en aquel sepulcro á tu izquierda, á la derecha del altar mayor: mírale allí, en aquel mármol blanquísimo donde está esculpida la efigie de su rostro venerable. No esperes, ó Viajero, que ahora le invoque, como el doctor Caballero, cuando en la Oracion fúnebre que pronunció en aquel solemne dia, prorrumpió gritando: "¡Levántate tú, Grande Almirante, levántate de ese sueño augusto de la muerte! Sal de esa noche eterna y ven á reclamar tus derechos violados, tus méritos desatendidos y tus trabajos premiados en cabeza agena!" Ni tampoco esperes que te invite como hizo aquel orador á su auditorio "á lamentar la injusticia mas atroz que han cometido los hombres con otro hombre" ni á que se borre y destruya para siempre el injustísimo nombre de *América*. Yo solo te convido á que te acerques á esa modesta tumba; que en ella leerás, si sabes pensar, no solo la vida del que dentro encierra, sino la historia del universo durante cuatro siglos. Atiende que ese polvo, cuando era hombre, con la primer pisada que dió en nuestras playas cambió la suerte del mundo. Regaló imperios, y recibió cadenas: enriqueció naciones, y murió miserable: cambió (lo que ni antes ni despues hubo hombre que tal haga) las costumbres, las ideas, las ciencias y el mundo entero, y hoy es polvo inerte. Desde él comienza la historia moderna; pero no olvides que fué siempre honrado, humano y religioso. Del pormenor de sus hechos no hay que hablar: se encierran en el mote de su escudo de armas: *A Castilla y á Leon, Nuevo-Mundo dió Colon.*

T. Sandalio de Noda.

[*] Carta del duque de Veraguas en nombre de toda la familia, á la ciudad de la Habana. Fecha en la Coruña á 30 de marzo de 1796.

FACHADA DE LA CATEDRAL. HABANA.

CATEDRAL DE LA HABANA.

EL orígen de ese templo data del año de 1519. Ya cuatro años ántes se habia fundado la villa de *S. Cristóval* en la provincia de la Habana, en la costa del sur de la isla de Cuba, y boca del rio Onicajinal; (*) pero en el año referido se mudó á la orilla del puerto *Carenas*, al pié de la frondosa SEIBA, á cuya sombra se celebró la primera misa y cabildo. La Habana quedó siendo una parroquia del Obispado de Cuba. Su archivo primitivo pereció en un incendio, y el mas antiguo dato á que alcanza el que hoy existe es al año de 1588 y matrimonio de Francisco Hernandez Pabon con Maria Rodriguez. Conservóse la iglesia en las cercanías de la Seiba

(*) Gómara, conquista de Méjico.—Arrate, la Habana descrita etc.

4

referida, siempre con el nombre de S. Cristóval. A principios del siglo pasado era dicha iglesia (que á causa de la nueva parroquia del Espíritu Santo se comenzó á llamar *La iglesia mayor*) un edificio innoble y grosero, situado donde hoy está la casa de Gobierno. Tenía dos naves: la puerta principal estaba al occidente. Detras del altar mayor hácia el oriente, estaba la sacristía, y á continuacion, al lado donde hoy cae la plaza de Armas, había várias piezas bajas y altas con sus balcones, para el cura y demas dependientes de la iglesia. Contiguo al costado del norte y nave colateral estaba el cementerio, cercado de tapias. La torre, estaba á la izquierda de la puerta principal y era anchísima y baja, con tres cuerpos, que servian de baptisterio, habitacion del campanero, reloj y campanario: este constaba de cinco campanas regulares. El todo, tanto en lo esterior como en lo interior era tan ordinario, y tan desnudo del ornato del culto, que parecia cualquiera cosa menos templo de Dios. El señor Laso intentó reedificarla con mejor gusto; mas no pudo efectuarlo. (*)

(*)   Valdes, Historia de la Habana, libro VIII. Arrate, cap. 33 y 39.

Entre tanto existía en la Habana un colegio de Jesuitas de cuyo patron *San Ignacio* se dió este nombre á la calle que por aquel pasaba, y que le conserva hasta el dia de hoy. Construian un templo hácia la parte del sur de él, levantándole de piedra ordinaria, y con no mucho gusto, aunque exornada su gótica fachada con nichos y otros adornos. Sobrevino en esto la espulsion y estrañamiento de aquellos religiosos (año de 1767, á 12 de junio) y en consecuencia se determinó concluir aquel edificio para trasladar á él la iglesia de *San Cristóval*, ó iglesia mayor, como se hizo en efecto. Mas el templo se convirtió en catedral con la dedicacion de la Purísima Concepcion, cuando en 1788 se creó la Diócesis de la Habana, desmembrándose del Obispado de Cuba. Esta catedral, como se vé en la estampa adjunta, tiene dos torres, y tres naves. Su pavimento es de preciosos mármoles blancos y negros: su techo por fuera es de teja y por dentro es de bóvedas de madera, cortadas en aristas de medio punto. El señor Espada [de eterna recordacion en esta diócesis] destruyó cuanto pudo del mal gusto con que estaba adornada. En el interior se encuentra hoy en ella la noble y magestuosa sencillez que debe haber en la casa del Señor. Sus altares escepto el mayor que es de hermosos mármoles, todos son de caoba, y asimismo los púlpitos, los confesonarios, las bancas y cuanto de madera se vé en este templo. Su situacion es en la parte del norte de la ciudad, junto al mar, con la fachada mirando al sur, á la plaza de la Ciénaga por donde en tiempos antiguos corria un arroyo desde el hospital de S. Juan de Dios hasta el *Boquete*, que para su desagüe se dejó en la muralla donde hoy está la Pescadería. Es notable la magnificencia que resplandece en la capilla de Santa María de Loreto, que es la de la derecha hácia el poniente y calle de San Ignacio: en cuyo costado esterior se lee su consagracion en 1755. A la izquierda del altar mayor hay una antiquísima pintura catorce años mas antigua que el descubrimiento de estas Indias: á la derecha está el sepulcro del inmortal COLON, el monumento mas glorioso que posee todo este emisferio de occidente. En la lápida con que se cubrieron sus cenizas se esculpió la siguiente inscripcion.

D. O. M.

CLARIS. HEROS. LIGUSTIN.

CHRISTOPHORUS COLOMBUS

A SE, REI NAUTIC. SCIENT INSIGN.

NOV. ORB. DETECT.

ATQUE CASTELL. ET LEGION. REGIB. SUBJECT.

VALLISOL. OCCUB.

XIII KAL. JUN. A. M. DVI

CARTUSIANOR. HISPAL. CADAV. CUSTOD. TRADIT.

TRANSFER. NAM IPSE PRÆSCRIPS.

IN HISPANIOLÆ METROP. ECC.

HINC, PACE SANCIT. GALLIÆ REIP. CESS.

IN HANC V. MAR. CONCEPT. IMM. CATH. OSSA TRANS.

MAXIM. OM. ORD. FREQUENT. SEPULT. MAND.

XIV KAL. FEB. A. MD. C. C. X. C. V. I.

HAVAN. CIVIT.

TANT. VIR. MERITOR. IN SE NON IMMEM-

PRETIOS. EXUV. IN OPTAT DIEM TUITUR.

HOCCE MONUM. EREX.

PRESUL. JLL. D. D. PHILIPPO JPH. TRESPALACIOS

CIVIC. AC MILITAR. REI. GEN. PRÆF. EXMO.

D. D. LUDOVICO DE LAS CASAS

Pero la inscripcion está visible que es la que se encuentra debajo del busto de mármol blanco, que cierra el sepulcro, esculpida en hermosa letra bastarda española, sobre un trofeo militar, y dice:

¡O Restos è imágen del grande Colon
Mil siglos durad guardados en la Urna
Y en la remembranza de nuestra Nacion!

Se lee otra inscripcion referente á la capilla de Loreto, en el costado de la calle de San Ignacio y dice:

EL ILL.^{mo} Y REV. Sr D. PEDRO
AVG.ⁿ MOREL DE Sta CRVZ
DIGN.^{mo} OBISPO DE CVBA
& CONSAGRO ESTA YGLE-
SIA DE LA Sta CASA LAV-
RETANA DE MARIA SS.
EN VIII SEPT. A^o DE 1755.

Los primeros jesuitas que llegaron á la Habana y á estas Indias, fueron luego martirizados por la fé, por los bárbaros del Brasil. Intentaron un colegio en 1656; y en 1682 el obispo Compostela labró la ermita de S. Ignacio, permitiéndose aquel en 1721 mediante 40,000 $ que dió el clérigo Diaz, y fundándose en 1724 en dicha ermita, donde luego fué la Iglesia mayor. Esta había sido quemada en 1538 por los piratas y reedificada en 1571 con el legado de Juan de Rojas; y reconstruida en 1666 por el obispo Santo–Matías. Es anexa á ella la Obrapía de Martin Calvo, de 100,000 $, para dotar cada año cinco niñas. Esta iglesia como Catedral tiene tres dignidades, y ocho canongías: como parroquia tiene tres curas y ocho tenientes de cura. Pero aunque bella y elegante en su interior arquitectura y adornos, la opulenta Habana debía sustituirle otro edificio mas proporcionado á su riqueza y magnitud.

T. Sandalio de Noda.

FACTORIA Y MUELLE DE TALLAPIEDRA. HABANA.

L. Cuevas dib.º y litg.º

Litog. del Gobierno.

CASA DE FACTORIA. HABANA.

FACTORIA.

AL sud-oeste de la ciudad de la Habana y en la parte que corresponde al barrio de Jesus María se eleva este edificio construido en 1765 con las habitaciones y almacenes que luego dirémos, y cuyas azoteas están casi á nivel con la *Calzada del Monte*. Tiene su entrada principal pasada la del *Arsenal*, saliendo por la *Puerta* de este nombre, dirigiéndonos hácia la izquierda por la calle conocida con el de Farruco; y si es verdad que hay que pasar por el desaseado barrio de Jesus María, apartar la vista de sus casas y calles, tambien lo es que por otra parte presenta cercanías bellísimas y deliciosas.

Situado el observador en la azotea principal del edificio se ofrece á su contemplacion un cuadro interesante por la ani-

4*

macion y variedad del conjunto : descúbrese á la derecha la siempre verde , hermosa y elevada colina cuya cúspide corona el castillo de *Atarés* ; al frente los almacenes de pólvora , y los espesos cocales de las estancias de *Guasabacoa* , á la izquierda la muralla y santuario de *Regla* destacándose como en último término su sencilla y modesta hermita cuyo color azul armoniza el cielo purísimo de los trópicos y las ondas apacibles de la bahía. Fijando la vista mas á la orilla se advierte á la flor del agua los cascos de cinco famosos navíos que hace muchos años se hallan allí enterrados revelando en su abandono la actividad y trabajos de nuestra antigua y *quieta Arsenal* , las goletas y balandras del muelle de Tallapiedra , la punta saliente de la izquierda, lanchas y falúas de la Real Armada y tal ó cual *guadaño* en que algunas personas abandonando sus hogares vienen á respirar el aire del mar en las ardientes y calurosas tardes del estío.

Visto el edificio desde el punto en que está tomada la de nuestra lámina ni indica siquiera la solidéz de sus fábricas , ni la considerable capacidad de sus patios, habitaciones y almacenes. Lo primero se conoce desde la parte esterior que corresponde á la calle de la *Diaria*: y los segundos , bien de sus estrechos corredores ó de cualquiera de los dos patios á que caen los destinados al *Depósito* mercantil. Empero como la estinguida *Factoría* presenta hoy en sus habitaciones un aspecto muy distinto del que tuvo en su orígen, preciso será decir algo á nuestros lectores del modo con que entonces estuvo repartido , bosquejando luego las alteraciones que ha sufrido.

Estableciófse segun hemos apuntado antes el año de **1765,** cuando la naciente y feracísima Cuba gemía bajo el férreo brazo del monopolio, y pues su historia está intimamente asociada con la del cultivo, elaboracion y comercio del tabaco, indicaremos aunque lijeramente la de esta planta , cuya preferencia obtiene la nuestra , no rivalizada hasta ahora en los mercados estrangeros.

En el año de **1734** contrató *D. José Tallapiedra* vecino y del comercio de Cádiz, cuyo nombre conserva el muellecito cercano al de *Factoría tres millones* de libras para remitirlas á la Península, cuyas remesas se sucedieron por particulares hasta el año de **1740.** En esta época principió el contrato celebrado con la *Real compañía de Comercio* de la Habana: contrato que cesó á fines del de **1765** en que se estableció el estanco y la Real Factoría por cuenta del Gobierno. (*)

No sabemos con estos antecedentes como conciliar lo que espone Arrate cuando al hablar de este particular dice que "desde el año de **1727** habia establecido S. M. en la Habana una *Factoría* general de tabacos, á cargo de **D. Martin de Loynaz**, y luego al de **D. Vicente Caballero** del órden de Santiago, con los ministros y dependientes necesarios para atender á la compra, y remision de las cantidades de este género, que así en rama como en polvo fuesen precisas para la provision y surtimiento de sus reinos.

Parece que el primer administrador general de Factoría fué

[*] Estos datos y otros que contiene el presente artículo están tomados de la Historia de Arrate, de la de Valdes, de las Memorias de la Real Sociedad año de 831, de la que premió esta sobre estraccion del tabaco á nuestro amigo y compañero de redaccion **D. Antonio Bachiller**, debiendo algunas noticias interesantes á un distinguido empleado que fué de Factoría.

D. Martin de Echavarria, siendo gobernador **D. Juan de Prado**, quien ordenó sus dependencias y oficinas con un administrador general, un interventor general, un contador, seis oficiales de cuenta y razon, dos de tesorería, dos reconocedores, un visitador de vegas, dos guarda-almacenes y molino, y seis factores en lo interior. Así continuó este ramo hasta **1782** en que se dispuso que la Superintendencia que ejercia el Capitan General se trasladase á la Intendencia de Ejército en su Tribunal y fuero privilegiado para sus empleados, siendo Intendente el Sr. **D. Juan Ignacio Urria**, y desde entonces quedó el Capitan General como protector del ramo. Por Real órden de **12** de Octubre de **1803** se nombró un director general para el gobierno de la renta, se suprimió la junta de Factoría, declarándose Superintendente á **D. Rafael Gomez Ronboud** en Noviembre del mismo año.

La cosecha de tabaco al establecerse la Factoría era aprócsimadamente la de **80,000** arrobas luego ascendió á **250,000** á principio de este siglo á **400,000**, y en el de **27** llegó á **500** mil arrobas.

En 1817 se desestancó el tabaco y en 821 se estinguió la Factoría. Consistia la base del estanco en adelantar dinero á los labradores á cuenta de la cosecha que luego habian de vender única y esclusivamente al Rey al precio que se estipulase: el erario compró gran cantidad de tierra que repartia á censo á los labradores, y estos pagaban en tabaco en ramo trayendo las cosechas á la Factoría.

Por último de la *de la balanza mercantil* correspondiente al año pasado de 840 resulta que solo por el puerto de la Habana se esportaron 888,666 libras de tabaco en rama cuyo valor es de 111,081 pesos 3 reales, y 121,542 millares torcido que son 1.218,706 pesos ascendiendo todo á la cantidad de 1,329,788 pesos 1 real.

El tabaco pues constituye en nuestra isla eminentemente agrícola un ramo de riqueza pública digno de la mayor consideracion. Pobre y mezquina la cosecha en la época del estanco, pues openas llegaba á 100,000 arrobas ascendió luego á 500,000, y tuvo el aumento asombroso que hemos indicado, porque agoviada por los errores económicos que abortaron las trabas y el monopolio, el soplo benéfico de la libertad mercantil dió fuerza y vigor á los labradores, fertilizó nuestros terrenos, alentó el comercio, vivificó la industria y cambió ventajosamente la suerte de millares de familias que vieron entonces crecer sus tallos mas erguidos y lozanos entregándose al cultivo de esa oja que sin rival atrae en los mercados estrangeros la preferencia de los consumidores.

Empero dejemos ya la aridez de los números para dar algunas pinceladas sobre Factoría. Ecsistió en ella una gran tabaquería con el nombre de *Cigarrería*, en que trabajaban mas de cien operarios sin contar los esclavos del establecimiento. El tabaco elaborado se remitía directamente á la Península. Los empleados y las autoridades de la Habana teunian anualmente dos regalías, una en S. Juan, y otra por Páscuas de Navidad que era siempre el duplo de la primera. Consistía en un número de libras de tabaco torcido, en polvo ó rapé al gusto de las personas á quienes se remitía.

No se conocían entónces mas casas en Factoría que las dos que hacen frente al mar con sus glorietas y balcones corridos:

la que está en el ángulo del *Arsenal* se componía de dos habitaciones, la principal era para los Administradores y la otra para los ministros interventores. Cuando la Superintendencia se separó de la Intendencia la primera se destinó para morada de los superintendentes. La otra casa del ángulo que cae á *Tallapiedra* se componía tambien de dos habitaciones, la principal era para los tesoreros y para los guarda-almacenes la otra. El resto del edificio eran azoteas corridas hasta el año de 1812 que construyó en ellos el Superintendente D. José Gonzalez las habitaciones que hoy se conocen con el nombre de *casitas*, y las dos casas de los ángulos del fondo que hacen frente al barrio de Jesus María, cuyos techos eran todos de pizarra.

La cigarrería ocupaba el lugar en que están hoy las *celdas* y formaba tres naves ó calles, y estaba la entrada en la galería que divide el gran patio de la Factoría en dos partes iguales.

Hoy se halla todo trastornado. La parte baja que principia al pié de la escalera principal está casi siempre desierta; vénse junto al murallon de la izquierda esparcidas de trecho en trecho viejas y gastadas piedras de los molinos de tabaco, y aunque nos es doloroso decirlo, tanto aquí como en la calzada del *Arsenal* se nota el mayor abandono y desaseo, haciendo mas triste el aspecto de aquel lugar la pila que á su término se divisa, la que aleja por su estado hasta la idea de mitigar en sus aguas la sed.

Dirigiéndonos á la derecha por la misma parte baja encontramos en la que da frente al mar *el Archivo general de Real Hacienda de la isla de Cuba*, establecido aquí el año que acaba de terminar; el cuartel que ocupa una compañía de las tropas que guarnecen esta plaza, la que alterna cada seis meses; y por último, los grandes y famosos almacenes del Depósito mercantil.

La parte alta tiene su escalera principal á la calle de Farruco; hállase despues de su descanso un pequeño patio, y á su derecha la casa en que habita el encargado del edificio: en el ángulo del fondo y en una elevacion de diez á doce varas se ve un cuadrante con esta inscripcion: *Juan Bautista Ci-*

rartegui delineó estos dos cuadrantes, Meridional y Setentrional en 26 de Junio de 1817. El otro se halla en el lugar que indica la inscripcion, ambos en buen estado.

Siguen inmediatamente los dos corredores á cuya derecha están construidas las casitas en número de 16, todas iguales con su sala, comedor, dos cuartos, un pequeño patio y servidumbre; y á la izquierda el pretil que cae á los dos grandes patios de los almacenes.

A la mitad del primer corredor y hácia la izquierda se encuentra una especie de claustro cuyo piso es mucho mas bajo que lo demas del edificio, y á su derecha é izquierda 14 celdas todas iguales: al entrar en esta galerìa tétrica y obscura en que reina un silencio profundo cualquiera se creerìa transportado á alguna prision inquisitorial, ó á los pasadizos y galerìas encantadas que con fantásticos colores nos pinta la sombría imaginacion de Ana Raclitffe. En medio de esta estrechez, de esta oscuridad se vé un arco de madera casi ojivo, descolorido por las lluvias, lleno de manchas, pronunciadas unas, imperceptibles otras, y pendiente de él un farol viejo,

casi destruido, y cuyos pedazos de vidrio apenas dan paso á la luz. Entrar aquí de noche, es entrar en un subterráneo; el pecho se comprime; la falta de aire libre entorpece la respiracion; mil ideas tristes y melancólicas se apoderan del alma y es preciso huir cuanto antes de aquella lobreguez.

La misma obscuridad se advierte en los corredores, con la diferencia de sentirse en ellos el soplo apacible de la *brisa*; los vecinos no acostumbran poner luces en sus puertas, y mas de una vez nos ha parecido contemplar en ellas otras tantas prisiones destinadas para encierro perpetuo de criminales y malhechores.

A la derecha del segundo corredor se advierte una gran caja de madera saliente de la pared. ¿Se guardan en ella antiguos papeles de la Factoría, ó contiene cosas que precisamente deban estar allí?.... Un doble candado cierra la cubierta, si la ecsaminamos con atencion notarémos á la derecha una pequeña puertecita inutilizada hace mucho tiempo; abierta da paso á una escalera proyectada en la pared que conduce á *un altar*...en él se celebrabra el cruento sacrificio de la misa los Domingos y dias festivos. Hoy se encuenta triste, silencioso y abandonado el lugar en que antes elevaban sus suplicas al Eterno los moradores de este edificio, y ni siquiera tienen el recurso de hallar en su corto recinto el medio de calmar las angustias y congojas de la vida....

Un silencio profundo ha sustituido hace algun tiempo la gran concurrencia que atraia el establecimiento de la Factoría: aquellas escaleras tan frecuentadas por los empleados y dependientes, y por los labradores que atravesando tantas leguas venian allí á rendir el fruto de sus afanes, están casi desiertas; viudas, huérfanos y familias pobres habitan grátis las *casitas* de que hemos hablado: la inaccion ha sustituido á la actividad; el silencio á la industria, la soledad al bullicio; empero nuestros labradores recobraron en cambio la proteccion que hacia tiempo demandaban, la libertad de comercio produjo sus marivillosos efectos, el monopolio quedó sepultado y con su muerte adquirió la isla de Cuba un ramo de riqueza pública, cuya importancia estuvo hasta entónces desconocida.

Manuel Costáles.

TEATRO PRINCIPAL. HABANA.

TEATRO PRINCIPAL.

Cuando se detiene el viagero en presencia de la estraña fachada del teatro principal de la Habana no podria ciertaménte figurarse que se hallaba en frente de un edificio en que se rinde culto á las bellas artes. Tan estraordinaria arquitectura le da un semblante especial que pueden ver nuestros lectores en la adjunta lámina. El Teatro se encuentra en el estremo de la llamada Alameda de Paula que, dando con el Hospital de S. Francisco de Paula con el un cabo, liga el placer y el llanto el juego con el dolor, los chistes de Moreto y de Breton con los ayes de los moribundos, la vida con la muerte. ¡Y cuán exacto está el retrato del mundo en este contraste! Ancha y limpia, accesible es la via que conduce del un estremo hasta el otro : así resvala ligera la existencia en los diversos instantes de una vida tan variada por los encontrados acontecimientos.

El teatro principal no ofrece este contraste único; su severa y desgraciada construccion cuyo conjunto le da bastante semejanza con un buque con la quilla al cielo, nos trae á la memoria que ese lugar frecuentado hoy por la *gente de tono*, por la aristocracia de sangre y de dinero fué el humilde albergue de un hombre que vivia con el sudor de su frente y lo que es ahora un teatro fué antes un *Molinillo*. Las escrituras antiguas todavia designan con el nombre del *Molinillo* la localidad que hoy ocupa el teatro en la calle que cruza *del convento de nuestro padre y Sr. S. Francisco hasta la hospitalidad de mugeres enfermas*, como decian los devotos escribanos y habitantes de la Habana.

La primera vez que nos habla la historia de un teatro en Cuba tambien encontramos otro contraste pues vemos como empresaria á la *Casa de recojidas*. Las mugeres reclusas eran interesadas de esta manera en los progresos del teatro y no faltaria algun anciano de balandran de saraza, senda peluca y patriarcales costumbres que viese tambien al teatro fomentando la casa de reclusas.

Trataban de fundar una casa de Recojidas en la Habana y entendiase en ello habiendo destinado el gobierno 1500 pesos anuales para su sostenimiento de las temporalidades embargadas á los individuos de la compañia de Jesus. Faltaban los medios no solo de concluir la fábrica, sino de dar estabilidad al instituto y entónces fue que el marques de la Torre, de feliz recordacion para los habaneros, propuso á los habitantes de la Habana la idea de construir un coliseo cuya propiedad fuese de la casa de Reclusas y el cual se edificase con prestaciones de los vecinos por via de anticipacion ú ofrenda gratuita. Los vecinos eligieron el segundo estremo y habiéndose reunido 3289 pesos se comenzó la obra que se entregó concluida, solemnemente en 1776 á D. Luis Peñalver director de la casa, en nombre del marques de la Torre y pueblo de la Habana.

La espresion del proyecto del marques de la Torre en los

finos términos de su discurso honra tanto al ilustre gefe como al pueblo á que se dirigia. No es de este lugar su insercion y solo á nuestro objeto cumple el saber que antes de esto se *hacian las comedias* en una casa particular. Tambien se ejecutaron algunas en el campo de Marte á las cuatro de la tarde alumbrados nuestros padres por la lámpara del universo, por el sol que vale ciertamente por todas las luces del teatro inclusas la del teatro *Fenice* de Venecia.

En los tiempos mas cercanos á nosotros, del marques de Someruelos, se elevó el teatro al estado de poderse citar como digno de un pueblo rico y culto : verdad es que no podemos compararle con la Scala de Milan, San Cárlos de Nápoles ni otros por este órden; pero es bastante su amplitud para que pueda figurar entre los mas estensos de segundo órden. Se halla pintado con gusto en lo interior y en la parte superior del escenario se leen las siguientes palabras:

"Instruye y amonesta deleytando."

Hoy es propiedad del Ayuntamiento de la Habana el edificio. Estuvo alquilado por un empresario que abonaba **250 ps.** mensuales por él. Despues una sociedad de individuos **de la** nobleza se propuso ocurrir á su conservacion reparándole en los términos correspondientes y por esta razon y los **considerables** gastos que tuvieron que hacer se les concedió **el uso** del edificio por cinco años renunciando el ayuntamiento **la** pension. Mas advirtióse la necesidad de construir una **pared** costosa y se aumentó el plazo á siete años. En la **actualidad** don Francisco Marty es el empresario y ha sucedido á la sociedad en sus derechos y acciones. El teatro está **cargado** con la pension mensual de 20 pesos á favor de la **casa de** S. Juan Nepomuceno de las Recojidas. En este teatro se **dan** las funciones de ópera con especialidad y es fama que la **asistencia** del concurso es siempre mas escojida. El producto **de** las funciones de ópera varia por las circunstancias naturales **en** este género de especulaciones. En la época en que tenia **el** teatro un empresario particular la noche que tuvo mas **producto** fué de 700 pesos de entrada y 400 pesos de abono.

No sabemos si en el dia serán mayores los proventos: **creemos** que no porque los costos de la conducion de una compañía de Italia, y otros han exigido el aumento de precio en localidades y entradas y esto disminuye el concurso, produciendo una pérdida de consideracion en la temporada.

No siempre resuena el melodioso acento de Italia en el teatro principal, ni se reduce á variarle con los lindos versos de Breton de los Herreros y plegarias del Trovador: su techumbre ha vibrado con la algazara de las máscaras, las bromas de los disfraces, el torbellino de desencadenada alegría.

Cuando no se habían vulgarizado los bailes de disfraces entre nosotros recuerdo que asistí á uno en este local. Yo estaba entónces en el calor de la edad primera, acababa de soltar un periódico en que había publicado unos versos á la nueva era que Cristina abrió á España, en aquel dia ninguna idea melancólica cruzaba por mi frente cuvierta con antigua y dorada armadura, bromeaba con mis amigos.... para colmo de felicidad la que es hoy mi esposa apareció ante mì, pude hablarle sin ser conocido y estaba satisfecho.—¡Pero eual instable es la dicha! Cuando penetré en el salon del baile

busqué un amigo á quien había citado el dia anterior, cuando penetré el en salon del baile.... eran las doce de la noche, busqué al poeta que había cantado con migo los himnos de ventura que nos inspiraba la época de las mejores sociales de España, cuando cansado de buscar á mi amigo me sente al lado de un conocido, tambien poeta y hoy difunto, y le pregunté por el que buscaba esclamó.—"Tu amigo: ha muerto... hoy á las cuatro de la tarde." Alcé la vicera del casco que cubría mi cara, mis ojos brotaron lágrimas copiosas y aquel baile me pareció el infierno. Efectivamente Cintio habia sido arrebatado por el cólera

¡Ah! esta impresion que abre ahora mismo mi alma al sentimiento se ha deslizado de mi pluma porque está harto fija en mi corazon! los que teneis un alma no embotada con los golpes del desencanto disculpareis que el pobre escritor tenga el placer de llorar el recuerdo de un amigo porque es el único que puede tener en su memoria.

Brillaba hermosa la luna en un cielo que no puede ser ni aun comparado con otro alguno, azul, sereno, cubano en fin:

recorrian los disfraces la estensa alameda y yo me confundia con todos los grupos y me dejaba arrastrar de todas las oleadas hasta que el *Ave-María* me reuniese con mi compañero de baile que á la sazon bailaba con una linda compañera agenos de mis cuitas.

¡**Oh**! si mi alma hubiera podido ser suceptible de contemplar por el lado ridículo los objetos en aquellos instantes, yo hubiera recojido observaciones interesantes; pero yo no veia mas que disipasion en la alameda, oia la orquesta del teatro y fijaba mis ojos en el hospital de Paula.

En donde se une la alameda á la muralla que abraza el hóspital y entre aquella y este, existia entónces un edificio de madera en que se espendian bebidas y refrescos, se jugaba al dominó y villar, y se respiraba el aire de la tarde bajo verdes enramadas que salpicaban perennes flores amarillas. Allí me detuve sentado en un banco de madera y creia que estaria tranquilo; pero á poco rato una comparsa de fingidos marineros armados de botellas y guitarras y acompañados de varias mozas situaron cerca de mí sus reales. Recostado el un

codo en la pared del hospital y punteando la guitarra **dirigía** la báquica cancion el uno, mientras bailaban los demas, quien con castañuelas, quien sin ellas. En el estado de mi espíritu pude comprender todo lo que hay de horrible en tan disipados goces. Veia muerta el alma de aquellos seres **á** la misericordia. Escojer las cercanías de un hospital para entregarse á tales escenas me pareció espantosa impiedad. Casi me parecia oir las quejas de las enfermas y el acento de sus ayes por entre el ruido de las voces é instrumentos. Contemplaba los crudos tormentos de aquellas infelices que pasaron su vida en torpes deleites desgarradas con los recuerdos de lo pasado, los padecimientos físicos del presente, las penas de un negro porvenir. Pero yo haria demasiada estensa la historia de mis impresiones en aquella noche terrible, y aun cuando en hacerlo no infringiria el plan que nos hemos propuesto, padece demasiado mi alma cuando renuevo la memoria de sus emosiones.

A la luz de estas indicaciones el lector se persuadirá de que un baile de máscaras es aquí como en todas partes y ofrece

5*

las mismas escenas: pero es tal el carácter de los habaneros que en las últimas funciones apenas se vieron disfraces pues casi todas las personas decentes asistieron de *sala*, principalmente en el teatro.

Ya hablarémos en otra ocacion del otro edificado por el Sr. Marty. Este individuo es digno de nuestros elogios por el arrojo con que acometió tan colosal empresa. Pocos ejemplos habrá de un particular que lo haya verificado. El teatro de Oriente de Madrid se ha construido con fondos de la Nacion; el de la ópera cómica de París le ha auxiliado el gobierno con mas de doscientos mil francos; el de Génova se construyó por el gobierno vendiendo los palcos y aun le cuesta su sostenimiento: aquí un hombre se atreve á poner manos á la obra y tiene la fortuna de conseguir su objeto.

Antonio Bachiller.

ENTRADA DEL VAPOR ALMENDARES EN EL MUELLE DE LA HABANA.

ENTRADA DEL VAPOR ALMENDARES EN EL MUELLE DE LA HABANA.

LA bonita perspectiva de la lámina á que sirve de testo esplicativo este artículo nos trae á la imaginacion la historia de la navegacion por vapores en esta Isla. Ni podemos ménos que recordar aquellos tiempos en que ceñidas las comunicaciones del pais á los malos caminos y á la navegacion de cabotage en barcos de pocas toneladas, apenas podian moverse sus moradores sin grandes molestias y penosas travesías. Gracias pues sean dadas al genio del inmortal descubridor de las máquinas de vapor, la Europa y la América alzan donde quiera sus altas chimeneas humeantes que ya recorriendo sus costas, rios y lagos las adornan con larguìsimos velos de gasa flotante y oscura, ya trazan á merced del viento estensas é inclinadas líneas como velos que interceptan levemente la radiante luz del sol del mediodia; dignos de vida é industria como los de agitacion que se manifiestan del centro profundo de los volcanes en el inmenso laboratorio de la naturaleza.

Pero no es lugar este de describir la historia del vapor desde su origen; eslo si la de su introduccion y progresos en esta isla de ventura.

El primer vapor que cruzó nuestras costas fué traido en virtud del privilegio obtenido por el coronel D. Juan O–farril el año de 1819. Nuestro malogrado poeta Zequeira cantó en robustos y armoniosos versos su aparicion por la vez primera en nuestras playas y la potencia del vapor haciéndola inmortal.

Por poco tiempo subsistió solo el *Neptuno,* que asì se llamó el primero de los vapores, en nuestras costas; tan cierto es que los cosas útiles se suceden despues de dar el primer impulso facilmente. Ayudóle el *Megicano* habiendo pasado ya el privilegio á ser propiedad del Sr. D. Antonio Bruzon. Mas adelante por los años de 1820 á 1823 navegó el *Quiroga* en la misma carrera de Matanzas á la Habana que tenian los

anteriores y estendiéronse las comunicaciones de él hasta la Vuelta de Abajo á sus puertos de Mariel, Cabañas y Bahía–Honda. Despues de estos fueron sucediéndose alternativamente en diferentes carreras el *Veloz,* el *Pavo Real,* el *Principeño,* el *Villanueva,* el *General Tacon,* el *Cárdenas,* el *Almendares* y el *Cisne.* De los nombrados, subsisten destinados á la carrera de Matanzas y Vuelta de Abajo, el *Tacon* y el *Almendares ;* á la de Cárdenas á Matanzas el *Cárdenas;* á la del Sur desde Batabanó á Cuba y la Coloma y Galafre el *Pavo–Real, Villanueva* y el *Cisne.* El único que existe de los demas es el *Principeño* en mal estado y sin carrera alguna por su inutilidad.

Proyéctase en la actualidad establecer un vapor en la carrera de Cárdenas á Sagua la Grande por la gran importancia que estos puntos van adquiriendo, como tambien la navegacion fluvial del rio Sagua la Grande con vapores menores; podemos asegurar que se hallan bastante adelantadas dichas empresas.

Hémos diseñado en lijero bosquejo la historia de los vapores en la isla; debemos añadir para que sirva como de documento histórico que despues de los primeros dos vapores estuvo algo paralizada la introducion de ellos y que el gran desarrollo de estas clases de comunicaciones daba de cortos años atras de la época en que escribimos. ¡Ojala logrémos ver rodeadàs nuestras costas de estos verdaderos tritones del mar para el bien general!

Pero antes de concluir este artículo debémos concretarnos á la imágen representada por la lámina. El vapor *Almendares* atracando al muelle de la Habana nos hace recordar otros hechos de la historia progresiva de Cuba. No ha mucho, por los años de 1838 no tenía la Habana un muelle de atraque para esta clase de buques. La empresa de los botes de de vapor de Regla que se nos había pasado referir y que tiene en la actualidad tres nombrados el *Isabel IIª*, el *Cristina* y el *Conchita*, construyó este muelle á mediados del año de 39, en el mismo lugar donde estaba el desembarque de los botes de caballos que por poco tiempo estuvieron establecidos en el tránsito de la bahía entre la Habana y Regla; ántes de esto el desembarque se efectuaba con *guadaños*

y suma molestia. El muelle de que hacemos mencion se prolonga hácia la bahía entre la machina y el muelle de luz al lado del cual se está construyendo otra puerta nueva para el atraque de los botes de vapor de Regla que ahora lo practican donde antes los de caballos. (1)

Quiera Dios que antes de mucho sean mezquinos y cortos los datos que hemos suministrado en comparacion de los que puedan presentarse, y que aun se rian del pobre escritor que creía poseer algo con ellos como ventura del pais.

Ildefonso Vivanco

(1) El vapor Almendares es uno de los mas hermosos y de mas poder de los que ecsisten en la isla; tiene la fuerza de 120 caballos y se calcula su costo actual en 68000 $. Tiene hermosas cámaras y una espaciosa toldilla; el tráfico de Matanzas á la Habana lo verifica en 6 horas procsimamente y aun en menos muchas veces.

Ultimamente acaban de llegar tambien dos vapores de guerra con destino á nuestra marina capaces de hacer la navegacion oceanica que servirán á resguardar nuestras costas, siendo mucho mejores segun se nos ha informado, que los que han servido y ecsisten en la Península destinados al servicio.

IGLESIA PARROQUIAL DE LA SALUD. HABANA.

L. Cuevas dib.º y litog.ª   Litog. del Gobierno.

EL TIVOLI. HABANA.

LA SALUD.—EL TIVOLI.

GRAVANSE en los pueblos las costumbres de un modo tal que en vano agita el tiempo sus alas en rápido vuelo sobre las generaciones, en vano echa el manto de olvido en que se envuelve sobre los hechos y las cosas, que siempre la palabra corrompida ó alterada recuerda á los postreros lo que hicieron y fueron sus antepasados. En vano ocupa hoy la iglesia parroquial de Ntra. Sra. de Guadalupe el lugar que en pasados tiempos santificaba la presencia del humilde oratorio de un pobre devoto del Señor de la Salud venerando con esta advocacion al Divino Redentor del linage humano: en vano se ha sustituido el magnífico templo moderno donde en vez de la devocion castellana se alza la soberbia arquitectura griega:

6

el pueblo llama iglesia de la Salud á la iglesia de Guadalupe y la tradicion antigua vence á la voluntad moderna.

Lástima es ciertamente que uno de los edificios mas hermosos de esta ciudad por su estension y belleza esté sin terminarse. Lástima que una casa de oracion á donde acuden á elevar sus preces al Todopoderoso una poblacion que encierra todo el barrio de La Salud y parte de el de San Lázaro no haya recibido la última mano del artífice para que sea digna de los hombres y del cielo. El Escmo. Sr. D. Juan Diaz de Espada y Landa, digno promovedor de la ilustracion pública en todos los ramos, ha dejado en ese templo el sello de su buen gusto, de su atinado juicio y nos hace recordar con orgullo su nombre, con agradecimiento sus beneficios; pero ántes de que lleguemos á estas épocas recientes en que los de la generacion actual han sido ó testigos ó actores volverémos la vista á los pasados tiempos que es la historia espejo de la vida y es preciso en asuntos semejantes ocurrir á ella.

Residia en el barrio del Santo Cristo de la Salud un devoto individuo que tenia por nombre Miguel Antonio de Rodas: tanto pudo su fervor y exortaciones que á 1º de mayo de 1742 logró colocar la santa imágen en el santuario que creciendo con el tiempo el agradecimiento de los vecinos ha llegado al punto de grandeza y renombre que ya hoy tiene, si bien no tan crecido en riquezas como en fama pues los fondos con que cuenta el culto no sufragan los gastos.

El sagrario fué asistido de un capellan que ademas de atender á los actos del culto divino auxiliaba á los curas de la feligresía administrando los sacramentos de la Eucaristía y Estremauncion. Andando el tiempo se convirtió en curato como hoy existe; pero ya llegarémos á esta época.

La imágen del Santo Cristo de la Salud fué sacada de la iglesia cuando el Escmo. Sr. Espada dispuso sustituir á las imágenes de *bulto* cuadros dignos de la edad por reunir á lo venerable de su objeto las bellezas del arte. La veneracion y respeto que en general se profesaba al Cristo de la Salud, movió á varios vecinos del barrio á que representasen al Escmo. é Ilmo. Sr. Arzobispo Admistrador actual de esta Diócesis para que se colocase en la iglesia de nuevo á cuyo fin se estrajo del altar una cópia del *Pasmo de Sicilia* y se puso en una urna y en la forma que existe la venerada imágen á que se atribuyen numerosos milagros de que son buena muestra y testimonio la gran cantidad de *exvotos* colgados de varios cuadros al lado del altar.

La ermita del Señor de la Salud se conservó largo tiempo aun despues de principiado el actual templo en el terreno que ahora ocupan las naves delante del crucero: aunque el culto se verificaba con decencia, hasta las formas del edificio, su colgadizo en vez de pórtico y demas circunstancias, daban el indicio de nuestro atraso. Derribada la iglesia de Ntra. Sra. de Guadalupe erigida en donde estuvo la ermita de Francisco Cañite en el lugar conocido todavia con el nombre de la *Seiba* en la calzada del Monte ó de Guadalupe, se trasladó al punto de que nos ocupamos, la parroquial ántes conocida con el nombre de iglesia auxiliar de *Nuestra Señora de Guadalupe* y *San Francisco Javier*.

El historiador Arrate, describe la forma del antiguo templo destruido por indicacion de don Agustin Crámer y nos dice que en la planta que en su tiempo empezaba á darse á la actual iglesia de Guadalupe, habia mucha semejanza con la derribada. Fundóle el Ilmo. Lazo, de quien tantos recuerdos tiene la Habana en el ramo de construcciones religiosas. Dedicóle y consagróle el propio prelado en 1742 en la época misma en que se colocaba en su santuario el Santo Cristo de la Salud que habia de remplazar. El templo era de tres naves y contenia retablos que califica nuestro compatriota citado, de magníficos : su fróntis le adornaban columnas y estatuas. En su recinto habia várias congregaciones, entre ellas la de la bendicion de Dios, que por practicar cosas ya olvidadas por la generacion actual, no me parece fuera de propósito recordar la que sacaba todas las noches el rosario y eran pocas aquellas en que no se viese en las calles y plazas alguna de las congregaciones de la Señora—"Cantando con acompañamiento de instrumentos músicos la salutacion angélica, desterrando con las luces la oscuridad y exitando con las voces los corazones de los fieles ; obsequioso culto con que corresponde esta ciudad los grandes beneficios que esperimenta de su proteccion y amparo que paga y reconoce." Las últimas palabras son del mismo Arrate y en lo relativo á historia de este templo, baste saber que fué destruido en 1762 en la dominacion inglesa, dirigiendo el derribo el espresado Crámer.

Es tradiccion que al pasar por el lugar donde se derribó el templo el ingeniero que lo verificó, se espantaron las mulas de su carruage y en los mismos restos del edificio, objeto que las sobresaltó, estrellaron al mal aconsejante militar: atribuyóse el acontecimiento á milagro y como es lo maravilloso tan del gusto de los pueblos, aun supusieron que algunas piedras que de las ruinas del templo se llevaron al Castillo de Atares, construido en la vecina loma de Soto no ligaban con el mortero por cuya razon se hacian grietas en las paredes.

Trasladóse pues la parroquial de Guadalupe al lugar en que está hoy: en la época en que se hizo estaba muy al principio la construccion del edificio. En el gobierno del señor Espada se derribó la ermita y se concluyeron las naves á lo que contribuyeron las donaciones de los feligreses en gran manera

fomentadas por el celo y fervor de don Mateo Gutierrez capitular del Ayuntamiento constitucional. Paralizada la fábrica se promovió en 1838 la conclusion del pórtico y ademas de algunos fondos destinados al objeto se contrajo un empréstito con el devocionario del Santo Cristo del Buen Viaje. La inspeccion de la obra estuvo encomendada al caballero don Francisco de Morales y Castillo: quedan por hacer las torres y no se trata de ello, por lo ménos, que se sepa. Como el devocionario del Santo Cristo de la Salud es muy pobre, no puede contarse con sus rentas. En la actualidad tiene de entrada menos que de gastos como dije, y adeuda al mayordomo gruesa suma de pesos.

Tanto este devocionario como la mayor parte de los que existen han sufrido muchas pérdidas por no haber un archivo en que se registren todos los capitales con que cuentan los cultos: los archivos se hallan en poder de cada mayordomo y por su muerte ó sus descuidos no pueden sus sucesores ponerse al corriente de los derechos que representan. Sabido es que por una práctica, si se quiere abusiva, á título de renta se han repartido á censo las tierras entre nuestros antepasados, existe esta práctica aun en la Vuelta abajo, y sin entrar en la cuestion de si son ó no verdaderos censos, lo que nos importa saber, es que no estando anotados en el registro de hipotecas no pueden probarse y de dia en dia se empobrecen los cultos porque se venden como libres de gravámen cosas que realmente le son afectas.

En el actual templo existen ademas de una cópia del *Pasmo de Sicilia*, un nacimiento del célebre Mengs, y un cuadro de la patrona, obras del profesor Vermay. Los dos primeros se han colocado en los testeros de derecha é izquierda de las naves, y el otro está en la pared donde se halla el altar mayor. Este puede considerarse como uno de los mejores que poseemos en las iglesias: el profesor Vermay no es el que pintó un ángel que se halla á los piés de la vírgen; sacrificó al arte la historia; pero despues se le ha colocado, creo que por el Sr. Corradi. Hay ademas pintado al fresco en el batisterio en formas colosales un bautismo de S. Juan, copia de Rafael y que va ya perdiendo con el tiempo, pero conserva su mérito y el buen nombre que ha dejado entre nosotros Vermay. Los altares son de caoba con adornos dorados, y todas las imágenes de bulto y de poco mérito artístico. Antes solo habia dos con los cuadros antecitados, que han dejado el puesto á los que actualmente los ocupan y dos mas erigidos por la devocion de algunos fieles. Despues del Sto. Cristo de la Salud se tiene mucha devocion á Ntra. Sra. del Cobre á quien se consagran cultos muy amenudo.

La cofradía del Smo. Sacramento que existe en la parroquial ha debido su buen estado presente al celo y juicio del apreciable vecino D. Manuel Espinosa Romero.

Antiguamente habia en mayo feria, lo que aquí llamábamos ferias, en el barrio, y arcos de palma, frutas colgadas, cohetes y laverinto: ahora nada de esto hay, sino como estraordinario algunos arcos, algunas mas bombas y cohetes y algunas pocas mesas de dulces y confituras en la plazuela de la iglesia. A ella no solo van á misa los vecinos, sino que muchos vienen de estramuros á verla, principalmente los jóvenes atraidos por la fama de las bellas que viven en el barrio.

6*

Las *salves* por la noche no son menos concurridas y en los sermones de cuaresma no queda ni un rincon vacío, comprimiéndose la concurrencia de un modo molesto y perjudicial á la salud, y aun poco decoroso á la santidad del lugar.

Hace poco tiempo que era muy comun despues de misa de mañana ir de paseo por el Tívoli, en donde se daban asaltos de florete , se volteaba en la rueda giratoria, se jugaban bolos, villar, y se tomaban baños de agua fresca y corriente. Este punto de reunion de la mañana en los dias festivos ha sido olvidado por el *Gimnasio normal*, en donde se reune hoy á veces lo mas granado de nuestra juventud.

En el gran salon que aparece en la lámina , se verificaban hasta hace poco bulliciosos bailes con bastante concurrencia mugeril por la circunstancia de ser su entrada gratuita; pero poco á poco fué perdiéndose la aficion al lugar. Algunas ocasiones oí á señoritas en aquella época—"vamos al sermon á la Salud con vestido blanco , porque luego iremos al baile del Tívoli." A veces el predicador descargaba recias amonestaciones sobre lo pecaminoso del baile y los afeites mundanos y no por eso dejaba de cumplirse el propósito. Este es un rasgo de nuestras costumbres.

Toda la fábrica es de madera: el salon tiene la singularidad de que para no derribar algunos árboles ya crecidos cuando se construyó , se les ha dado paso por el techo segun se ve en la lámina.

En la actualidad se ha establecido una fábrica de cerveza por una sociedad compuesta de **D. Francisco Mendez** y **Mr. Claudio Marvizon.** Dícese que para sostener la empresa solicitan privilegio de introduccion ; no sabemos si esta sociedad es la misma que ya lo pidió, y sobre lo cual informó la **Real Sociedad Patriótica** favorablemente por la necesidad de dar ocupacion á los individuos que residen en las poblaciones, ya que no todos han de ser labradores ni tienen para ello los necesarios elementos.

El capital de la sociedad especuladora es de 6.000 pesos, y se asegura que ya tienen preparadas para el espendio 30℗ botellas: esta cantidad que parece grande no lo es si se atiende á que solo de puertos ingleses entraron el próximo pasado año por el de la Habana 40.931 docenas de botellas; 997½ @ de los Estados Unidos, con mas 50 docenas, representando un valor considerable segun puede verse en nuestra *Balanza mercantil.*

Antonio Bachiller.

CAMINO DE HIERRO EN LA AGUADA DEL CUBA.

AGUADA DEL CURA.

He aquí uno de los muchos sitios de campo, que deben su vida, nombre y fama al camino de hierro. Desconocida taberna, olvidado albergue, en una de las encrucijadas que conducen á Santiago y S. Antonio, dos años atras apenas era visitado por uno que otro arriero, de uno que otro esclavo de las fincas comarcanas. Pero hoy, merced al ferro-carril que le pasa por las puertas, apesar de que aun conserva su primera mezquina apariencia de rusticidad, vese diariamente lleno por los pasageros que van ó vienen de Güines, el Bejucal y otros puntos.

Su situacion es á poca distancia al sur de la loma nombrada Doña María, ó Socabon del ferro-carril, en una llanada de tierra bermeja, bajo graciosos árboles que le dan sombra y frescura: por el frente se dilata un cafetal, y por detras la llanura, poblada de lozanas palmas, por entre cuyos penachos se descubre á lo lejos las azules cumbres que respaldan al Bejucal.

Para quien va de la Habana, el encuentro con esta taberna es por demas agradable y útil. A todo viajante del ferro-carril, cuando sale de la capital, si bien distraido con la vista de algunas campiñas y poblados, como hasta la loma de Doña María, corre sumido en un terreno bajo, al cabo no puede menos de fatigarse, y apetecer otro cielo y otro aire. Desde el famoso puente que han hecho sobre el rio Casiguaguas empieza el camino á hundirse dentro de altas paredes de piedra, y los sentidos y potencias del curioso viagero, por supuesto, tienen que reconcentrarse en sí mismo, y sufrir á manteniente el monótono y pesado rumor de los carros y el golpear incesante de la máquina. Preparado así el cuerpo y el ánimo, el aparecimiento de la loma, cuya noticia en un instante de carro en carro comunican las voces de los pasageros,

—es el único incidente que viene á sacarlo de su apático estado. Pero como no lo espera, eso mas le sorprende. En la larga distancia á que se descubre, apénas divisa en las faldas del risco otra cosa que un punto negro, hácia cuyo centro van á unirse dos líneas paralelas; poco á poco este punto se va ensanchando, y antes que pueda discernir cómo por allí quepa hilera tan ponderosa de carros, el humo y las tinieblas en que se ve envuelto durante un escaso minuto, le convencen que está dentro del *tunnel.*

La sorpresa y la alegría del viagero tocan á su alma, cuando ya fuera de la caverna empieza á rodar por la tierra de los cafetales y de las palmas. En uno y otro lado del camino, á cada paso, se ofrecen á su vista objetos mil de amenidad y gusto. Ya un frondoso bosque, al amor de cuya sombra sestean manadas de reses; ya un lozano potro que espantado de la máquina, suelta la crin, é hinchadas las narices, con la ligereza del viento cruza la llanura; ya una cansada recua de caballos que paso entre paso conduce el alegre guagiro por entre aquellas interminables veredas, cuya color bermeja finge un reguero de sangre ; ya, en fin, el techo pajizo de una casa que ofuscan copados árboles : y siempre verdor , y lozanía y fragancia y vida.

Despues de todo esto, se presenta la taberna mencionada arriba. Al principio , por su techo de paja , sus colgadizos de teja y su aforro de tablas, apenas se concibe que aquello sea una posada, donde habrá de proveerse de los mantenimientos precisos para no perecer de hambre , señaladamente el que hace viage á Güines. Ello es así. Pero como no hay otra mas propincua en el largo tránsito de las 12 leguas, y como en ningun otro punto hacen otra tal parada los carros, es necesario conformarse, y pagar lo que se pida , al precio que quiera el tabernero ; pues que cuando uno menos se percata suena la campana, y hay que volver á su puesto , so pena de quedarse en tierra. Con todo eso, no puede darse escena mas agradable que la que ofrece la Aguada del Cura, á mañana y á tarde. No bien paran los carros, para refrescar las hirvientes calderas del locomotor, que de todas las portezuelas de los coches se desprende un sin número de pasageros, todos á cual mas solícitos; unos en busca de vituallas, otros en busca de esparcimiento al aire libre. Sombrerito cubriendo delicados rostros, capas y capotes abrigando fornidos cuerpos, casacas, levitas y *chupas*, *mantas* y *faldetas* á la usanza campestre , en todos trages y maneras, de todos los colores y condiciones se ven acudir pasageros á la taberna; porque la necesidad del alimento como la de la muerte, no esceptua clases ni colores.

Mas como los carros piden tal precipitacion, y acuden tantos á un tiempo mismo, apenas pueden dar avio los tres ó cuatro mozos del despacho, ni el reducido local contener tampoco la multitud de compradores. Los dulces secos, las galletas, los vizcochos, el queso, el jamon, las aceitunas, y artículos comestibles así de fácil y pronto despacho, y de cómoda conduccion, son los que hacen el gasto de toda clase de pasageros: ello, tambien no pueden darse alimentos mas ligeros para un viage, si bien es verdad, que á juzgar por las apariencias, la taberna no encierra otros. Posible es presagiar , sin echarla de profetas, que no obstante el mezquino aspecto de la Aguada del Cura, hoy, no se pasará mucho tiempo, sin que la veamos henchido almacen, rico en telas, en caldos, en comestibles, y en utensilios, para satisfacer á todas las necesidades de la vida, todas las exigencias del uso. Y si llevamos la profecía adelante, ¿no entreveen desde ahora nuestros buenos lectores los techos pajizos y el pequeño campanario de un pueblecillo de campo, á que sirve de atalaya la mencionada taberna? ¿Cuál otro, sino ha sido el nacimiento de centenares de ellos, que se encuentran diseminados por los caminos, y encrucijadas de los campos de la isla? Por mucho que hoy se levante su orgullo y amor-propio, faltaríamos á la verdad si no declarásemos, que los mas han debido su existencia á una pobre, andrajosa taberna: porque en nuestra tierra, se puede asegurar, sin temor de equivocarse, que no es el cálculo sesudo y previsor el que produce los pueblos, sino la casualidad, cuando no la vanidad ó el capricho.

Pero sea cual fuere su presente y su porvenir, hoy no podrá ménos de envanecerse la Aguada del Cura, de que no hay viajante ferro-carrilero, por presuntuoso ó miserable que se le suponga, ya venga ya vaya para Güines, que le deje de pagar algun tributo. Crezca, pues, y reprodúzcase la Aguada del Cura, y no le pagarémos solamente ese tributo necesario, sino tambien el del aplauso y la admiracion.

C. Villaverde.

PLAZA DE SAN FRANCISCO. HABANA.

L. Cuevas dib.y litog.°

Litog. del Gobierno.

VISTA DE LA PLAZA DE SAN FRANCISCO.

El hombre que oyendo la voz enérgica de los hechos quiera formar idea del movimiento mercantil de la capital de la isla de Cuba, de la abundancia de sus frutos, de la gran concurrencia de su puerto, no tiene necesidad de penetrar en su famoso muelle, acercarse á su aduana, ni examinar tampoco los datos que arroja la *Balanza*; no, que esta seria larga y escrupulosa tarea; bástale situarse en la plaza de S. Francisco á las once de la mañana de cualquier dia de trabajo.

Abrazaría allí con su vista, situado en el mismo punto de donde está tomada la de nuestra lámina, á la derecha los numerosos y bien surtidos almacenes de todas clases revelando las transacciones de sus habitantes; á la izquierda los portales de Aróztegui y las numerosas pilas de frutas del pais, cuya esportacion se hace particularmente para las plazas del Norte de América; hácia uno y otro lado la formidable avenida de carretones que cargan y descargan el fruto elaborado en nuestros ingenios y recolectado en nuestros cafetales; dirijiéndola mas á la izquierda los palos, járcias, cuerdas y pabellones de todas naciones; mas lejos las goletas y balandras del cabotaje y la humeante chimenea de los vapores de *Regla*: al frente la torre y azoteas del convento de S. Francisco, y al rededor de la fuente, carretones, carretas volantes, quitrines, árrias, carretillas, movimiento, bulla, agitacion, vida y tropel. He aquí lo que de momento vería el que viniendo de la calle de los Oficios, detuviera sus pasos en la esquina de la antigua y arruinada casa de Aróstegui. (*)

Esta plaza que es hoy centro de la agitacion y movimiento mercantil de un gran pueblo, fué desde la época del conde de Sta. Clara uno de los mercados mas concurridos, objeto á

(*) Esta casa fué habitacion de los capitanes generales.

que tambien se destinó durante las fábricas del de Cristina; y si entonces buscaba en ella los alimentos necesarios á la vida, hoy encuentra allí señales de su próspero comercio aunado con las de su rica y floreciente agricultura.

La lámina representa la plazuela y parte del muelle, á cuyas sólidas murallas se ha sustituido la verja de hierro que se ve; los buques del cabotaje, y los *vapores* de *Regla*, retirados hoy cerca del muelle de *Luz* por la ampliacion y ensanche que ha de darse al de S. Francisco; el cuerpo de guardia construido en 1836, la pila de su centro, casa de portales en que ha estado siempre el café del *Leon* de *Oro* y la iglesia de S. Francisco cuya torre domina toda la poblacion. Hablarémos de la iglesia, café y fuente por ser las figuras que se destacan del cuadro y cuya importancia está por este motivo indicada.

Este convento, aunque con el defecto segun anota Valdes, "de no tener su frente hácia la plazuela, es el mejor de la isla no solo por su mayor estension sino por la solidez y gusto de su construccion." Principió á fundarse en 1574, y segun hemos leido el rey aplicó algunas sumas de su erario, bien que de esto no hay constancia alguna; despues de incorporado á la provincia de Yucatan, lo fué á la del Sto. Evangelio de Méjico y luego á la de Sta. Elena.

La iglesia se consagró en 1737 por el Illmo. Sr. D. Fray Juan Lazo de la Vega y Cansino, cuyo retrato se conserva en buen estado en uno de sus claustros, habiéndose hecho la fábrica á espensa de dicho prelado segun se lee al pie del retrato, y cooperado al objeto un vecino llamado D. Diego de Salazar. Dan entrada á este templo tres puertas que se hallan de oriente á poniente; tiene ademas otra traviesa que da salida á la plaza y la portería frontera á la cuadra de S. Salvador de Orta, donde desde el año de 823 se da á las doce del dia sopa á los pobres. Consta de tres naves espaciosas siendo la del medio mucho mas amplia que las colaterales. La fachada se resiente de la cargazon de columnas y adornos propios de la época, y su mayor mérito consiste en estar construida sobre el arco de la puerta principal la torre, que siendo de sillería es la mas elevada de la ciudad segun hemos apuntado. Tambien es de cantería y bóveda su coro, hermosos y ventilados sus claustros aunque en el mayor desaseo, con ciento once celdas, enfermería, á cuyo sostenimiento dejó impuestos el Sr. Obispo Hechavarria doce mil pesos, y el mas grande de sus patios un cuadrílatero de ciento sesenta varas.

Hay tambien en este convento una biblioteca cuya estantería es de cedro, ocupa cuatro celdas y cuenta sobre quinientos volúmenes. En la parte baja de los claustros está establecida la clase de filosofía que para bien de los habaneros dirige D. José de la Luz Caballero; sus conclusiones á que asiste una juventud entusiasta se celebran anualmente en la capilla. Tambien se dá en esa parte del convento la clase gratuita de *contabilidad* que desempeña don Jacobo Cristiano Krúger, sostenida por la Sociedad Patriótica y auxiliada por la Junta de Fomento. En uno de los claustros se halla la brigada de *serenos* y *carabineros*, y en otra parte del mismo convento encontraron habitacion hace mas de diez y seis años muchas familias de militares.

7

Las *ferias* de San Francisco suprimidas hace ya algunos años principiaban el dia tres de octubre, amen de la bulla que ocasionaba la *bandera* en cuyo centro se ostentaba la imágen del santo, llenándose la tarde en que se izaba, los claustros, corredores y patios de una multitud de muchachos que con gritos y travesuras, corrian y saltaban y prendian sus cohetes, bombas y busca-pies. Estas ferias aunque no tan bulliciosas como las del Angel descritas por la bellísima pluma de nuestro amigo y compatricio don Cirilo Villaverde, atraían sin embargo bastante concurrencia. Adornábanse los almacenes y tiendas que dan frente á la iglesia y los de la plazuela con *pencas* de *coco* y *palmas reales*, *cañas bravas*, y arcos que ocupaban las esquinas, y en las cuales se veian racimos de frutas del tiempo, *pantominas* é innumerables vasos de colores.

Veíanse en la plazuela multitud de mesitas con juegos de azar entre los cuales figuraban las *loterías* de *barajas*, el *gallo indio* y el *negro*, la *perinola* y los *dados* en que al cebo de los *cinco medios* por *cada uno* que con ronca y atronadora voz gritaban los dueños del puesto, acudia en confusion y tropel la clase baja del pueblo, tomando allí lecciones de inmoralidad y corrupcion.

Empero mas terrible era el cuadro que ofrecia la clase culta, particularmente en la casa de portales conocida por el *Café del Leon de Oro* que siempre fué de juego, y otras que alquilaban los dueños de la *banca*, y falange de *talladores*. En esas casas se atraia á la juventud con los halagos del baile y los encantos de la música, y en medio de esta, de mil luces que iluminaban los salones, de la algazara de la calle, y gritería de los muchachos, levantábanse las mesas en las cuales se ponian grandes pilas de onzas de oro, pesos fuertes y pesetas y al azar de una baraja sacrificaba el hombre su suerte, contaminaba su alma, y arrebataba quizá la subsistencia de su familia....¡qué mucho, pues, que cunda aun entre nosotros ese cáncer devorador cuando se permitia y fomentaba con mil alicientes y atractivos, cuando el juego era un talisman á cuyo mágico golpe se improvisaban los bailes, se proyectaban las *ferias*, luminarias y diversiones de un pueblo que aletargado en el vicio embrutecia en él á sus hijos, y ageno de cuidados vivia contento, sin la mas remota idea de porvenir....! En aquella época de baldon y oprobio para los cubanos vióse establecido en el *Leon de Oro*, el juego infernal de la *Roleta*, y si su existencia fué corta y en los últimos años, tambien devoró inmensas sumas, y desgració una porcion preciosa de nuestra juventud, que acaso hubiera dado sin esos escesos dias de gloria y prosperidad á su patria.

Bajo las bóvedas de la iglesia de S. Francisco se perpetró un horrendo homicidio la noche del Jueves Santo de 1836 al pié de la imágen de Jesucristo : llenas estaban sus naves de un inmenso gentío que *andaba las estaciones*. Este atentado nunca visto en los anales del foro habanero, quedó envuelto en las mayores tinieblas, sin embargo de la actividad del tribunal, y de cuantas investigaciones se hicieron para descubrir á su autor. La opinion pública designó como á tal á un individuo cuyos estravios mentales le condujeron á la casa de dementes. No se justificó su delincuencia; la impunidad y el crímen triunfaron y la sociedad lloró la pérdida de un individuo la noche misma en que contemplaba con recojimiento y quietud la muerte de su redentor.

El movimiento de la plaza de San Francisco, el ruido de sus carretones y carretas, la agitacion y tropel de los que van y vienen, y cruzan y vuelven á cruzar el muelle, habia desaparecido en la tarde de un dia de abril de 838: obstruidas estaban los calles de la plazuela; innumerables personas las llenaban; las clases todas de la sociedad discurrian por su ámbito; las bellas ostentaban sus gracias y atractivos en sus resplandecientes y lujosos quitrines; en una palabra el vecindario de intra y estramuros, y muchas personas inmediatas á la Capital se veían reunidas en los contornos de la plazuela de San Francisco. A las tres de la tarde era ya inmenso el gentío, la calle de los oficios estaba toda llena de toldos, banderas y cortinas en las cuadras que conducen á la de Armas; la de San Francisco era el punto céntrico de la concurencia, y la iglesia el lugar en que todos ansiaban entrar.

Abiertas estaban sus puertas, llenos los balcones, ventanas, azoteas, y tejados de su frente, y difícil por no decir imposible era avanzar dos pasos hácia el templo ¿qué motivo atraía aquí esa concurrencia, esa multitud que reunia las escalas todas de la sociedad? ¿porqué se hallaban aquí á esta hora, en confusion y tropel? ¿qué buscaba en el templo el pueblo que detenido en sus puertas se afanaba por penetrar en sus naves....? Iba á ver el sello Real colocado en la sacristía de la iglesia...

Debia instalarse el siguiente dia la Real Audiencia Pretorial, y por la tarde se celebraba con toda pompa y solemnidad la *velacion* del sello. Un magistrado de la Audiencia y un número considerable de abogados acompañados del decano de la facultad y vestidos de rigurosa ceremonia se hallaban en las puertas y sacristía de la iglesia, y esta solemnidad nunca vista entre nosotros causaba la concurrencia que hemos mencionado.

La sala principal del *Leon de Oro* ha servido distintas ocasiones para espectáculos públicos. En ella estuvo una jóven natural de China única que ha venido á América: dieron funciones de ventriloquísmo y juegos de manos Mr. Sutton, y Mr. Bloz, y espuso el célebre Maelzel su incendio de Moscow.

La fuente del centro de la plaza es de mármol blanco : se colocó en 1836, y segun su inscripcion se debe al Escmo. Sr. Conde de Villanueva; siendo de advertir que existia otra en absoluto abandono en un ángulo de aquella. Tiene un surtidor en la parte mas elevada cuyas aguas se derraman en una fuente, y de esta caen en la principal por cuatro tubos equidistantes, hay ademas otros cuatro surtidores que abastecen la pila por la boca de igual número de leones de mármol. Circunda la fuente una verja de hierro, y las posetas de afuera están cubiertas con un enrejado de lo mismo; de suerte que estas aguas tienen la mayor pulcritud y limpieza pues solo se reciben por los tubos colocados en cada una de aquellas.

Por la noche el aspecto de la plazuela presenta un cambio enteramente distinto; ni carretas, ni bullicio, agitacion y movimiento; quietud y silencio es todo lo que se advierte. El suave soplo de la brisa que hace deliciosas las noches tropicales convida á aspirar el ambiente que esparce la próxima mar; tal ó cual persona que se dirige á la plaza de Armas á gozar de la *retreta*; este ó esotro marinero que acude á la fuente á proveerse de agua cansado de las fatigas del dia; el centinela que se pasea cerca del muelle, y tres ó cuatro carruages de alquiler que allí suelen pararse, es todo el cuadro que presenta la plazuela de San Francisco; cuadro que contrasta notablemente con la agitacion de la mañana. Raya la aurora del siguiente dia, el ruido, la confusion y el tráfico renacen; empero el silencio nocturno vuelve á sucederles.... Este contraste diario y sucesivamente repetido, es el que ofrece al hombre en todos sus aspectos la vida en que de continuo se halla agitado.

Manuel Costáles.

7*

L. Cuevas, dib.'y litog.'

Litog. del Gobierno, Habana.

QUINTA SANITARIA DEL D.' BELOT.

L. Cuevas lo dib.ª y litog.º   Litog. del Gobierno.

CASA DEL CAPITAN DEL PARTIDO DE SAN ANTONIO CHIQUITO. HABANA.

PUERTA DEL MONSERRATE. HABANA.

L. Cuevas dib. y litº

Litog. del Gobierno.

QUINTA SANITARIA DE BELOT.–CASA DEL CAPITAN.–PUERTA DEL MONSERRATE.–INTENDENCIA.

Entre las casas de salud, que es como llamamos á aquellas destinadas á los enfermos, para conseguirla merece en la Habana especial mencion la que se halla situada al otro lado de la bahía en el parage que titulan *Mari-melena*. Trece años cuenta de establecida por D. Cárlos Belot, y ha merecido los mayores elogios de las corporaciones y autoridades á quienes ha presentado su establecimiento para que le examinasen. Puede contener cómodamente 300 enfermos y por lo bien distribuidas que están las piezas del hospital, habiendo algunas destinadas para personas solas, que las pidan, merece recomendacion. El arreglo es tal, que en certificacion librada por la Junta superior de medicina y cirugía de esta plaza se dice que *"es cual no se ha visto en este ramo en el pais."*—Unidas las ventajas que produce la mano del hombre en alivio de la humanidad doliente á las que la naturaleza próvida ofrece como son su situacion sobre el nivel del mar, sus arboledas y jardines, no solo es un lugar aparente para la curacion de enfermos sino que ofrece mucha comodidad para los transportes, y como se hablan en el hospital los idiomas estrangeros la mejor localidad para estos.—Ademas de los facultativos hay doce sirvientes de ámbos sexos y una matrona. Concluiremos con las palabras de la junta de medicina:—"Es una de las plantas mas preciosas que ha aclimatado nuestro pais para alivio de la humanidad."

Nuestros lectores tendrán la bondad de seguirnos por los caminos á que nos lleva el plan de esta obra, como que para no retrasar los testos á las láminas que vamos publicando tenemos que escoger aquellas de que no es necesario redactar un artículo por separado. La casa del capitan de S. Antonio Chiquito mas que á nosotros presentará á los estrangeros nuestra uniforme arquitectura si bien por lo comun el techo es de teja. Id á los ingenios antiguos, á los pueblos, siempre vereis esos mismos portales, que todos se llaman colgadizos, con su *oratorio* en las casas ricas, hoy por lo comun cerrado; pero á falta de arte, en todos lugares vereis ese cielo tropical, esas palmas bellísimas, esos encorbados cocoteros y la naturaleza riente de Cuba. Por lo demas S. Antonio Chiquito es uua capitanía que se halla próxima á esta ciudad, como Carraguao, que tiene poquísimas casas y que está compuesto en lo respectivo al territorio de *estancias* destinadas al pasto de *vaquerías* y siembras de *malojas*.

Las puertas de Monserrate dan salida á los habitantes de intramuros de la ciudad, teniendo en frente al paseo reformado de Isabel II.: por la parte de la ciudad tienen una plazuela cuyo centro ocupó hasta los últimos años la ermita del Monserrate. Se atribuian á un *pocito* que habia en ella virtudes medicinales. Las puertas se concluyeron gobernando esta isla el Escmo. Sr. D. Joaquin de Ezpeleta, segun aparece de las inscripciones que están sobre ellas.

INTENDENCIA. HABANA.

INTENDENCIA.

De la Intendencia de la Habana se hablará cuando nos ocupémos de la casa de Correos, pues antes estuvo dicha oficina en el edificio representado en la lámina para abrazar en su contesto otra vista.

Si del edificio en que hoy reside la Intendencia hablaremos en otra ocasion, nos parece que esta es la oportuna de que se diga algo respecto de la organizacion del establecimiento fiscal á que es referente, sin entrar en pormenores del ramo de hacienda pública de que tambien nos ocuparémos en lo adelante.

El primer intendente que hubo en esta Isla, fué D. Miguel Altarriba en 1765 habiéndose aumentado en 1813 las atribuciones del empleo, concediéndose la Superintendencia en 1813 siendo ya Intendente, D. Juan Aguilar y Amat: su gobierno principió en 1808. El Escmo. Sr. conde de Villanueva en cuyo mando ha llegado á tener una increible importancia el destino de Gefe de hacienda por la combinacion de las felices circunstancias que nos han favorecido y notorias luces de S. E., comenzó á gobernar en 1825, habiendo obtenido antes dos interinaturas, una en 1821 y otra en 1822 por comision.

El primer intendente que como hemos dicho fué el señor Altarriba le nombró el gobierno supremo á peticion del Escmo. Sr. Conde de Ricla por Real cédula de 5 de febrero de 1764 y comenzó en el ejercicio de sus funciones un año despues en 5 de febrero. La poca importacion de las rentas de la Isla hacia antes innecesaria la creacion de empleados pues entónces los gobernadores desempeñaban los encargos de la administracion, habiéndose remitido las cuentas alguna vez á Méjico. Creada en 1605 la plaza de *contador de cuentas* de las Islas de barlovento fué el primer nombrado D. Pedro Beltran

de Santa Cruz, abogado de la Habana. Así es que la creacion de la intendencia fué posterior á la guerra con los ingleses en esta Isla, pues desde entonces acá fué progresando como veremos.

El motivo de la creacion de las distintas oficinas ha tenido el mismo impulso: las necesidades crecientes de una sociedad jóven que iba desarrollando sus recursos.

Limitándonos ahora á la intendencia debe advertirse que ella entiende en todo lo concerniente á negocios fiscales y de los aforados del ramo: los contenciosos corren por la escribanía y los decide el Escmo. Sr. Intendente con la consulta de su asesor titular y audiencia del ministerio fiscal, oyéndose las apelaciones por la *junta superior contenciosa*. Los económicos y gubernativos corren por secretaría, que se halla en el mismo edificio, y con la audiencia de los ministros de Real Hacienda cuyo informe estima S. E. necesario. Si quisiéramos estendernos en el pormenor de las demas oficinas y ramos de Real hacienda tendríamos que hacerlo de los siguientes que solo nombramos: de la Junta directiva, la superior de ordenanza para conocer de alzadas del tribunal mayor de cuentas, de montepio de ministros, de almonedas, de diezmos, contaduría de diezmos, colecturía y administracion de anualidades, tribunal de cuentas, contaduría de ejército y Real hacienda, tesorería, ministerio de intervencion, comisarios de obras de fortificacion, oficina de liquidacion de alcances, administracion de arbitrios de amortizacion, de Rentas Reales marítimas, de rentas terrestres, resguardo, tribunal de minería etc. Estos diversos tribunales y ministerios estan servidos por los mismos individuos alternativamente en su mayor parte.

No puede hablarse de los Sres. Intendentes de la Habana sin recordar á D. Alejandro Ramirez, á cuyas escelentes doctrinas enconómicas deben Puerto-Rico y Cuba tan buenos resultados. Tomó el mando en 1816 y lo egerció hasta 1821. A su nombre van unidas siempre las bendiciones de los cubanos y su recuerdo escitará en las generaciones futuras las alabanza y recibirá el galardon de que le privaron algunos de sus contemporáneos: la educacion, la agricultura, las bellas artes, hallaron en el ilustre Ramirez un protector deno-

dado en épocas en que encontraba una sociedad todavía poco digna de él, con algunas aunque notables escepcionnes. Si nuestra historia civil nos enseña escrita en sus páginas mas hermosas la palabra "Ramirez:" las cartas de este á su familia ponen de manifiesto con todo su candor la belleza de una alma á quien sofocaba una atmósfera que no podia ser su elemento. No; ningun padre podrá leer sin derramar lágrimas las espresiones dirigidas por Ramirez á sus hijos: ningun habanero podrá leer sin gratitud sus palabras de balsámico consuelo, ningun otro español ver sin orgullo la nobleza de aquella alma castellana que constituia uno de los adornos de la humanidad. Debo terminar ya este artículo, pero antes de hacerlo me atrevo á decir que Ramirez aun no es apreciado en todo lo que le debemos: la gloria del hombre público ha ahogado la del particular; pero bajo ámbos aspectos debemos bendecirle y aquellos de nosotros que tenemos hijos, enseñar á estos á que le bendigan, trasmitiendo su nombre de generacion en generacion.

B.

REAL ADUANA. HABANA.

REAL ADUANA.

ALGUNOS edificios ganan en ser representados por la pintura ó el dibujo, otros no pueden ni aun ser copiados porque la animacion ó importancia de ellos está fuera de los límites del arte : así es preciso que se ayuden de la descripcion para conseguir aproximarse á la verdad. ¿Quién al ver hoy la lámina á que este artículo es referente podrá concebir el inmenso tráfico de que **toman cuenta los empleados que encierra** ese suntuoso edificio de la reina de las Antillas? **Distinguirá** cualquiera un edificio adornado en un estremo con un hermoso reloj y en su centro coronado con un escudo de armas de blanquísimo mármol de Europa; verá una larga série de departamentos y sabrá que los del primer término constitu-

8

yen los almacenes de la Aduana; y los demas, diversas oficinas de contabilidad. El único medio de conocer la importancia del edificio es el exámen de la *Balanza mercantil* que se publica anualmente en esta ciudad. En ninguna ocasion nos creemos mas llamados por las circunstancias á hablar de nuestro estado mercantil que en esta, no porque el que esto escribe vea en la Balanza un medio de probar toda la riqueza que encierra el fecundo suelo de Cuba, sino porque con ella se puede conocer gran parte de ella como un indicio nos lleva á veces á descubrir incógnitas y considerables verdades. Veremos pues lo que es hoy Cuba, pero antes es preciso que sepamos lo que ha sido para que no sean perdidas las lecciones de una costosa y larga esperiencia de desgraciados ensayos en su antigua administracion de Hacienda, apreciándose las franquicias de que hoy disfrutamos.

Respecto del edificio en cuestion basta decir que en su vasto recinto se encuentra la colecturía de la Real Lotería, Administracion de Rentas de tierra y mar, el Banco de Fernando VII, la Escribanía de Cámara, etc. Ocupa el centro una

bonita fuente y le ha dado su actual forma tanto en la parte arquitectónica, como en la personal de oficinas, el Escelentísimo Sr. Conde de Villanueva, Superintendente general de Real Hacienda de esta Isla. Sobre la puerta principal debajo del escudo que se vé en la lámina en el segundo término, se lee esta inscripcion que lo acredita, puesta en una lápida de mármol blanco con letras de bronce:

REAL ADUANA.

EN EL REINADO DEL SR. D. FERNANDO 7 ọ

LA AMPLIO D. CLAUDIO MARTIN^z DE PINILLOS

SUPERINTENDENTE GRAL.

AÑO DE 1829.

El documento sino el mas importante para escribir la historia de nuestro comercio, por lo menos uno de los mas interesantes, es el espediente que en 1808 se imprimió en esta ciudad, y fué instruido por el consulado de la Habana para sacar del *apuro* en que se hallaban en aquella fecha la agricul tura y el comercio. En el luminoso y completo informe del Escmo. Sr. D. Francisco de Arango que en él se incluye se encuentra la buena semilla que despues ha germinado bajo la proteccion ilustrada del gobierno. En tan precioso espediente quedó vencida la opinion de los monopolistas y prohivitistas, dándose así pasos afortunados que habian de traer á Cuba al grado de importancia que hoy tiene.

El comercio cubano pues debe ser considerado bajo tres faces, porque son tres los grandes capítulos de su historia. La ninguna importancia de los productos cubanos de que he hecho indicacion en el artículo que lleva por título—"Intendencia"—en esta obra hizo que hasta el siglo xviii no se pensase en su comercio: en 10 de diciembre de 1740, fué no obstante acordada por Real órden la instalacion en esta ciudad de una Real compañía que habia de comerciar esclusivamente. Corrian por aquellos tiempos en Europa las ideas mas erróneas en economía política y no era posible que nos libertásemos de las malas consecuencias de su influjo.

Confirmó el resultado las teorías científicas como sucede siempre que no se tiene un interés en ocultarlo, pues segun manifiesta en su escelente informe nuestro Arango hasta el año de 1763, solo venian de España 3 ó 4 embarcaciones, el comercio lo ejercian aquí los pocos auxiliares de la Real compañía y la estraccion de azúcar llegó en cuatrienio á solo 21,000 @ ascendiendo el total de derechos á 300,000 $.

Este estado de cosas que califica el mismo Arango *de crueles cadenas de la compañía esclusiva*, no pudo ocultarse á la penetracion del Sr. D. Cárlos III, de grata recordacion, y desde luego comenzó á conceder franquicias á nuestro comercio que no podía verificarse ántes ni aun con las islas vecinas. Establecida la aduana en 1765 y habiendo cesado los funestos privilegios de la Real compañía comenzó una nueva era para el comercio que desde entonces pudo decirse que principió á existir.

Para no seguir paso á paso el curso de la historia de nuestro comercio baste decir que la necesidad del comercio estrangero hizo que alguna vez le permitieran nuestras autoridades, fundándose en una Real órden que las autorizaba, para recibir víveres del estrangero en caso preciso, de tal modo que habiendo levantado el grito los interesados en el monopolio, consiguieron la Real órden de 20 de abril de 1790, que fué acatada y no cumplida por el Ecsmo. Sr. conde de Santaclara y D. José Pablo Valiente.

Habiendo pasado del monopolio de la Real compañía á un estado de franquicia que debe considerarse tal, sino se olvida el estado de la ciencia económica en aquellos tiempos, apareció con fecha de 10 de febrero de 1818 el Real decreto del señor D. Fernando VII, que hizo irrevocablemente la felicidad de la Isla, permitiendo el libre comercio con estrangeros; y no ha ganado solo el ramo mercantil y la prosperidad cubana en riquezas: tambien la moral ha recibido mejoras disminuyendo el contrabando á virtud del cual se formaban entre nosotros colosales fortunas con mengua de los intereses del pro-comun.

Cuando todavía hay quien se atreva á negar las ventajas del libre comercio, parece que el ejemplo de nuestra prosperidad en consecuencia de las franquicias de él debia ser parte á conseguir el desengaño. Si en todas ocasiones las verdades de la economía son inespugnables, al tratarse de Cuba casi tienen mayor claridad. La naturaleza de nuestra sociedad juvenil, la configuracion de nuestra tierra son circunstancias que hacen mas productivo y fecundo el comercio estrangero: por la primer razon no habia industrias, existencias que respetar; por la segunda la poca seguridad de sus estensas costas, la proximidad de Providencia, Jamaica, etc. deben de hacerla muy aparente para el contrabando: así sucedía. Veamos lo que sucede hoy: la *Balanza mercantil* del año 1840 da los siguientes resultados de solo *la Aduana de la Habana* ó su puerto, de que me ocupo. Los derechos percibidos ascienden á 5.075,957 $ 4 rs. en esta forma:

Derechos de Importacion.........	4.150,343 $ 4 rs.
Idem de Esportacion...........	770,359 ,, 7$\frac{1}{2}$,,
Idem de Depósito..............	155,254 ,, $\frac{1}{2}$,,
Suman...........	5.075.957 $ 4 rs.

En todo el año han entrado 1,582 buques y salido 1,519. De los primeros han sido

Españoles............................ 516.
Hispano Americanos.................... 40.
Anglo–Americanos...................... 612.
Ingleses.............................. 65.
Franceses............................. 19.
Belgas................................ 8.
Holandeses............................ 21.
Anseáticos............................ 33.
Dinamarqueses......................... 3.
Turcos................................ 1.
Italianos............................. 2.
Portugueses........................... 1.

De estos entraron en lastre y arribada 261, entre ellos 35 nacionales. Las toneladas que representan dichos buques son: 255,430½ en los entrados, y 223,167¾ en los salidos. Para no dilatar demasiado este artículo no pongo la nacionalidad de los buques salidos; pues para conocer las relaciones mas ó ménos estrechas con los diversos paises basta el anterior. estado.

Los valores representados en la importacion y esportacion por solo el puerto de la Habana, son los siguientes segun la citada Balanza.

IMPORTACION.

Comercio nacional......................... 3.590,332 ½
Idem estrangero........................... 10.965,805 5
Existencia de entrada en depósito. 3.071,661 2¼ }
Salida de este á consumo....... 285,510 6½ } 3.357,172 1
                                           ————————————
                                     $ 17.913,310 6¼

ESPORTACION.

Comercio nacional............. 2.373,102 4 }
Idem estrangero............... 8.811,725 5½ } 14.172,573 2¼
Depósito de salida............ 2.987,745 1 }
                                           ————————————
Diferencia..................... $ 3.740.737 4

8*

De los 5.075,957 $ producidos de rentas por la Aduana marítima quedaron por cobrar segun nota de la Balanza 319,658 $ 3, **y** unido lo recaudado á los productos de la **Aduana** terrestre resulta la suma de 6.171,748 $ de rentas por solo el **Puerto y Aduana de la Habana.**

Para no terminar este artículo sin dar una idea del comercio general de la Isla, diré que por los diversos puertos de ella, han entrado en 1840 3,023 buques, y salido 3,072.

El producto de las rentas marítimas de toda la Isla ha ascendido á 7.387,490 $ 3 rs., que unidos á las rentas no comprendidas en la Balanza, suman 11.568,303 $ como total de **Rentas Reales.** Así las franquicias del Gobierno han hecho que Cuba pueda producir esa considerable suma con que acude á las graves cargas de la Nacion, así se demuestra que sin que los pueblos prosperen los gobiernos no pueden subsistir por falta de recursos: ¡quiera el cielo que las franquicias que nos concedió el Sr. D. Fernando VII, se conserven y se amplien en lo futuro para provecho general!

A. Bachiller.

ORATORIO DE SAN FELIPE. HABANA.

Oratorio de S. Felipe.

La iglesia de S. Felipe, conocida con el nombre de Oratorio en las escrituras y documentos que á ella se refieren, ocupa un lugar tan céntrico en la poblacion que se ha pensado, segun hemos oido, establecer en él un *Instituto* semejante al de Gijon fundado por Jovellanos y que ha de llamarse el *Instituto Cubano*, sobre lo cual ha redactado un brillante informe el Sr. D. José de la Luz Caballero. En el estado actual asistido el culto divino por dos ó tres capuchinos, tanto por la oscuridad que siempre reina en el templo, como por las formas y góticos adornos de sus altares es un lugar de recogimiento y oracion frecuentado por muchos devotos fieles. Su fachada, como se vé en la lámina no carece de todo mérito por ser la portada de mármol, con el adorno de dos columnas pérsicas del mismo material.

Construyó el actual edificio D. Francisco de Sotolongo, y por el año de 1693 se trasladó de la iglesia de Santo Cristo á dicho punto el oratorio de S. Felipe que se habia establecido primeramente en la parroquial mayor en el año de 1663. El actual convento es habitacion de los Capuchinos desde que llegaron á esta ciudad en 1784. Primeramente solo tuvo una nave, despues se le agregaron las otras dos. Su claustro silencioso y humilde nada contiene de notable.—B.

COLEGIO DEL PRINCIPE. HABANA.

SUBIDA AL CASTILLO DEL PRINCIPE. HABANA.

COLEGIO DEL PRINCIPE.

Triste, lamentable es el estado de la educacion en la isla de Cuba si atendemos al corto número de individuos que alcanzan sus beneficios, por mas que miserables aduladores nos ponderen su cultura y opulencia, y solo piensen en esta los que sin penetrar el fondo de las cosas tienen en nada la pureza de las costumbres, menosprecian los bienes de la ilustracion y viven sin la mas remota idea de porvenir.

Nunca, jamas podremos hablar de educacion sin que se nos presente la poblacion inmensa que nos rodea, y las poquísimas personas que llegan á conseguirla, y ¡ojalá que estas fueran voluntarias esclamaciones! ¡pero ahí estan los hechos; ahí estan los datos que arroja la estadística del año pasado de 1836, y ahí estan el celo mismo é interes de la Seccion de Educacion, cuyos esfuerzos vienen desgraciadamente á estrellarse en la carencia de medios para difundirla.

Permítasenos pues consignar aquí algunos de sus datos, ya

que hemos de hablar de un Colegio recientemente establecido y del que fuera inútil dar una descripcion aislada sin hacer una reseña bien que ligera de lo que hemos indicado al
principio de estos renglones.

La estadística á que nos hemos contraido se formó el año
pasado de 836 partiéndose del censo oficial del de 27, sin embargo de que entonces habian transcurrido 9 años y de que
el aumento de poblacion fue considerable en ese espacio. He
aquí el resultado.

Niños libres de ambos sexos segun el censo de 1827 *deducida la*
tercera parte.

BLANCOS.		DE COLOR.	
Varones..... 41,437	} 74,100.	Varones.... 13,572	} 25,499.
Hembras.... 32,663		Hembras... 11,927	

De estos asistian á las escuelas costeados por sí.

BLANCOS.		DE COLOR.	
Varones....... 3,255	} 4812	Varones........ 371	} 513
Hembras...... 1,557		Hembras....... 142	

Por caridad de los maestros.

BLANCOS.		DE COLOR.	
Varones........ 672	} 1035	Varones........ 71	} 99
Hembras........ 363		Hembras....... 28	

Por las Sociedades Patrióticas.

BLANCOS.	
Varones....................................... 340	} 540
Hembras...................................... 200	

Por imposiciones y suscriciones.

BLANCOS.		DE COLOR.	
Varones........ 1758	} 2055	Varones........ 18	} 28
Hembras....... 297		Hembras....... 10	

La poblacion es segun estos datos á los niños que se educan en toda la Isla como 45, 98 : 1 y el total de niños á los
que se educan como 9, 97 : 1. Contrayéndonos solamente á
la poblacion blanca, esto es, á los niños que se educan, como
36, 85 : 1, y el total de niños á los que reciben educacion
como 8, 78 : 1. De suerte que de los 99,599 niños de 5 á 15
años, que habia en toda la Isla, solo se educaban 9082, de los

cuales son blancos 8,442 y de color 640 y quedaban sin ella 65,658 blancos, y 24,859 de color que forman un total de 90,517.

Y si consideramos el incremento que ha tenido la poblacion en los catorce años que desde entonces han transcurrido sería espantoso el cuadro que habríamos de presentar á la contemplacion de nuestros lectores. La Real Sociedad Patriótica no puede en manera alguna remediar este mal; á pesar de sus esfuerzos solo consigue educar 799 individuos en los cuales están comprendidos los del uno y otro sexo; por eso hemos dicho ántes que el anhelo de la Seccion de Educacion, su interes, decision y entusiasmo por la santa causa á que consagra sus afanes vienen á estrellarse en la falta de recursos con que proporcionarla.

A la vista tenemos numerosos datos sobre las gruesas cantidades de pesos que anualmente se invierten en Prusia, Holanda, Francia, Inglaterra y los Estados-Unidos, para sostener escuelas gratuitas, y no los presentamos porque hariamos interminable este artículo ya que lo que hemos apuntado nos da el triste convencimiento de que respecto á su poblacion la isla de Cuba no puede ni figurar siquiera entre los menos adelantados de aquellos paises.

La importancia de esta materia exige mas amplitud y detenimiento; lo sabemos, no se nos oculta tampoco que no ha corrido aun para la isla de Cuba la cuarta centuria de su civilizacion; sin embargo esos datos, esas verdades nos ofrecen un porvenir funesto y lamentable si volviendo sobre nosotros mismos no despertamos del criminal abandono en que estamos y no procuramos educar á nuestros hijos salvándolos de los horrores de la ignorancia.

Cierto es que hemos adelantado en educacion; que el estado de las escuelas es muy diferente del que hasta hace poco presentaba; que se han mejorado los métodos, que sin necesidad de alejar á nuestros hijos podemos educarlos completamente; en una palabra, que se difunde mas que antes la instruccion. Empero ¿qué eramos respecto de este particular? Nada. ¿Qué somos á pesar de lo espuesto? Tampoco nada. ¿Dónde estan nuestras escuelas gratuitas? ¿Dónde el amparo del hombre pobre y desvalido que rodeado de hijos no tiene con que educarlos? ¿Dónde, para decirlo de una vez, la garantia de nuestras costumbres, de nuestro reposo, de nuestra moralidad y bien–estar. . . . . ?

Estas consideraciones contristan nuestro espíritu y apenas nos dejan aliento para ocuparnos del asunto de nuestra lámina.

Está situado el *Colegio del Príncipe* sobre una superficie de 10,948 varas planas á la falda oriental del castillo del mismo nombre entre la *Zanja real* y el camino de hierro en la lat. de 23° 8' 2" N, y en longitud de 75° 59' 6" al O. del meridiano de Cádiz, con un frente de 47 varas, 27 pulgadas, y 229 varas diez pulgadas de fondo.

Forma la entrada el sencillo puente que indica la lámina á cuyos lados se levantan esos cocoteros mecidos siempre por el blando soplo de la brisa; é inmediatamente se encuentra la casa del Director, parte de las habitaciones de los profesores y un oratorio en que se celebra misa los dias festivos. Hay á continuacion y sobre la izquierda dos hermosos baños de agua

corriente y luego, ocho salas ventiladas é independientes unas de otras para dar clases, despues de las cuales está un gran salon de 26 varas de largo y 8 de ancho, en el que se encuentran sobre ciento y pico de carpetas de á vara cada una con su correspondiente cajon. Sentados los alumnos en ellos, no pueden verse de frente; lo que evita no solo cualquiera distraccion, sino que colocados los prefectos en cualquiera de sus estremos pueden inspeccionar cómodamente á todos los colegiales.

El patio de recreo que se halla frontero al salon de estudio y clases, tiene 77 varas de largo y 30 de ancho, y á su fondo está el comedor con 25 varas de estension y 8 de ancho. Rodean este comedor hermosas persianas con cierro de cristales en su parte superior.

A la salida del comedor que la facilita un pasadizo corto se encuentra la clase de gimnástica, que forma un cuadrado no perfecto pues consta de 28 varas de largo y 25 de ancho. A su derecha esparcen sus aromas variedad de flores y plantas de un jardin que empieza á cultivarse: á su frente se ha situado la enfermería; y el resto de habitaciones para profesores empleados y dependientes del Colegio.

Los dos salones corridos que forman el dormitorio en el segundo piso constan de $107\frac{1}{3}$ varas de largo y 8 de ancho: treinta y seis ventanas con sus verjas de hierro renuevan continuamente el aire de esos salones, de las cuales veinte y cuatro dan vista á esta ciudad, teniendo las otras sus frentes hácia el castillo del Príncipe.

Entre las utilidades que proporciona este Colegio no es la menor, la bien entendida distribucion y amplitud de las piezas que lo componen; á su corta distancia de la capital, al buen piso de la travesía que sirve de paseo, une la considerable ventaja de hallarse situado en un punto bastante elevado, rodeado de *estancias* de labor, de una vejetacion siempre viva y lozana, de las aguas que proporciona la *Zanja real*, y de la animacion que indudablemente comunica el ferro carril, inmediato á uno de sus lados.

Los ramos que aquí se enseñan segun el prospecto que ha circulado en esta ciudad el dia de su apertura son: Religion, Gramática castellana, Lectura, Escritura, Geografía, Matemáticas, Idiomas, Filosofía, Gimnástica, Natacion, Equitacion y Esgrima. Diez y seis años en la espinosa carrera del magisterio con una aceptacion poco comun, son las garantias que ofrece el Director puesto al frente de este establecimiento.

El observador que vea convertida en Casa de educacion este lugar, no podrá ménos que dar el parabien á la naciente Cuba, sin que por eso deje de consagrarle un voto de corazon por la moralidad y buenas costumbres de sus habitantes.

Manuel Costáles.

IGLESIA DE REGLA.

IGLESIA O SANTUARIO DE NTRA. SRA. DE REGLA, SITUADO EN LA RIBERA ORIENTAL DE LA

BAHIA DE LA HABANA.

A<small>L</small> revolver de los siglos, al impulso del tiempo y de las luces, cambian de forma las ideas, las cosas y las costumbres. Antiguamente un hombre arrestado y piadoso juntaba en comunion á los fieles, y el espíritu de asociacion puesto en planta por el cristianismo realizaba obras cristianas, asilos del corazon angustiado que en un mundo por necesidad mas tosco y menos moral, eran precisos para ensanche y so-laz de sus cuitas. ¡Ved cuánto ha variado esta idea! ¡de sa grada hase convertido en profana; la idea que levantó iglesias, construye ferro-carriles; la idea de Dios se la ha apropiado el hombre, y como idea divina está transformando el mundo para su gloria.... bendigámosla.

Nuestra historia nos dá sobre este asunto campo ancho en que meditar; pero concretándonos al objeto que nos ocu-

pa , no nos faltará lugar en su relato de hacer algunas reflecsiones adecuadas. La del Santuario de Nuestra Señora de
Regla , que se estiende por un lapso de tiempo de 154 años,
nos ofrecerá en su narracion un ejemplo de lo que podian ese
espíritu de fé y asociacion cristiana , tan propios de la época
en que se planteó.

Andaba por estos mundos un hermano peregrino natural
de Lima , llamado Manuel Antonio , el cual traia en vocacion
construir á la vírgen de Regla una ermita ; pero escaso de
recursos , su imaginacion y la devocion que inspiraba esta
imágen , le sugirieron la idea de ocurrir á la generosa piedad
del vecindario. Era preciso primero tener donde fundarla y
ocurrióle pedir para ello un pedazo de terreno avanzado á la
bahía de la Habana que era propiedad de D. Pedro Recio de
Oquendo , y este en virtud del santo intento del hermano , le
hizo de él entera donacion , siendo sus límites por la mar
desde el frente del *Cayo* (1) hasta el embarcadero de *Camaco*

(1)   Por todas las presunciones mas justas el Cayo de que se habla,
forma la actual puntilla ó cementerio.

de la parte de Marimelena y hasta el embarcadero del *Acanú,*
por la de la ciudad.

Todo estaba aun yermo y desierto por esta parte de la
bahía ; eran terrenos del ingenio Guaycanámar y ni una miserable choza se elevaba aun donde hoy existe el estenso pueblo de Regla. Construyóse la ermita en 1687 con donaciones de las estancias inmediatas de guano y barro , y bajo las
palmas y en medio del entretejido de cujes en que reposaba
habia tantos siglos el indio de Cuba, se adoró la representacion de la madre de Dios , con la advocacion de Nuestra Señora de Regla.

Desde el punto en que la ermita estuvo en pié con su
altar y un cuadro que representaba la imágen de su culto ,
creció este , se ramificó el espíritu público de su devocion y
convertido en foco de piedad, vinieron á rendirle homenages
desde los mas apartados lugares de la Isla.

Crecia este y pasaba el tiempo abrasando con sus alas de
fuego los hombres y las cosas cuando el torbellino de los elementos todos produjeron la memorable tormenta de S. Rafael

arrasando así la choza del mas empedernido pecador como aquellas donde se rendia culto á la divinidad. La primitiva ermita cayó á su impulso y los devotos hubieron de llorar por cerca de dos años privados de su refugio de consuelo; pero como todas las cosas producidas por la fé y el entusiasmo la ermita antes de guano, se reconstruyó de rafa y teja, quedando abierta al culto por el año de 1694 y colocándose en ella entonces el 8 de setiembre la imágen de bulto que hoy existe que se fabricó en Madrid y trajo de España por ofrecimiento que de ello tenia hecho el sargento mayor **D. Pedro de Aranda y Avellaneda. (1)**

Tanto crecía la devocion que por el año de 1708 se agre-

---

(1) Debemos hacer aquí mencion del ermitaño Juan de Conyedo Martin, natural de Colunga (en Asturias,) quien fué el que fabricó la iglesia de rafa y teja, y uno de los mas celosos por la prosperidad y gloria del santuario. A él debemos estas noticias pues hizo poner en limpio todos los antecedentes de la fundacion con objeto histórico. Nosotros las hemos tomado del mismo archivo, y el de augurar la propiedad de la iglesia. Yazga en paz y reciba un voto de nuestra gratitud.

garon á la iglesia dos altares por no dar abasto el que habia para las misas, y en este mismo año el primer dia de la pascua de Natividad por la tarde, se juró la vírgen de Regla por patrona de la bahía. Esta es la época del mayor triunfo para el santuario, y en la que desplegándose cada vez mas progresivamente la devocion, llegó á un grado de que hoy no podemos formarnos idea sino por los relatos de antiguos y apolillados papeles: para poner á nuestros lectores al alcance de nuestros juicios, haremos un estracto de la solemnidad con que se verificó la jura mencionada.

Transpórtese con nosotros el lector á la época pasada que referimos; contemple que de todas esas casas, esos almacenes, esas murallas que componen el pueblo de Regla actual, nada, nada existía. Una punta de tierra saliente á la bahía, cubierta de malezas con una ermita en ella y un pequeño cayo de mangles al frente, esto era todo si se le agregan algunos cuartos hechos á continuacion de la iglesia para hospedar los devotos. Esto solo era el estandarte que convocaba á su rededor la piedad cristiana el dia de la Natividad el año

9*

de 1708. **T**odo el circuito del santuario engalanado con mil vistosas banderas, empavesados los navíos de aquella cuantiosa escuadra española que pereció para no volver á ser en el combate de Trafalgar; aun las canoas de estos navíos abanderadas, todo contribuía al ensanche del alma y al recreo del espíritu. Por la tarde de este dia fueron al santuario los castellanos de los castillos, los capitanes y caballeros, religiosos, prelados, el obispo, la capilla de música, el cabildo y demas notabilidades y puestos en el órden respectivo en la iglesia, se adelantó el regidor decano y presentó á la vírgen una llave como signo de las armas de la ciudad y en prueba de juramento de constituirla patrona y protectora de la bahía. En este acto solemne los cohetes y fuegos de artificio del Santuario, advirtieron el momento, y los buques de la armada, la ciudad y todos los castillos saludaron con sus lenguas de fuego, al par que todas las iglesias con sus repiques la benéfica adquisicion de la vírgen por patrona protectora del puerto que circuian. Concluida la ceremonia, dice la crónica manuscrita, fué conducido el cabildo á una habitacion principal del Santuario y se le obsequió con *dulce*, *agua* y *chocolate;* por donde pueden echarse de ver cuan reducidos eran aun los goces de los habitantes en este precioso pais, debiéndose suponer que á tan gran pompa debia corresponder el obsequio. Por la noche hubo luminarias de cuabas y faroles en el Santuario y fuegos de artificio, tambien iluminó la ciudad desde la Tenaza hasta el portal de Ignacio de Loza y todas las estancias del contorno de la bahía encendieron hogueras formando así del cristal azulado de las aguas, un gran espejo de luz que encendia el cristianismo devoto.

No transcurrió mucho tiempo sin que otra nueva circunstancia viniese á añadir nuevos timbres al Santuario, pues el año de 1717 se colocó en él por vez primera el santísimo Sacramento con tan gran solemnidad y aparato como para la jura de Patrona con la adicion de 8 dias consecutivos de fiesta y regocijo.

Saltaremos para no ser difusos sobre las épocas posándonos solo sobre aquellos puntos que mas dominan en el vasto campo de los acontecimientos comunes. En 17 de enero de

1734 se fundó eu el Santuario la hermandad de la *Concordia de Ntra. Sra. de Regla* concediéndosele á los devotos que se inscribieron en ella muchas gracias é indulgencias é instalándose con gran solemnidad.

Pasos eran estos que al ojo menos perspicaz no puede escaparse el influjo que reportaban. Desde uno al otro estremo de la grande Antilla corrian en alas de la fama los altos hechos de la madre de Dios adorada en el santuario de la punta del ingenio Guaicanámar saliente á la bahía de la Habana entre Camaco y el Acanú y de aquí proviene la época gloriosa de sus *férias* á que acorrian de luengas partes. Los que no hemos visto mas que las fiestas actuales de setiembre ó cuando mas las que producia no ya la piedad sino el detestable juego público de todas clases en una época reciente, no podemos hacernos cargo de lo que eran las anteriores, cuando la piedad sola movia toda esa inmensa poblacion campestre que con sus terneras, sus toros, y sus puercos engalanados con mil vistosas moñas y otras ofrendas venian á presentarse y ofrecerlas en holocausto ante el ara de la divinidad. Aun pueden verse en el Santuario actual las habitaciones construidas y la caballeriza para hospedar los devotosy sus caballerías. Entónces aun no habia nada de pueblo; sin embargo un pueblo se improvisaba con yaguas y guano al rededor del santuario: con muchos dias de antelacion se veian allí infinidad de negras confeccionando dulces, y otros alimentos para espender á los que venian á la feria. La bulla, la animacion, la algazara rodeaban á la piedad; se mataban los animales ofrendas y se distribuian entre todas; todos participaban en comunidad; el capellan hospedaba á los que podia; las mesas estaban siempre puestas para el peregrino devoto de Ntra. Sra. de Regla en la época de su fiesta en el Santuario y en ella tomaban señalada parte todas las altas notabilidades de la ciudad, y todos los habitantes circunvecinos de la bahía.

Pero nos vamos avanzando hácia un tiempo en que debía darse el primer paso para la fundacion de un pueblo; así la mas insignificante circunstancia prepara acontecimientos inesperados. Corrian los años de **1737**, cuando la parda libre **Zeferina** (tuerta) de edad de **70** años, casada con un isleño de quien se dice era loco, pidió licencia á los dueños del terreno para construir un bohio cerca del Santuario para vender cazuelas y carne á los que venian de romería. Dado este primer paso y concedido fáciles fueron los segundos, la concurrencia de las fiestas atrajo los vendedores y la devocion fundó el pueblo que mas adelante debía ser marítimo y comerciante. Este es el orígen de la fundacion del pueblo de Regla en la ribera oriental de la bahía de la Habana.

La muralla que rodea hoy el terreno del Santuario, se empezó á construir con las rentas y limosnas de la iglesia el año de 1744 por el Ingeniero en gefe Teniente coronel D. Antonio Arredondo, continuándose con interrupciones en 1746, 1752, 58, 60 y 72 en que se concluyó enteramente habiendo circunvalado con ellas el cayo de que hemos hecho mencion.

Pero para entrar en la investigacion de los modernos tiempos se hace preciso tratar de otra pequeña ermita que por el año de 1793 existió en Regla con la advocacion de S. José en el lugar conocido hoy por la iglesita cerca del palacio, la que costeó en su principio D. Francisco Blandino, capitan entónces con ayuda de algunos vecinos y en la cual se bautizaba por el Cura de S. Miguel del Padron á cuya jurisdiccion pertenecia Regla.

Las dos ermitas permanecieron así, hasta que el Illmo. Sr. Espada y Landa de grata recordacion, en la visita que hizo el año de 1805 determinó hacer parroquia el Santuario pues ya habia tiempo que esta necesidad era urgente por el rápido incremento que la poblacion habia tomado. Los vecinos y el capitan Blandino viendo entónces que ya quedaba sin objeto la *iglesita* y alegrándose de la determinacion, consintieron gustosos en que esta se vendiese para construir el Santuario de nuevo pues ya empezaba á resentirse el antiguo edificio que contaba ya de existencia 117 años. Determinóse pues la venta y con 3,500 $ que produjo 1,000 $ mas de una imposicion que tenia el Santuario á su favor con cláusula de redimirse al hacer la fábrica y los cuantiosos donativos de todos los vecinos del pueblo y algunos otros devotos se emprendió la obra de la iglesia actual el año de 11 concluyéndose en setiembre del mismo año en que se bendijo por el capellan siendo su padrino el Sr. D. Gonzalo Herrera, primer conde de Fernandina.

Pero para lo que es buena y exacta cuenta conviene advertir que la iglesia se construyó entonces sin la torre que hoy la hermosea y el fróntis que adorna la perspectiva de la lámina. Esta fué obra cuyos planos se deben á D. Pedro Abad Villareal catedrático de matemáticas', y la ejecucion al alarife don Pedro Justiniani, viniendo á quedar lista en la forma que la representamos á principios del año 1818. Vese en ella descollar la arquitectura griega tan predilecta del Sr. Espada, tan limpia, tan correcta, tan diáfana. Este bonito pórtico da frente á la boca del puerto, y la situacion del Santuario todo es tan propio que con dificultad se hallará otro lugar mas ventilado ni en que la vista pueda mejor recrearse con las hermosas perspectivas que desde su puerta principal se ofrecen al observador: A la derecha Guanabacoa, sus campos vecinos, la quinta sanitaria del Dr. Belot y siguiendo el curso del círculo de la bahía, se ven Casa—blanca, el Número cuatro, la Cabaña, el Morro al frente, el mar, la punta, la Ha-

bana en toda su estension, la Factoría, Atares y los campos de las estancias inmediatas; parece pues el Santuario un centinela avanzada que todo lo vé, todo lo observa, todo lo escucha, y el alma devota que va á él para calmarse de las tempestades del mundo puede allí mejor que en parte alguna hacer tranquilas comparaciones entre las borrascas de la vida y la apacible calma del templo del Señor de las bondades.

Ultimamente se ha enlozado de mármol el pavimento todo de la iglesia por el actual capellan con algunas losas existentes en él abandonadas de tiempo inmemorial. Tiene 3 altares: el mayor con la imágen de bulto de la Vírg. de Regla, á cuyos lados contienen dos urnas recientemente construidas, multitud de ex-votos, y los dos mas adornados con cuadros en vez de imágenes de bulto con la advocacion el de la izquierda de S. José y el de la derecha de S. Antonio Abad; los dos altares anteriormente existentes en la segunda iglesia no se han puesto en esta por disposicion del Sr. Espada para no obstruir con ellos la iglesia y considerarlos innecesarios.

Desde el año de 5 en que el Sr. Espada hizo parroquia el

Santuario tienen sus capellanes anexa la cura de almas. Cuenta el Santuario con várias imposiciones y hoy se ha vendido á censo una buena parte de su terreno á la empresa de la mina de carbon de piedra Prosperidad, la que tiene en proyecto hacer atravesar su camino de hierro por el frente de la iglesia.

Ya estamos en nuestro siglo, en nuestros dias; volvamos atras la vista; ¿qué se han hecho aquellas ruidosas ferias que desde largas distancias, hacian remover toda la poblacion? ¿qué se ha hecho de la devocion que traia ante las aras de la Vírgen multitud de animales en ofrenda? Ni uno solo de ellos aparece hoy en las puertas del santuario ¿Hemos ganado ó hemos perdido en el cambio? ¡Cuestion espinosa es por cierto! la cultura moderna, la ilustracion de la época ha entibiado la fé; pero en cambio de aquel bullir incesante, de aquel laberinto que constituian las antiguas fiestas, vinieron las fiestas del juego, no ya las de la Vírgen madre de Dios, que tambien á su modo hicieron célebres las ferias de Regla; y despues del torbellino pasado ha quedado el agua mansa y tranquila de la razon ilustrada solemnizando con una pompa mas digna, mas decorosa y menos bacanal el aniversario piadoso de la madre de los Angeles. No por eso ha perdido celebridad ni prestigio la fiesta del 8 de setiembre en Regla; si se hace con mas decoro, no por eso la concurrencia es menos lucida ni numerosa; puede decirse que las fiestas actuales son mas dignas de Dios y menos indignas de los hombres; ¡Oh! no hay duda al observar las épocas pasadas y compararlas con la présente se ve cuanto hemos ganado y cuanto la civilizacion nos acerca á la divinidad.

Ildefonso Vivanco.

L. Cuevas del r̃ litog.º

Litog. del Gobierno.

QUINTA SANITARIA DE GARCINI. HABANA.

ESTABLECIMIENTO SANITARIO DE GARCINI, BUENOS-AIRES.

La pintoresca localidad que ocupa el establecimiento que encabeza este artículo, lejos de darle apariencia de una casa de salud ú hospital, mas le asemeja á una quinta de recreo. Estan colocados los edificios sobre una colina; á la derecha domina el *Paseo militar*, á su izquierda y fondo se encuentra rodeado de estancias, besando su pié el antiguo paradero del camino de hierro de *Garcini*: á su frente descubre la ciudad y sus arrabales estando á una milla de distancia de aquella. La elegancia con que se está adornando en la actualidad, en su interior, la belleza de sus jardines esteriores que corren todo el frente de la casa, el suave murmullo de sus fuentes, la frescura de que allí se goza, todo contribuye á considerarle como uno de los lugares mas aparentes para que se restablezca la flaca humanidad en sus dolencias.

Este hospital apenas establecido se adquirió pronta y merecida fama en la curacion de enfermedades humorales para cuyo tratamiento se empleaban con esmero y delicadeza las célebres fumigaciones por medio de tubos aspirantes. Pero habiendo corrido algun tiempo la empresa circunscrita á un plan industrial reducido, no pudieron sus sócios desconocer las ventajas que pudiera proporcionarle un prudente y acertado ensanche en beneficio particular y en bien público, que nunca perdieron de vista. Bajo la direccion del ilustrado facultativo **Dr. D. José M.** Camilleri se ha reedificado bajo su planta actual el edificio y establecimiento sanitario.

Para alivio de los enfermos ademas de las dotes físicas con que la naturaleza enriquece el local, ha sabido el arte, que le eligió, formar fuentes, baños naturales y corrientes, tibios, de vapor, hidro-sulfurosos de S. Diego, antisifilíticos, anti soricos, aromáticos de cloro, gaseosos, etc. habiendo una máquina eléctrica y otra galvánica para los afectos nerviosos.

Para el alivio moral de los enfermos, ademas de la **belleza** del sitio, que ya de por sí embalsama el ánimo con aquel **consuelo** que halla el hombre en todo lo bello, que le causa un placer, está dispuesto de tal modo el establecimiento que **nadie** es testigo de los padecimientos de otro: cada enfermo tiene su cuarto, pudiendo recorrer los convalecientes sus **hermosas** galerías.

Los crecidos gastos impendidos en esta empresa no han **sido** parte á que los precios de estancia sean escesivos. El importe de la estancia diariamente es de 3, 4, 5 y 6 pesos conforme sea mas ó menos escojido el cuarto y sus adornos entrando en este precio los gastos domésticos y cuanto necesite en medicinas y demas.

Por una combinacion feliz los directores han puesto al alcance de las pobres fortunas las comodidades que parecian reservadas á los poderosos ó los ricos. Los transeuntes, los hombres sin familia, los forasteros en fin abonando **12 rs.** mensuales tienen el derecho de ser admitidos en sus enfermedades y asistidos y curados como aquellos que por **Reglamen-**

to debian abonar porcion de pesos por sus curas diariamente.

Para mayor comodidad el establecimiento tiene tres carruages en diversos puntos para la conduccion de enfermos. Los inscritos, en el caso de necesitar de alguna operacion quirúrgica ó de las fumigaciones pagarán por separado solo por vía de remuneracion cortas sumas. El hospital recibe y cura anualmente 18 enfermos gratuitamente. En 23 de julio del corriente año habia en el establecimiento el siguiente número de enfermos:

En el departamento de Blancos........... 43
En el de gente de Color................. 26
                                         ———
Suma............. 69
Pobres de solemnidad.................. 4
                                         ———
Suma total.......... 73
                                         ———

El departamento de los enfermos de color está separado del de los blancos por una plazuela de 80 varas de estension y el precio por el que se admiten es muy cómodo para los dueños de esclavos. Se ha fijado en un peso diario por todo gasto y diez pesos en el caso de que muera para gastos de entierro. El número de enfermos que puede sostener el departamento de color es de 300.

El establecimiento se compromete á curar los esclavos por igualas: es decir, pide ocho onzas por entregar sano el siervo y de no hacerlo solo cobra 5 rs. por todo costo en los veinte y cinco dias primeros en cuyo término puede averiguarse si es ó no curable el mal.

Este sistema proporciona á los hacendados un medio de que sus siervos sean atendidos con esmero y la humanidad encuentra un consuelo en proporcionar un alivio á tan desgraciados como indolentes seres. Puede asegurarse que muchos de los que mueren en las fincas perecen ántes por la indiferencia de los asistentes de su propio color, por la ignorancia de los mayordomos y enfermeros, que por la enfermedad de que adolecen.

En la lámina se ven los carriles y casa de parada de Garcini hasta cuyo punto llegaba al principio el camino de hierro

10

de Güines construido por la Junta de fomento de esta ciudad. En los tiempos que acaban de pasar y en los cuales se reunian los pasageros del camino para el *embarque* y *desembarque*, todo era vida y movimiento en un punto por el cual ántes no pasaba ni un carruage: ha vuelto el paradero de Garcini á su antiguo silencio y quietud y el establecimiento de Buenos–Aires objeto de este artículo, es el único importante que llama la atencion del viagero en él porque si las obras de los hombres estan allí cercanas, desde su linde empiezan las de la naturaleza cubana.

Bachiller.

CEMENTERIO GENERAL. HABANA.

CEMENTERIO.

Despues de tantas descripciones como se han hecho de nuestro cementerio, ¡podré interesar á mis lectores en este artículo! La muerte, la mansion última del hombre, casi siempre despierta la atencion de nuestra alma y yo espero que no sean precisas las gracias de la novedad para que este se lea; pero ¿dejará de parecer nuevo cuanto sea referente á la terrible precision de morir? No ciertamente: en el insaciable osario van á confundirse cada dia los restos preciosos de nuestros amigos ó de los amigos de la humanidad: allí se encuentra una ocasion continua de lágrimas y lo que es mas, con esperar la muerte, con ver su llegada segura cada vez que muere un ser querido, nos sorprendemos como de una novedad y siempre hay lágrimas en nuestros ojos, amor en nuestro corazon y lloramos buscando en el cielo un alivio y en la relacion de las virtudes del difunto un motivo de esperanza alimentado por la fé.

Inspirados siempre del deseo de la inmortalidad desde el indio selvático hasta el poderoso europeo, desde el débil chino hasta el gigantesco esclavon, hemos guardado los hombres con respeto religioso los restos de nuestros semejantes: si la iglesia cristiana no los deposita en sus templos en todas partes esto consiste en que se ha tenido en cuenta el bien de los demas, la salud pública. No obstante ella bendice el lugar donde manda los restos de los fieles, sus ministros al lado del sepulcro elevan preces al cielo por la paz del alma del difunto y á las voces de perdon y misericordia, confesion de humildad que nunca es mas autorizada, tal vez se mezcla luego la de algun amigo nuestro que discurre sobre las bondades del que acabamos de perder para siempre, y húmedos nuestros ojos y penetrados de que somos nada como mortales, recibe nuestra alma inmortal una leccion de perseverancia y esfuerzo que nos hace mas dignos, por que nos prepara á ser mejores.

Honra á la ilustracion del pais, si no se atribuye á la natural indiferencia de que estamos tocados, la facilidad con que se adoptaron las ideas que hicieron elegir los campos para la sepultura de los mortales: en otros puntos de España se tuvo que vencer como una verdadera preocupacion la costumbre de los enterramientos de los cristianos en las iglesias. La cooperacion que á los esfuerzos de nuestro llorado Obispo Espada dió el Sr. marques de Someruelos, tuvo el mas satisfactorio resultado hasta el punto de tenerse la noticia de que ya todas las poblaciones de la Isla habian hecho sus cementerios cuando la Habana concluia el suyo, aunque este se comenzó primero.

Hoy ofrece á la meditacion y al recogimiento ancho campo esta obra de previsora inteligencia, los altos pinos, que algun escritor ha llamado cipreses, producen un ruido que aumenta la melancolía de la estancia de la muerte: cuando leyendo muy de mañana las inscripciones de las tumbas me ha sacado de mi contemplacion el destemplado grito de algun demente de la vecina casa de S. Dionisio, entonces mi melancolía se ha convertido en horror, y he huido del cementerio.... Antes se hallaba en frente de él un jardin, que alguno cree aun ecsiste: desapareció, y restos de que fué aumentan el horror del campo de la muerte. Toda la calle que antes era ocupada de gente pobre y desvalida no presenta hoy mas que paredes medio derribadas, algun techo cubierto de yerbas que van destruyendo la paja de que está compuesto, adornadas de las erizadas pencas de la *tuna brava* que en largas espinas apenas deja colorear alguna flor, algun morado fruto; imágen de nuestra vida, propio adorno de aquellas cercanias. Sin embargo ni las inscripciones religiosas que decoran la puerta de la última morada, ni las ruinas que le cercan borran las ideas de la vanidad del hombre: allí mismo, dentro del lugar mas nivelador, se ostentan en la losa de los sepulcros los emblemas del poder y de las vanas preocupaciones de los hombres. En vano el pensamiento fecundo de Espada ha quedado escrito en la noble sencillez del sepulcro donde él mismo reposa en lo material, que su alma está en el cielo y su memoria en nuestros corazones.

Espada, pues, nuestro buen Espada fué el fundador del Cementerio: apénas habia tomado el báculo episcopal, cuando propuso al cabildo eclesiástico la formacion de él, si bien el lugar que se designaba era en frente del Arsenal, lo que como se ha visto tuvo sus inconvenientes. El costo de la obra fué de 46,868 pesos; de ellos 12,250 correspondientes al contratista Allet y 22,220 pesos $3\frac{1}{2}$ reales que donó el Obispo de su peculio. Comenzó la obra en 1804 y cuando llegó la Real órden de 15 del mes de mayo del mismo año, ya halló comenzada la obra.

Es sabida la constancia del ilustre pastor en asistir diariamente á la ejecucion de la obra hasta que tuvo la satisfaccion de verla concluida dos años despues, pues se bendijo solemnemte en dos de febrero de 1806.

La forma primitiva del Cementerio no ha variado, pues la única alteracion la causan los efectos del natural crecimiento de los árboles y alguno que otro adorno que pudo considerarse como el complemento de la obra, en tiempo del mismo fundador. La portada que apenas deja percibir de la calle la frondosidad de los *almendros* que la anteceden, está compuesta de cuatro pilastras de órden toscano: la puerta se halla en medio de dos arcos balaustrados. Sobre aquella se leen tres lápidas y en la del centro en letras doradas

A LA RELIGION: A LA SALUD PUBLICA MDCCCV.

En las otras.

EL MARQUES DE SOMERUELOS: GOBERNADOR.

JUAN DE ESPADA: OBISPO.

En la misma portada se hallan las figuras bronceadas del Tiempo y la Eternidad con otras análogas: á la derecha la habitacion del capellan; á la izquierda la de los demas dependientes para el servicio del *Campo-santo.*

Divide á este una calle de pinos, enlosado el piso con piedras de S. Miguel, cruzada por otra de lo mismo y limitadas por los lados por las barandas de hierro con adornos de bronce dorado. Al final de la primera se halla la capilla y á su alrededor los sepulcros de mas lujo y los de autoridades y empleados superiores del gobierno en los tres ramos de la administracion pública. En los ángulos se elevan obeliscos donde se encuentran los osarios, con esta lápida: "*Exultabunt ossa humiliata.*"

La forma de la capilla es rústica: en su frente se lee "*Ecce nunc in pulvere dormiam.....*" "*Et ego resucitabo in novissimo die.*" En lo interior se ve por entre las rejas el altar en forma tumularia de piedra, un crucifijo de márfil en una cruz negra y en sus paredes al fresco la *resurreccion universal*, las virtudes teologales y ocho matronas plañideras con vasos de aromas en la mano. En el cuadro principal se representa el mismo Cementerio que adorna. Sobre la puerta se lee "*Beati mortui qui in domino moriuntur.*"—Los que deseen leer una descripcion artística y minuciosa de toda la obra pueden consultar la memoria escrita al efecto por nuestro respetable compatriota Dr. D. Tomas Romay. La sencillez de las inscripciones puestas por Espada contrastan hoy con las armas y blasones que de dia en dia van adornando la cubierta de las sepulturas.—Sobre losas lisas y sin brillo se leen letreros como los siguientes :

PARA LOS PRESIDENTES GOBERNADORES.
PARA LOS OBISPOS.
PARA LOS BENEMERITOS DEL ESTADO.
PARA LOS SACERDOTES.

Bajo leyendas tan generales queria el ilustre Espada colocar los restos de los humanos y allí designaba su sepulcro y allí queria confundir sus huesos con los demas el hombre mas digno de un singular obelisco, el mas acreedor á una estátua; que ha pisado nuestras playas.

Al contemplar las sepulturas de mármol que se van construyendo diariamente, apenas he sentido una impresion religiosa: aquellas piedras rústicas que cubren los huesos de nuestros abuelos, la yerba que tapiza los sepulcros de los pobres, inspiran mayor respeto, ideas mas grandes.......al menos no me hacian murmurar indiferente : "escelente artista labró este mármol."—¡Cuán pocos fijan la atencion de los viageros!

En cuanto á la calificacion de las sepulturas y su costo, el cementerio está dividido en *tramos* con los nombres de 1º 2º y 3º —El precio de los entierros varia desde 30 $ hasta 10. Los derechos de bóveda se adquieren tambien á distintos precios conforme el lugar en que se hallan las losas costando en el primer tramo 300 $. Ademas de las espuestas divisiones para adultos, los párvulos se entierran en lugar separado.

Por las antiguas constituciones del obispado eran diez los tramos del cementerio y se pagaba desde cien ducados, hasta seis; por el nuevo reglamento se consideraron solo tres conforme á las condiciones sociales : rica, media y pobre. El derecho de sepultura perpetua, sin escepcion de derechos aunque menores, cuesta como he dicho en el primer tramo 300 $ 100 en el segundo y 50 en el tercero.—Aunque en Real cédula de 11 de mayo de 1807 no se aprobó por S. M. la division de tramos ni diversidad de órden de sepulturas pidió informes á las autoridades y en 1814 cuando se reimprimió la *Sinodo Diocesana* aun no habian llegado las resultas. Espada tuvo que atemperarse á las costumbres establecidas y basta leer el *Reglamento del Cementerio* para conocer el espíritu que animaba al ilustre diocesano.

Se han enterrado desde el establecimiento del Cementerio en 1806 hasta 31 de diciembre de 1840 mas de 151,896 cadáveres, pues aunque estos son los anotados, debe tenerse presente que suele haber sus descuidos en la toma de razon de los que vienen principalmente de los hospitales.

En la idea de que no sobresalgan de la superficie del suelo las lápidas, cuando se eligen la suma sencillez de ellas que aun se evidencia de las que cubren los restos de Espada, nada mas consecuente que la prevencion superior á que me he referido que comprendió el espíritu evangélico que animaba al fundador del campo de lágrimas de nuestra sociedad habanera.

Los niños sí deben enterrarse con separacion, porque nuestras creencias los beatifican en la muerte y se entierran en lugar separado en el departamento ó *tramo de los ángeles*. Por órden general todas las sepulturas se hallan colocadas á la altura del suelo á escepcion de una sola que rodea una pequeña verja de hierro. Sobresalen en perfeccion artística las de los Sres. condes de Villanueva, Marques de Duquesne, Romero, Laborde, Teresa Diaz y otras muchas. Descuella por la severidad de sus adornos de bronce negro la de *Nicolás M. de Escovedo* cuyos restos vinieron desde el Sena á reposar en su patria donde fueron despedidos por la voz amiga de D. José de la Luz Caballero que pronunció un discurso sobre su tumba en medio de las lágrimas de los que conocieron al elocuente orador y discreto literato que quiso descansar eternamente entre los suyos.

Como muestra de algunas inscripciones copiaré las siguientes: en la losa de Vermav

Vermay reposa aquí: la lumbre pura
Del entusiasmo iluminó su frente;
Una alma tuvo cándida, inocente,
De artista el corazon y la ternura
Era pintor: sembrado en nuestro suelo
Dejó de un arte el gérmen generoso
Y en todo pecho blando y generoso
Amor profundo, turbacion y duelo.

„D. Juan Bautista Vermay nació en Tournam (Francia) "en 15 de octubre de 1784 y murió en la Habana en 30 de "marzo de 1833."

Sus discípulos y amigos
A su memoria.

En otros sepulcros se leen inscripciones que revelan el dolor privado: en uno

Tus despojos yacen bajo esta losa
Pero tu virtud queda en mi pecho
Para vivificar nuestros recuerdos.

He aquí otra leyenda en el sepulcro de una señora.

Sin la augusta religion,
sin los auxilios del cielo,
jamas hallaría consuelo
de tus hijos la afliccion.

El entretenimiento del Campo santo se verifica hoy por contrata. Sus productos son considerables al mes y el Escmo. Sr. Arzobispo administrador nombra un depositario de dichos fondos que ha sido hasta ahora encargo gratuito y que desempeñaron el Sr. Prevendado D. Miguel Sanchez y el Caballero D. Francisco de Morales y Castillo: hoy se abona el actual depositario el 4 p. $\frac{o}{o}$

He oido hablar de que se pensaba darle mas estension al Cementerio, nada sé de cierto sobre este punto donde concluyo el ya largo artículo que le he destinado.

A. Bachiller.

IGLESIA. DE JESUS MARIA. HABANA.

JESUS MARIA Y JOSE.

Segun Arrate, la ermita de Jesus María y José fué erigida en 1753, á solicitud del padre D. Manuel Rincon, propósito del oratorio de la ciudad, á quien estaba anexa y dependiente; aunque por los apuntes de la historia de la Isla comunicados á la redaccion de la Sociedad Patriótica, vemos hoy que la ereccion fué tres años despues; es decir, en 1756.

Sea de esto lo que fuere, ello es notorio, que nuestros templos, hijos mas de la necesidad, que del fervor religioso, si alguna pompa y lujo han ostentado, ha sido en sus adornos interiores y eso sin arte ni gusto. Porque en las formas no hay que pedirles arcos ojivos, alzadas torres, ni caladas agujas; vidrios pintados, ni grupos esbeltos y graciosos de columnas la arquitectura y la pintura murieron para la iglesia en el décimo septimo siglo, y nunca traspasaron el océano. Desde la conquista acá, con muy raras escepciones, nuestros templos no han sido ni son otra cosa, que edificios mas ó menos

capaces, mas ó menos firmes y decentes, donde va el cristia-
dismo á tributar culto á Dios, y el devoto á colgar su ofrenda; pero donde el mero artista no tiene nada que admirar.

Así que, hablando de la pobre Jesus y José, sería hasta ne-
cedad nuestra pretender interesar á nuestros lectores con minuciosa descripcion de ella : á los que no la hayan visto, creemos les baste saber que se compone de una sola nave ó ca-
ñon que corre de E. á S., con dos altares sencillos, y una
torrecita cuadrada de dos cuerpos, que le fué construida ultimamente en el ángulo derecho; que como auxiliar, cabeza de
un barrio miserable, goza de muy corta renta y ovensiones, y
por consiguiente, que permanece y permanecerá en un estado
de verdadera pobreza; al menos mientras no se remuevan las
causas que tal la han parado.

Constreñidos, pues, á hacer una ligera reseña de la iglesia
y su barrio, dirémos, que en la primera época de la poblacion de los suburbios de la Habana, el de Jesus—María, no
llevaba este nombre, sino el del *Manglar* con que hasta ahora á veces se le denomina por el pueblo. Desde la ereccion del

muelle de Tallapiedra, dicho así por ser el apellido del anda-
luz que le construyó, empezaron á levantarse algunas barracas de *embarrado* y guano, en la parte mas alta y meridional
del barrio, entre el antiguo campo de la horca, donde hoy
existe el Arsenal, y la moderna puente de Cristina. Pero como el área era estrecha, y la poblacion aumentaba, se derramó sobre un terreno anegadizo, disputado al mar y á los mangles, que lozanos crecian y se estendian á la calle de Bocarro,
ocupando toda la parte del O.; desde el misterioso edificio conocido por la *Diaria*, hasta mas allá de la puente de Chavez,
el nuevo matadero de cerdos, y alrededores de S. Nicolás, las
aguas que recojian la planicie del campo de *Marte*, los egidos
de la ciudad, y el sitio del Arsenal, en ocasion de lluvias furiosamente se vertian por las hoy calles *Real*, *Juan de la Esperanza*, y otras, formando anchos y profundos torrentes,
(que hasta en el dia existen) y alimentando arroyos ó cañadas, que cruzaban el terreno en todos sentidos, y lo hacian
intransitable : sino es por una vereda que se trazó entonces
corriendo de S. O. á N. O., desde la plaza de la iglesia, á la

esquina del *Indio*, para comunicar con la Calzada del *Monte*. **Y** aun cuéntase que esta vereda tenia sus inconvenientes, porque no era posible escusar la cañada que corria bastante honda y copiosa de la calle de los *Corrales* al estero de Chavez; y para pasarla no habia mas puente, (conocido por del *Mandinga*), que unas tablas puestas en forma de caballete, de subida y bajada peligrosísima, al menos para los de á caballo.

Pero es preciso notar aquí, que de los barrios estramuros de la ciudad, el primero que comenzó á poblarse fué el de Guadalupe, á la sombra de una casa de recreo, pulpería y taberna, todo en una pieza, que se erigió en el anegado campo de *Marte*, y algunas encomiendas, ó corrales de reses, que dieron nombre á la calle que corre paralela á la Calzada del *Monte*. Este barrio ocupaba toda la altura que se distingue hoy por la Ceiba, es decir, la parte mas setentrional de Jesus María; quien andando el tiempo, y destruida su iglesia en 1762, á influjo de D. Agustin Crámer, se lo absorvió todo. De modo, que en la época á que nos referimos, el arrabal se componia de dos; el propiamente dicho de Jesus María; y el de Guadalupe; divididos por el *Manglar* y algunas *estancias de millo y maloja*, que existian de la calle *Real* para los egidos, ocupando el frente oriental: lo demas servia entonces, de lo que sirve hoy el *vedado*, esto es; de calvario y basurero.

La que en el dia es tan famosa y floreciente Calzada del Monte, compuesta de un lado y otro de talleres, fondas, posadas, tiendas de ropa y boticas, y otros establecimientos tan útiles como necesarios al activo tráfico interior de la comarca, en los principios del barrio de Guadalupe, no era otra cosa que uno de nuestros caminos reales, encajonada entre dos paredes ó malecones de tierra, llena de tropiezos y malos pasos, sin mas casas que dos ó tres corrales y una pobre taberna con otras casuchas de guano, esparcidas de trecho en trecho de la Ceiba para la esquina del *Indio*. En este trozo de camino ó calle, que se hacia temible por su rápido descenso y los carriles que dejaban las corrientes de agua llovediza, sobre la mano izquierda, aun por los años de 825, distinguíase un precipicio notable por haber sido el lugar donde pereció el malhadado Sr. Drámer, á quien derriscáran las mejicanas

11

mulas de su coche, espantadas con las ruinas de la iglesia de Guadalupe.

Cuando por los años de 1764 se echaban los cimientos de la inmensa fábrica que sirvió de Factoria de tabacos, y cuando algo despues se avecindaron por las inmediaciones tanto los numerosos empleados de ese gran establecimiento, como las infelices familias que emigraron de la Florida; no hay duda sino que todo prometia para el barrio de Jesus María y José y su iglesia, un porvenir de grandeza y felicidad; pues hasta mereció que se le adornase con una fuente en 1798, gobernando el Sr. Santa Clara. Pero el incendio del año 2, que redujo á cenizas las pocas casas de la poblacion, tocándole no pequeña parte á S. Nicolás por un lado, y por otro la estincion del Estanco en 1816, atemorizando y ahuyentando muchos vecinos, le dejaron en situacion bien miserable. Mientras ecsistió aquel establecimiento famoso, la inconstancia natural del hombre, movida por el interés del tráfico y la concurrencia de compradores y vendedores de tabacos, pudo luchar á brazo partido con los manglares, las aguas corruptas y la muerte que entre ellos se albergaba, para fundar una poblacion bastante estensa; la cual en un principio, repetimos, se contentó con ocupar las alturas á la sombra de la Factoría y todo el círculo que describe la calzada del Monte, desde la puente de Chavez, pasando por la Ceiba, hasta el ángulo N. O. del Arsenal.

Y aunque es cierto que con estas calamidades, que tal lo fueron para el barrio, y con otros dos incendios que esperimentó en años sucesivos, en especial la dicha Calzada conocidamente mejoró en el piso y en los edificios, que hoy la adornan; ello no es menos cierto que como la parte central la ocupaba la clase mas pobre y menos escrupulosa, es decir, la de color, no hizo mas que sustituir las tejas, (y eso por fuerza) á los techos de guano y yagua; pero ni el pavimento de las calles, ni los aforros de las casas sufrieron cambio ni mejora. Por las primeras aun corren libremente los hilos de agua de las cañadas, y aun lucen las piedras y desigualdades del terreno, descubriendo á cada paso su estado primitivo é inculto: las segundas, esto es, las paredes de las casas, aun subsisten con los *embarrados* de la *arquitectura* indiana, con las tablas y las tapias de piedra seca, que pregonan la miseria en que viven sus habitantes.

Sin embargo, no puede negarse que en los tiempos de su prosperidad, el barrio de Jesus María y José fué uno de los mas alegres, concurridos y animados estramuros de la Habana: ya por las estrepitosas fiestas (de que hablaremos adelante) que con el nombre de *férias* todos los años celebraban en honor de su titular la Divina Pastora; ya por la devocion de sus vecinos que los sábados por la noche hacian procesiones muy solemnes, llamados Rosarios; ya, y es lo mas cierto, por contener en sí la Factoría, á donde, como ya hemos dicho mas arriba, acudian tantos labradores, forasteros, manipulantes y empleados: para comodidad de los cuales, (que moraban intramuros y no poseian carruage,) se construyó una calzadita ó acera al pie de las tapias del Arsenal, que aun existe y corre desde la puerta de la Tenaza hasta la entrada traviesa de la Factoría.

Ahora bien: si al buscar el orígen de nuestras *férias*, alguno creyera, que tendríamos que remontarnos á los bellos tiempos de la Iglesia Católica, que con sus farándulas y autos sacramentales dió nacimiento al teatro profano; ó que vamos á hacerle una descripcion de aquellas férias propiamente tales, celebradas en algunas provincias de España, Alemania y Francia, engañaríase de medio á medio. Las nuestras, si tal denominacion puede dárseles, no tomaron de esas mas que el nombre. A no ser que tragesen su orígen de las que obtuvieron permiso de abrir, ciertas iglesias de la Península, escasas de renta y obenciones, con el fin de atraer concurrencia y limosnas; nosotros confesamos ingénuamente que no damos con la pista. Si bien es verdad, que ya por haberlas alcanzado muy desnaturalizadas, y por el carácter que les imprimió la natural rudeza y tosquedad de nuestro pueblo bajo, en cuyas manos dió la última boqueada, corriendo el año de 35, no era fácil reconocerlas aun el padre que las engendró. Ello es, que si tal fué su orígen, en las fiestas de las iglesias de Cuba, no se ha visto esponer, comprar, cambiar, ni vender otra cosa que dulces secos, frutas y tortillas,

avellanas, maní y ponche de leche. **Con todo, es** muy posible, **(y de esto tenemos testimonios)** que en su principio, en nuestras *férias* , se feriaban algunas bugerias y cosillas de poco **valer, tales** como tacitas, jarras, vasos, botellas, saleros y pla**ticos de loza y de cristal**; flores de trapo y de pelo, y otras **por el estilo**, que no pagan alcabala : pues aunque sabemos **que Guanabacoa** obtuvo licencia real para abrir una feria, **(único pueblo en** América que sepamos haya obtenido seme**jante merced,)** no tenemos noticia de que se pusiera en uso **jamás.** Entonces no hay duda sino que eran una imitacion, **si bien en miniatura de las célebres de España** en que entra**ban los famosos caballos de Córdoba**, los ricos paños de Se**govia y las sedas de Múrcia**, como primeros artículos de fe**ria.** Pero segun digimos, á nuestro juicio, luego luego ese re**medo de ferias** fueron tomando entre nosotros aspecto tal, **que degeneraron del todo en todo**; y cuando nosotros las pu**dimos observar y conocerlas**, ya no eran las ferias de Espa**ña**, ni las fiestas que en lo antiguo la iglesia consagraba en **obsequio de los santos**: nada se feriaba ; **nada se** ofrecia al culto divino : eran un compuesto chocante y horrible que no tiene nombre, porque á nada se parecia. El objeto y el móvil de estas fiestas no eran otros que el juego; pero como quiera que no todos jugasen, fué necesario presentar al pueblo un incentivo que lo atrajese, y los bailes de férias llegaron á ser el achaque y la capa con que se cubrian muchos vicios.

Las mas célebres y estrepitosas férias que conocimos hasta el año de 35, fueron las de Regla, el Pilar, Guanabacoa, el Angel y Jesus María; porque las de S. Francisco, las Mercedes, el Monserrate, y otras dos ó tres mas, aunque bastante concurridas, no gozaron nunca de tanta popularidad y fama. El órden que seguian era este. Principiaban en Guanabacoa el 15 de agosto, pasaban á Regla el 8 de setiembre, luego á las Mercedes, de aquí á S. Francisco, despues al Pilar estramuros, seguidamente al Angel y al Monserrate, y acababan en Jesus María el 8 de diciembre.

Contraerémonos solamente á estas últimas, y habremos hecho una descripcion de todas, puesto que la escena que se representaba siempre era la misma, aun cuando el teatro fuese diverso y ambulante. El dia en que comenzaba á contarse el noveno antes de la titular, por la tarde, un repique de campanas, algunos cohetes y voladores disparados al aire, un tropel y gritería inmensa de muchachos, una orquesta de música tocando las voluptuosas contradanzas y wals del pais, y la torre de la iglesia empavesada de alto á bajo con las banderas de todas las naciones, anunciaban á los mas distantes barrios que este abria sus alegres férias. Por supuesto, que esta primer tarde y parte de la noche se empleaban solamente en disponer las enramadas, casas de baile, de hostería y hospedaje, y en aderezar los puestos que cada cual de los jugadores ó fulleros, vendedores, etc. habian de ocupar en la gran plaza. Pero al otro dia á eso de las cinco, miéntras la iglesia llamaba á la salve y á la oracion á los fieles, véianse asomar por todas aquellas boca-calles, mesas de tijera, asientos de lo mismo, tableros, *ruletas* pequeñas, retablos, totilimundis, juegos de lotería, cubiletes, armatostes, y otras baratijas, en cuanto á juego: ollas del ponche de leche, dulcerías con su toldo á manera de tiendas árabes, pilones de maní, canastas de avellanas y aparadores cargados de jamones, pavos, queso, etc. en cuanto á dulces y provisiones de boca; é infinidad de obgetos mas, destinados á diversos fines y usos, que seria prolijo enumerar aquí. Conforme llegaban, íbanse acomodando y armando sus paranzas y puestos, guardando siempre el cuadrado de la plaza, por cuyos cuatro frentes dejaban espédita una ancha calle que servia al pueblo para ir y venir en todas direcciones y ecsaminar á un lado y otro todo lo que la astucia de los fulleros, ó el interes de los vendedores ofrecer podian á la gula, á la codicia y á la ambicion. En el centro, con pencas de palma, se armaban frescas barracas, por lo comun exentas, donde se albergaban los jugadores del *monte* de cierta suposicion; pues los de la *manigua*, hasta en el suelo y por los rincones tendian el tapete y echaban las barajas de *pega*.

Mas apénas bajaban las sombras de la noche, cuando comenzaban á arder por toda la plaza, y las arquerias de las calles millares de luces; unas en guardabrisas, otras en bombas, otras en faroles de vidrio y de papel, en candilejas y en

11*

freideras. **Y** comenzaban asimismo á entrar en la plaza bulliciosas cuadrillas de hombres y mugeres, pelotones confusos y atropellados del pueblo bajo, unos y otros cantando y bailando al son de la música que no cesaba de tocar; y comenzaba á oirse el vocerío azordador de los vendedores, brechadores y fulleros en desapacible consonancia con los chillidos de los muchachos, las risas estrepitosas de las mugeres y el sordo rumor de tanta gente con su rápido y continuo movimiento. A medida que abanzaban las horas de la noche, parecia que la aridez y el ardor de divertirse del pueblo tomaban mayor incremento.

Si huyendo del tropel de la plaza, penetraba el curioso en alguno de los bailes, la escena que se ofrecia á sus ojos, aunque menos alborotosa y desordenada, no dejaba por eso de ser desmoralizada asaz. El número escesivo de mugeres y hombres jóvenes por la mayor parte, reunidos, apiñados en una sala harto estrecha, como de ordinario eran las de los bailes de ferias; la falta de educacion y decoro así de aquellas cuanto de estos; la libertad con que se entregaban á la danza y á los trasportes del momento; la exaltacion producida por la música criolla, en fin, contribuia mas y mas á la relajacion de las virtudes sociales y domésticas.

Pero si de estos bailes de la clase media del pueblo, se pasaba á los de la clase baja, llamados *Cunas*, mayor si cabe era el horror que esperimentaba toda persona sensata y de cierta moralidad que lo observase.

Así que, de los bailes y las mesas del juego, á la plaza, y de esta á aquellos, entre danzas, barajas, dados, bebidas, comidas y cantos se pasaban las horas de la noche, los dias y la vida insensiblemente. Sonaban las once, y poco despues la plaza tan llena de gente, de animacion, y de estrépito, quedaba silenciosa y desierta. Pero al siguiente dia, repetíase la misma escena, al otro y al otro, hasta completar los nueve que duraban las ferias en cada iglesia, para comenzarlas de nuevo durante otros nueve en diverso teatro.

Cirilo Villaverde.

CASTILLO DE LA PUNTA. HABANA.

CASTILLO DE LA PUNTA.

Por los años de mil quinientos noventa y durante el gobierno del Maestre de campo D. Juan de Tejeda, empezóse á construir el castillo de *S. Salvador* de la *Punta*, frontero al del Morro, aunque no de tanta amplitud é importancia. Situado en el lugar referido y en la parte que corresponde á tierra, su aspecto sugiere diversas y encontradas ideas al que arribando por la vez primera á nuestras playas lo contempla, y al que sin ser viagero, habitante solo de este suelo dirige sus pasos hácia el campo de la Punta, de donde toma el nombre que lleva.

Sorprendente es por cierto la impresion que causa su vista á la entrada del puerto, y mas aun para el que viniendo de barlovento pasa por la estrechez de nuestro canal, despues de haber surcado la estension inmensa de los mares, y de golpe se le presentan sus bajas baterias, sus murallas que vienen á morir en la playa misma; el Morro, la Cabaña, la multitud de buques atracados á nuestro famosísimo muelle; y detras de todo, dominando parte del cuadro las torres, azoteas y edificios de la ciudad, á cuyo frente ostenta su eterno verdor con mil paisages animados y amenísimos la ribera opuesta que principiando en la *batería de los Doce Apóstoles* termina en la elevada campiña que corona el castillo de Atarés dejando, en su centro las ensenadas de Marimelena y Guasabacoa.

Al flanco izquierdo del castillo de la Punta se estiende el numeroso barrio de *S. Lázaro,* y allí en el mismo campo la *nueva cárcel* que aunque mejorada considerablemente sobre la que hasta ahora hemos tenido con ese nombre, no está montada sin embargo, aparte su buena fábrica, como demanda la época de civilizacion y cultura que alcanzamos.

Por la parte del mar que principia á la salida de la Puerta y va á dar frente al Castillo, verifican su descarga algunos buques de cabotage, particularmente de carbon y leña, y otros que traen maderas ó ladrillos. Un sin número de muchachos, y no pocos hombres de todos colores pasan la tarde. ora bañándose, ora pescando, ora entreteniéndose y entreteniendo á otros que van allí á respirar el aire inmediato del mar.

Pero al flanco izquierdo del castillo se compendia ciertamente la sociedad, ¡¡la *Cárcel* y el *patíbulo!!* en el corto espacio que media, la calzada que conduce al *Cementerio,* y mas lejos los términos de un *paseo público!...* ¡Cuántas reflecsiones no se agolpan en este momento en el ánimo del que traza estos renglones!.. ¡Cuántos recuerdos no turban su espíritu y contristan su razon!... ¡¡La *Cárcel* y el *patíbulo!!..* Un solo paso media de aquella á este, y lo cruzan algunos transeuntes con indiferencia, ó menosprecio, cuando no con escarnio de los que gimen en la primera; con gozo acaso de los que espiraron en el segundo....

¿Porqué ese sitio mudo, silencioso, desierto casi siempre, vé agruparse en derredor suyo á un pueblo inmenso el dia de una ejecucion? ¿Qué vá á buscar allí esa multitud ansiosa que con gritos y algazara se disputa el puesto, lo sostiene y defiende con calor, y con atrevimiento lo conserva? ¿Qué dice esa muchedumbre que llena las calles de la ciudad cerca de la puerta de la Punta, que se derrama por el campo ocupándolo todo, que ansioso y anhelante se apodera de tejados, escombros, azoteas y de las murallas mismas del Castillo?... ¡Ah! ese pueblo, esa multitud vá á presenciar las agonías del condenado, vá á contar sus gemidos, vá á ser espectador, y parte á la vez de un espectáculo sangriento... Bullicioso, anhelante, inquieto y provocador antes, se retira luego quieto, pacífico, satisfecho, disputando solo la exactitud en las mínimas circunstancias de la muerte que atrás dejó.... ¿Qué busca, que pide ahora esa muchedumbre?... ¿Qué quiere, qué demanda ese pueblo que discurre por calles y plazas refiriendo las agonías del suplicio?... Ese pueblo, esa multitud pide *educacion*, demanda *moralidad*, ecsije *instruccion*, y las reclaman tambien la rectitud y las buenas costumbres. Dénseles al pueblo, y si no se estinguen los crímenes, no vendrá por cierto á aumentar con su presencia los horrores del patíbulo.....

Nada notable, si esceptuamos su posicion, se encuentra en el Castillo de San Salvador. Hay tres inscripciones en la parte esterior de sus murallas: una á la derecha de la puerta, ininteligible que en su último renglon tiene el nombre de

"TEXEDA"

Maestre de Campo y Gobernador que fué de esta plaza en la época que empezó á construirse, segun hemos apuntado antes: otra partiendo el vértice del ángulo saliente de la izquierda, que gastada casi toda no pueden distinguirse sus letras; y en el flanco que mira al barrio de San Lázaro en una piedra ennegrecida y de esta forma

ANTONE-
LI.

célebre ingeniero que lo construyó despues, ó en el tiempo mismo que el Morro. Embleman á la Fuerza, Morro y Punta los tres Castillos del escudo de armas de la Habana, y una llave que indica serlo del Nuevo-Mundo, revelando su importancia geográfica y mercantil. Concesion que se ratificó en Madrid por Real Cédula de 30 de noviembre de 1665, corriendo el gobierno de D. Francisco de Orejon. (1)

La figura del Castillo de la Punta es cuadrilátera, con sus baluartes en cada ángulo y sus flancos regulares: los lienzos ó cortinas intermedias tendrán como cuarenta varas de largo, de donde se puede deducir segun reglas el ámbito y tamaño de los espresados baluartes, de los cuales dos miran al mar y los otros dos á tierra; y están guarnecidos de buena artillería: tiene fabricas interiores para habitacion de su Comandante, y alojamiento de la gente que la guarda. Su entrada la resguarda un parapeto de cantería con su estacada: desde ella hasta la puerta del recinto de la muralla que cae

(1) Valdes: historia de la Isla de Cuba.

á aquella parte se ha formado camino cubierto que está casi á la orilla del mar. (1)

Aunque este historiador refiere que una piedra embebida en una de sus cortinas espresa las fábricas que aumentó don Lorenzo de Cabrera sucesor del Maestre de Campo Texeda, ni la hemos encontrado, ni nos ha informado de ella el Sr. su Comandante.

En el año de mil setecientos sesenta y dos, durante el sitio de esta plaza por los ingleses, se confió el mando de este Castillo á D. Manuel Briseño; y de una carta del general D. Luis Velasco que mandaba entonces la fortaleza del Morro (2) consta que el piquete que guardaba el orejon de tierra se arrojó por las escalas á las embarcaciones atracadas al Morrillo y se acojió al Castillo de la Punta. Esto, la salida de las tropas españolas por la Puerta de este nombre acordado en la capitulacion con los ingleses, y la noticia de los Alcaides que tuvo desde el año de mil quinientos noventa y seis hasta el de

(1) Arrate. Llave del Nuevo-Mundo.
(2) La inserta Valdes en su historia citada.

mil setecientos cincuenta y ocho, es todo lo que hemos encontrado en los autores anteindicados.

Por lo demas, este Castillo no tiene ni altos y elevados torreones, ni almenas numerosas, ni foso alguno, aunque impropiamente se dan los honores de tal á una especie de sanjon que no sabemos como llamar y que solo rodea parte del flanco de la izquierda.

M. Costáles.

MERCADO DE CRISTINA. HABANA.

INTERIOR DEL MERCADO DE CRISTINA. HABANA.

IGLESIA Y PLAZA DEL SANTO CRISTO. HABANA.

SANTO CRISTO DEL BUEN VIAJE.

Cuando nuestra nacion era mas inclinada al ejercicio de actos públicos de veneracion á Dios y á sus santos, el Cristo del Buen Viaje debió ser visitado con mas frecuencia que hoy acontece: con el transcurso del tiempo, aunque convertido su templo en parroquia ha sufrido la suerte que ha cabido á los demas con ocasion de la indiferencia que en materias religiosas ha tocado á la generacion actual que por desgracia no tiene el fervor de las anteriores, bien que la indiferencia no sea tan absoluta que llegue á la incredulidad.—No vemos en los jóvenes de esta época el entusiasmo que alcanzaron en el cumplimiento de las prácticas religiosas nuestras abuelas; pero no oimos á los jóvenes de la misma burlarse necia y li-

12

jeramente de la religion que profesamos cual lo hacian nuestros padres respecto de sus abuelos.—La sola tolerancia ya fuera una virtud social y es un adelanto el que un jóven no se avergüence de ser discípulo de Jesus: no ¿qué fuera de nosotros sin la luz divina que derramó en el mundo?

El Cristo del Buen Viaje, visitado por los marinos en accion de gracias y en cumplimiento de sagradas promesas es un objeto de estudio para el filósofo y á mis oidos han llegado sabrosas relaciones de venerables matronas que contaban de sus primeros años las escenas que se sucedian en el antiguo *Humilladero*, que así se llamó el local, á vueltas de portentosos milagros que reconociendo el poder de Dios eran aumentados escesivamente por los hombres.

Comenzó la actual iglesia como casi todas por la ereccion de una hermita: pobre y arrinconada entonces en los últimos términos de la poblacion y hoy en uno de los mejores barrios. Tuvo por nombre el humilladero porque allí terminaban las estaciones del *Viacrucis* como sucedió aun luego que de hermita se trocó en parroquia. Las crónicas que se han ocupado de nuestras cosas, de tanto mérito para los naturales como insignificantes para forasteros, recuerdan con aprecio y hacen levantados elogios de las solemnes fiestas que en atrasados tiempos dedicó en hacimiento de gracias al Sto Cristo del Buen Viage el Teniente general D. Benito Antonio Espinola. Está construida su iglesia en una plaza que hoy es uno de los mercados de la ciudad, y de que luego hablarémos.

Se hizo la hermita ayuda de parroquia por los años de 1673 y, como ya se dijo hablando del oratorio de S. Felipe de Neri, por algun tiempo hospedó á dicha congregacion hasta que se le construyó iglesia por separado. Además del párroco hay un mayordomo del *Devocionario del Sto. Cristo*, que segun se nos informa tiene no solo censos sino propiedades de otra especie como casas, siendo de dicho devocionario la que aparece en la lámina al lado de la iglesia que es singular en su forma intramuros, pues la precede un pequeño jardin.

Aunque es la iglesia en estension de las mas chicas de la Habana, su frente es muy bello segun se vé de la simetría de sus torres. Su longitud será de treinta y una varas y diez de ancho en la única nave que tiene; su altar mayor cae á occidente y su puerta principal á oriente. Cerca la iglesia un enrejado de hierro y á él dan las puertas laterales: en el atrio estaba ántes el Cementerio. En el dia le ha construido el cura actual un bonito depósito para cadáveres y le ha hecho pintar y hermosear.—El incansable obispo Lazo ideaba ampliar el edificio pero en la ejecucion le sobrecojió la muerte y si le hubiesen llevado á cabo la forma que hoy tuviera su capilla mayor y colaterales fuera de mas importancia arquitectónica.

Entre los cuadros que adornan el templo existe una copia de Corregio representando á Cristo muerto en brazos de la Vírgen regalado por Espada, notándose, ademas en la forma de alguno de sus altares el sistema de uniformidad en los adornos del ilustre Obispo que acabo de nombrar. Tambien hay un pequeño cuadro representando el *Purgatorio*, de don Juan de los Rios, el grupo de las figuras nos parece bueno así como las actitudes y el colorido de ellas. Hay por lo menos espresion en el cuadro y buena disposicion en el conjun-to. Aunque la reputacion del profesor Rios quedó justamente eclipsada con la aparicion del célebre Juan Bautista Vermay, todavía los recuerdos de mi infancia me hacen ver con gusto las obras del citado profesor.

"El primer matrimonio verificado en esta iglesia del Santo Cristo del Buen Viaje, fué el de Teodoro del Piño, con Marcela Armoguer, naturales de esta ciudad, en 26 de agosto de 1672.—Blancos."

"El primer bautismo: Josefa Felipa Fernanda Suarez, hija legítima de José Fernandez y Rosa Suarez, naturales de Tenerife, en 5 de Mayo de 1702."

"El primer entierro, Roque Perez, natural de Canarias en 5 de noviembre de 1693."

La plaza del Cristo, que ha sido siempre del Cristo contra la costumbre que tenemos de mudarles el nombre, ademas de servir de mercado es uno de los puntos en que los calese-

Es nota comunicada por el Sr. Teniente de cura actual, lo que se ve entre comillas.

ros de alquiler se reunen para *buscar viages*. Allí se disputan *los marchantes* con la petulancia mas enfadosa ganando la partida el muy pronto en gobernar el caballo y en colocarse ante el que vá en su busca. En un pais tan caloroso como este es un mueble casi necesario una volante, así es increible que subsistan esa multitud de *trenes* que hay entre nosotros: así llamamos á los especuladores en estas empresas y si la noticia nada le importa á los que la saben será en algo apreciada para los viajeros y estraños. Téngase en cuenta que para estos y los propios escribimos. No sabemos porque no se dedican los blancos pobres á caleseros cuando es oficio cómodo y límpio, decimos esto por lo mismo que hicimos la anterior observacion. Es muy raro que veamos *carretoneros* blancos, conduciendo las bestias del cabestro, pisando fango y corriendo calles y no ver montado en decente trage á un *calesero*. Si esto se verificase tal vez veriamos desaparecer de la ciudad los *caleseros* negros, brazos mas útiles en el campo. La necesidad de los volantes de alquiler está de tal modo demostrada que ni el establecimiento de los *omnibus* ha podido reempla-

zarlas, pues á pesar de ser mas caras los han vencido en la competencia, ó no sabemos el motivo de la desaparicion de ellos.

Por el lado izquierdo del lector se vé en la lámina una galería de arcos que ocupa todo el frente de la plaza. Son las *casillas* donde se venden comestibles y todo género de vitualla : ocupan el centro y del lado de la calle hay otra galería semejante á la que se vé en la lámina. Los *placeros*, que son labriegos de las cercanías de la Habana en un radio de cuatro ó cinco leguas, colocan de mañana sus frutas, y toda especie de productos agrícolos por el suelo. Aquí se vé un monton de naranjas amarillas unas, verdes las otras y hasta sin sazon, allí aparecen los plátanos que siempre están en sazon, verdadero maná de esta tierra que Dios hizo de promision; allá se encuentran las hortalizas producidas por un cultivo sin esmero y rústico , en fin cúbrese el suelo de producciones al hombre necesarias y todo desaparece como por encanto tan luego como se aproxima la hora de las diez de la mañana. Y ya que de mercados se trata bueno es imponer á los lectores de cuanto les es relativo en órden á su actual estado; y como quiera que en el cuaderno anterior se pone no solo la vista del Sto. Cristo sino del interior de la plaza de Cristina de ellos hablaremos en uno.

La plaza de Cristina se llamó antes la plaza Vieja por el pueblo y tal es el nombre que siempre le dan estos vecinos bien que oficialmente ha sido sucesivamente nombrada de la Constitucion, de Fernando VII. y de Cristina. En sus estensos portales se encuentran porcion de baratillos; en los pisos bajos de sus casas tiendas principalmente de ropas ó lencería y tejidos de toda especie. Lo que se vé en la lámina son las *casillas* nuevas que ocupan el interior de la plaza.

Tanto el edificio de las *casillas* del mercado de Cristina, como el del Cristo que existieron hasta la construccion de las actuales eran de madera y pagaban al Escmo. Ayuntamiento 8712 pesos anuales con destino á fondos de propios. Empero habiéndose construido por contrata los nuevos edificios, los contratistas abonan 7500 pesos anuales solamente; pero como terminada la contrata quedarán á beneficio del Escmo. Ayuntamiento dichos edificios percibirá del ramo de mercados, incluyendo los 3600 pesos que segun documento oficial ha percibido en 1838 por el real semanal que pagan por el *puesto* los arrieros, 45900 pesos. El real que se llama del *puesto* es el que se abona por cada bestia que entra en el mercado.

No creemos que necesite de mas ilustracion la vista á que es referente este artículo y tenemos que dejar espacio para otros.

A. Bachiller.

12*

VISTA INTERIOR DE LA PLAZA DEL VAPOR HABANA.

PLAZA DEL VAPOR.

COMO en este cuaderno se habla de los mercados de intramuros nos parece oportuno que nos ocupemos del único de estramuros de la ciudad, notable por su estension y belleza. La plaza se halla *encuadrada* dentro de una doble arquería cuyo centro ocupan las habitaciones y tiendas de toda especie. El cuadro de la plaza lo divide un edificio destinado al espendio de carnes.

Indudablemente la importancia del inmenso edificio resultado del plan uniforme de la construccion de las llamadas *casillas*, hace que sea notado de cuantos estrangeros nos visitan. Este conjunto de propiedades parece un solo edificio, un bazar inmenso: sin embargo son muchos los dueños de las casillas: el gobierno tomó por compra el terreno de algunos que no pudieron edificar bajo el plan propuesto y en ellos se hizo la pescadería que rifada luego, produjo 42,000 pesos que ingresaron en el ramo de rentas conocida con el nombre de obras públicas.

En los portales de la plaza que dá frente á la ancha calzada de S. Luis Gonzaga y del puente de Galeano se han colocado porcion de vidrieras, de quincallería y objetos de baratillo. Bellamente iluminados por farolas y quinqués colgantes de las tiendas de lencería, su pavimento se cubre en las horas de la noche de señoritas que con sus madres y allegados ocurren á verificar sus compras. Reúnense muchos á *pasar el rato* y con esto y la noticia de que se han dado algunos bailes en las piezas altas de un café, queda concluido el retrato de esta plaza en lo demas semejante á cuantos se destinan á su objeto. Los alquileres que exigen los dueños por sus *casillas* son muy crecidos aprovechando la estimacion que de ellos hacen los mercaderes.

A los forasteros admirará el desaseo de las negras y negros que se ocupan en revender los productos que compran á los arrieros, y la confusion de las lenguas africanas que se dejan oir simultánea y confusamente : esto por la mañana; por la noche le llamar á laatencion la locuacidad aunque cortés y urbana de los mercaderes de *ropa*, la curiosidad de nuestras señoras, la paciencia de maridos y hermanos que asisten á largos inventarios á veces para no comprar nada ; no puede calificarse de otro modo la costumbre de examinar todo un centenar de objetos para buscar uno y distinto. El tendero ofrece con el fin de provocar el deseo de la posicion de sus mercaderías y las niñas se dejan enseñar hasta los entre-paños del *armatoste*.

B.

PLAYA Y PUEBLO DE COGIMAR.

L. Cuevas dib.º y litg.º   Litog. del Gobierno.

PLAZA DE ARMAS EN NOCHE DE RETRETA. HABANA.

PLAZA DE ARMAS.

EL viajero trasatlántico que por primera vez pone el pié en el muelle de la Habana, si como regularmente acontece lo hace por el llamado de Caballería desde luego dirigirá naturalmente sus pasos á la ciudad y saldrá á poco andar á la plaza que nos ocupa y precisamente cuasi al punto de vista de donde está tomada la perspectiva de la lámina que motiva este artículo. Si su viaje ha sido dilatado, si despues de largos dias solo ha contemplado inmensos horizontes de cielo agua y espumas, si su llegada es para mayor contraste en invierno, y trae en su mente la idea de toda tristeza en la vejetacion, desde luego quedará sorprendido al verse en medio de un bonito jardin y arbolado, eternamente verde y florido á influjos de la dulce temperatura del clima tropical. Esta primer impresion de agrado, su posicion aparente por estar en el centro de la poblacion comerciante y sobre todo, su bella perspectiva y dulce ambiente hacen de la plaza de armas el *rendez-vous*, de todos los estrangeros residentes en la Habana de intramuros.

Nuestra lámina representa la plaza de noche, y en noche de retreta. No dejará de causar estrañeza á cualquiera esta circunstancia ¿pues qué mas podrá ser la plaza en noche de retreta que en las comunes atendiendo su perspectiva? ¿oyense acaso al contemplarla los melodiosos sones de la música militar que se situa en su centro? ¿qué es lo que desaparece de la escena cuando no está en la circunstancia que determinamos? ¡ah! ¡lo principal lectores mios! el alma, la animacion, la concurrencia, le falta la vida entonces á ese precioso cuerpo, y el curioso que por ella discurre en estas noches cuasi solitario le parece oir un gemido de abandono que se escapa de su pavimento de sus fuentes, de sus árboles, ¿quien causa esta soledad, este abandono? nuestras costumbres; allí donde el bello secso no da vida morirá todo para la sociedad en todos los climas : pues bien nuestro bello secso no le place prodigar su vista en los paseos de esta clase; para gozar aquì es forzoso andar, lucir el donaire, el garbo, la gentileza, y... esta dulce mitad cubana no es avara de semejante lucimiento. Solo en noches de retreta la encantadora música tan amada

de los hijos de la zona tórrida lleva á la plaza de **armas una** linda y elegante concurrencia que entre el susurro de la **brisa** en los árboles y las flores, el murmullo de las fuentes, y **los** sones de la música, discurre dulce y apaciblemente por **sus** calles departiendo bien de amor, bien de empresas **mercan-** tiles.

Pero debemos hacer reparar al lector en algunos objetos **de** la perspectiva de nuestra lámina porque ellos sin esta **espli-** cacion no le revelarian nuestras costumbres si acaso las **igno-** ra y tambien es lugar de que describamos el punto en **que** hemos colocado nuestra escena. La plaza de Armas es **un** cuadrilongo comprendido por el frontis del palacio de los **Ca-** pitanes generales que se entrevé al frente de la lámina **entre** las copas de los árboles, al norte por la casa antigua de **cor-** reos (hoy la Intendencia) que aparece á la derecha con el **lu-** gar de la Escribanìa de hacienda y parte del cuartel de **la** Fuerza; por el este tiene la hermosa portada del mencionado cuartel, el Templete del lugar donde se celebró la primera **misa** y la casa del Sr. Conde de Santo Venia, y al fin por el **oeste** la casa del tribunal **Mercantil y** junta de Fomento á que siguen despues hasta la calle de los Oficios una porcion de miserables casuchos que el comercio no quiere abandonar un momento y que afean el aspecto de este lado. Rodeada de asientos con respaldo de verjas de hierro que dán á una ancha calle enlosada con lo losas de San Miguel tiene otras dos calles cruceras que se juntan en una hermosa glorieta en cuyo centro está la estatua colosal de Fernando VII. de hermoso mármol blanco. Consiguiente á esta disposicion queda dividida la plaza por las calles en cuatro cuadros enverjados en cada cual salta un lindo hilo de agua sobre las sencillas y bonitas pilas que les sirven de recipiente dando desde allí frescura y lozanía á la menuda yerba que tapiza el suelo y á las flores y árboles que las rodean. He aquí la plaza de Armas ¿veis pues á su rededor esos carruages, algunos ocupados por los ángeles de la tierra? no creais estrangero que la casualidad los puso allí, ó que en el momento de cojer la perspectiva se hallaron al paso; nada menos que eso: en estos carruages y en estos angeles puestos en esa actitud está compendia-

da la historia de nuestras costumbres. La música suena, el fresco apacible de las noches tropicales convida á departir nuestras cuitas, nuestros placeres con otros seres de la especie humana, los mismos preceptos higiénicos, las ecsigencias de la sociedad nos impelen á un egercicio y un roce conveniente para el trato y conocimiento del gran mundo, y á pesar de todo esas bellas estarán ahí impávidas en sus quitrines solo quizás con algun almibarado que las atiende en medio de la multitud ¿porqué ese aislamiento, ese triste vegetar en las lindas hijas de esta Antilla en esas hurís de este eden á quién el sol mas puro baña con su lumbre y les comunica inspiracion? asi esas gracias, ese talento que las distingue está emparedado y enquitrinado; forzoso es para conocerlo ir á las casas, ó al baile: he aquí los dos únicos lugares en que se ostenta el bello sécso habanero. Menester es confesar que algo van influyendo en las costumbres algunas de nuestras quizás severas reprimendas y nos parecen tales por que al hablar con ángeles sería preciso la voz de un Dios para que no las ofendiera.

Ya que hablamos de retreta y de plaza de Armas, no podemos pasar por alto el recordar los dos dias de mas concurrencia en este paseo. El juéves y viérnes santo la Habana sufre una transformacion maravillosa; aquellas calles en donde el ruido aturdidor de mil carruages no dejaba oir, quedan mudas y silenciosas; los templos abiertos con sus bronces inertes convidan á la oracion y la muerte del Redentor del mundo hace callar aquella Babilonia antes inquieta. Nada hay comparable al golpe de vista y á la inmensa concurrencia que acude en estas dos noches á la plaza de Armas; si la luna, como suele acontecer con frecuencia, en estos dias, ilumina el cuadro, nada hay mas sorprendente, nada mas agradable. La música toca melancólicamente, como llorando la muerte del hombre Dios, ni un carruage viene á alterar el sordo murmullo que solo se percibe: todo allí es igualdad y fraternidad, dulce recuerdo de la santa ley que instituyó aquel muerto sacrosanto. Los árboles parecen susurrar mas lánguidamente, las fuentes no corren sino lloran gota á gota y la luna derrama sobre todo aquel conjunto su blanca y sulfurosa luz formando en las flores, en los grupos y en las fuentes sombras vaporosas que hacen concebir la bella idea de un jardin de fadas.

Nos hemos estendido ya demasiado en este artículo; no obstante el objeto lo merece á nuestro ver; réstanos decir que en esta plaza se hacen los dias primeros de mes en sus tardes los pagos de los cuerpos de la guarnicion y que á esta hora no deja de ser tambien algo concurrida por muchos curiosos que gusten de ver lucir las galas militares que en esta ocasion se desplegan en mayor grado como tambien oir la música guerrera que mueve el alma al triunfo del combate. Nosotros estamos ya cansados de estas perspectivas y no le damos el mérito que otros, pero nuestro deber es relatar los hechos y pintar las costumbres.

Ildefonso Vivanco.

REAL COLEGIO SEMINARIO DE SAN CARLOS. HABANA.

P. Costa litg.

Litog. del Gobierno.

REAL COLEGIO SEMINARIO DE SAN CARLOS. HABANA.

COLEGIO SEMINARIO DE SAN CARLOS.

CUANDO en el año pasado de 1689 (*) se estableció el Colegio de S. Ambrosio en que habian de educarse doce niños para el servicio de la Parroquia mayor, sin otros estudios que los de *Gramática latina*, y *Canto llano*, estaba muy lejos de su piadoso fundador el Illmo. Sr. D. Diego Evelino de Compostela, que ampliada su institucion, y unido al de S. Cárlos en época mas avanzada, tuviese tan grande influencia en la civilizacion y cultura de los habitantes de esta capital.

Pequeño y sin pretensiones en su orígen, adquirió luego

(*) Las notas publicadas por la Real Sociedad á la historia de Arrate señalan el año de 1685, como el de su ereccion.

13

amplitud é importancia cuando la Junta principal establecida en esta ciudad para proceder á la aplicacion de las casas, colegios, residencias y demas temporalidades de los regulares de la Compañía del nombre de Jesus en nuestra isla, tuvo á bien destinar el Colegio vacante á la fundacion de un Seminario real *ad instar* de los conciliares para instruccion de la juventud, con arreglo á la Real cédula de 14 agosto de 1768, y lo representado por el Diocesano en marzo de aquel mismo año.

De estos dos colegios se formó uno solo con el nombre de Real y Conciliar bajo la advocacion de S. Cárlos y S. Ambrosio, pudiendo considerarse el que actualmente existe como una traslacion del segundo á los cláustros de los Jesuitas. Obra fué esta del Illmo. Sr. D. Santiago de Echavarría, cuyos estatutos formó en el año de 1789, conservando el nombre de S. Cárlos, en memoria de reinar en aquella época la magestad del tercero de los Reyes de ese nombre y teniendose presente en la formacion de aquellos las reglas que desplegó el incansable celo de S. Cárlos Borromeo en la direccion de sus seminarios.

Aunque solo contaba *doce becas* al tiempo de su ereccion, se aumentaron hasta veinte y seis por el Sr. Echavarría con sujecion al Concilio de Trento, en cuyo número se cuentan las que fundó el P. Antonio Mariano Poveda, y además dos de las casas de Justiz y Jibacoa, sin contar con las de pension que pagan anualmente las de 250 pesos. Tanto las de vocacion como las de oposicion han estado siempre bajo la eleccion del Diocesano proveyéndose por las reglas del patronato.

Tal es la corta historia del Colegio Seminario de S. Cárlos, enlazada no obstante con uno de los acontecimientos mas notables de la de esta Isla, de donde tomó incremento é importancia. En su puerta que cae frontera á la calle del Tejadillo, están colocadas con arreglo á uno de sus Estatutos las armas reales, y las del Illmo. Evelino de Compostela; las primeras en reconocimiento del patronato regio y proteccion inmediata que se deben á estos establecimientos, y las otras tambien en reconocimiento y memoria de sus fundadores.

En la parte baja que es un cuadrilátero rodeado de hermosos y ventilados claustros, y en cuyo centro despide sus aguas, por varios surtidores una fuente recientemente colocada, se halla el refectorio, las clases de latinidad, filosofía, el gabinete de física de que luego hablaremos, y habitaciones para portero y demás empleados.

En el segundo de sus claustros que ocupa el segundo cuerpo del edificio, está hácia la izquierda la antigua y reducida biblioteca para uso de los colejiales, la clase de derecho, (*aula magna*) la de matemáticas, habitacion del catedrático de la primera, mayordomía, capilla y habitacion del de menores. Hay ademas otro claustro que cae al patio de la Sta. Iglesia Catedral, y contiene la habitacion del Director y demas catedráticos. En el tercero y último están las celdas de los colegiales y pedagogo, con vista al mar segun aparece de nuestra lámina. La otra parte baja que partiendo de la puerta viene á morir cerca de la esquina de S. Telmo, comprende la cochera y demas piezas destinadas á la servidumbre del Colegio.

Hoy se ha principiado á abrir una calle desde el Boquete, lugar en que estaba el depósito de la nieve, hasta el frente del cuartel de S. Telmo, pasando por el que hasta ahora se le ha dado el nombre de jardin, y antes fué cementerio de la parroquia.

Las cátedras que hay en la actualidad son las de Teología, en que se enseña sagrada escritura y moral. La de Jurisprudencia con lecciones de historia del derecho romano y patrio que atraen una gran concurrencia de estudiantes, á quienes se ilustra en los principios de la ciencia económica y legislativa. La de filosofía dividida en lógica, siologia, moral, física general y particular, para cuya enseñanza, tiene el Colegio un gabinete, compuesto de las mejores máquinas y aparatos, debidos al generoso protector de las ciencias, al Sr. Espada, y escojidos por el benemérito D. José de la Luz, en su último viaje por Europa. La de matemáticas en que se enseña el primer año la aritmética, geometría elemental, trigonometría plana, y geometría práctica: en el segundo, álgebra, aplicacion de esta á la geometría, secciones cónicas, cálculo infinitecimal y nociones generales de mecánica; y en el tercero la estática, hidrostática é hidráulica, la trigonometría esférica, y la astronomía geométrica con aplicacion á la física. La de latinidad dividida en mayores, en que se enseña retórica, y menores para principiantes.

Las clases se dan diariamente por la mañana de 7 á 9 y por la tarde de 3 á 5 á las cuales asisten los colegiales y mas de 500 estudiantes esternos. Al terminar los cursos de estas ciencias el Seminario de S. Cárlos presenta un cuadro sumamente interesante. En esos dias se celebran conclusiones públicas sobre las diversas materias de sus estudios; la juventud entusiasmada ofrece el precioso fruto de sus vigilias; un concurso numeroso los alienta, y esos dias son de regocijo para la patria, porque vé y toca los adelantos intelectuales de sus hijos y presiente las mejoras de su cultura y civilizacion. Allí se respira entonces un aire purísimo; fraternidad, entusiasmo, armonía, esperanzas, todo lo reunen las ciencias para hacer mas gloriosos sus encantos.

Como este es un colegio seminario y conciliar, los dias que está obligado el clero, asisten los colegiales, á los oficios y horas canónicas á la parroquia mayor, donde tiene comu-nicacion para evitar la salida á la calle segun lo previene el Estatuto. Visten trage morado de que usaban los del colegio incorporado de S. Ambrosio, con cuello, bonete, medias negras y beca blanca, sobre los hombros, un doble escudo encima del pecho bordado de seda representando uno las armas reales y otro la de su fundador el Ilmo. Evelino de Compostela. Distínguense los pensionistas de los de número en la borla negra que lleva el bonete de los primeros, en lugar de la blanca que usan los segundos.

Fué el colegio de S. Cárlos objeto de predileccion y cariño para el dignísimo obispo Espada, de eterna memoria para los habaneros; porque aquella alma templada para las ciencias, nacida para las virtudes; abrazada por el entusiasmo, no podia mirar con indiferencia las fuentes de la ilustracion y del saber cuyos raudales abrió con mano franca y generosa, removiendo obstáculos, buscando medios, facilitando siempre instruccion y moralidad á la juventud.

Fué el Seminario de S. Cárlos como dijo su panegirista *hermoso espejo en que se miró de frente el refulgente sol de la iglesia de la Habana.* (*) Estableció y sostuvo la cátedra de constitucion, la de matemáticas y la de derecho; y no contento con tantos beneficios ('cortos eran para el celo que lo animaba) dejó sellada en el gabinete de física que antes de su muerte donó, aquella mano que nunca se movia sino para hacer el bien, para difundir la ilustracion como sólido fundamento de la felicidad social. Vários amigos quisieron erigirle una estatua en el patio del colegio para conservar su memoria gravada ya en los corazones, pero este pensamiento quedó en proyecto, cuando otros muchos que sirven de escándalo llegan á realizarse. Los estudiantes de derecho en cuyo número se contaba el autor de este artículo le dedicaron en 1832 un retrato al óleo, copiado del que se halla en la sacristía de la Catedral. La inscripcion latina fué obra del Pbro. D. José Agustin Caballero antiguo catedrático y director del Colegio. Hállase en el *aula magna* en un cuadro dorado con hermosas morduras de lo mismo.

(*)   Perez Oliva. Oracion fúnebre de Espada.

La Sociedad Patriótica ha restablecido ultimamente la cátedra de Economía política despues de 15 años de silencio y nuestra juventud ha demostrado sus conocimientos en las conclusiones públicas que sostuvo bajo la direccion de nuestro amigo D. Antonio Bachiller que gratuitamente la desempeña. En el mismo lugar celebra sus sesiones la academia de Jurisprudencia teórico-práctica, en la que deben cursar los bachilleres dos años segun la cédula de su ereccion.

El que escribe estos renglones ha recibido su educacion literaria en el Colegio de S. Cárlos y nunca, nunca podrá hablar de él sin que á los recuerdos de su juventud y estudios vea asociados con el Seminario los nombres esclarecidos de Espada, Caballero, Varela y otros individuos beneméritos que han consagrado sus desvelos en favor de la ilustracion y de la juventud. Porque ningun título de gloria puede alcanzar el hombre mas estable y verdadero, en las angustias de una ecsistencia rápida y veloz, como el que le dán sus honrosos afanes por difundir la instruccion entre sus semejantes; frutos son estos que no perecen en un dia, ni sirven solo **para satis-**

13*

facer la exigencia de momento; siémbralos la generacion actual, los recoje ansiosa la venidera, trasmítelos sazonados la inmediata, y el hombre mejora su condicion, moraliza las clases, y contribuye eficazmente á la felicidad social. Espada, Caballero... ¡paz para los que fueron, prosperidad y vida, para los que léjos de nosotros no se apartan sin embargo de nuestros corazones!

Manuel Costáles.

FUENTE DE LA INDIA EN EL PASEO NUEVO.

LA FUENTE DE LA INDIA.

DELANTE de las puertas de la ciudad de la Habana, cerca de donde estuvo la estátua del rei Carlos III, y estremo del sur del *Nuevo prado* ó paseo de estramuros, y junto á las verjas y puerta del *Campo de Marte*, se vé hoy una fuente de mármol blanco que se alza en un pedestal cuadrilongo sobre cuyas cuatro esquinas y resaltadas pilastras se apoyan cuatro enormes delfines tambien de mármol, cuyas lenguas de bronce sirven de surtidores al agua que vierten en la ancha concha que rodea al pedestal; y rebosándose aquella por conductos invisibles, vuelve al interior sin derramarse jamás. Encima del todo sobre una roca artificial está sentada una prócera estátua que representa una gallarda jóven mirando hácia el oriente. Corónala un turbante de plumas y de las mismas la ciñe una lijera cintura; con lo cual y el carcaj lleno de flechas que lleva al hombro izquierdo se conoce que representa una india con figura alegórica de la ciudad de la

Habana, cuyas armas se ven esculpidas en el escudo que lleva en su diestra; y en la siniestra sostiene la cornucopia de Amaltea, sustituyendo con invencion feliz en vez de manzanas y uvas, varias frutas de la tierra coronadas con una piña. (*)

El frente y la espalda del pedestal figuran la sillería de una puerta del arco; y tienen en medio del claro un surtidor que derrama en la dicha concha. Al derredor de esta hay un estrecho arriate cercado por una fuertísima verja de lanzas de hierro, apoyada en veinte fasces con sus hachas de armas, y teniendo por la espalda de la fuente una puerta casi imperceptible segun lo bien ajustado de su armadura. Por fuera de la berja hay un ándito ó ancho paseo circular de mármol blanco, y el todo lo rodea una orla de grama de Bahama [*agrostis*], con diez y seis guarda-lados de piedra comun. Es-

(*) ¿Por qué el artista ha dado facciones griegas á una india? ¿por qué le colocó el escudo en la mano derecha y sin embrazaduras? ¿Por qué no puso su nombre y la época?

ta hermosa fuente, la mas bella y suntuosa de cuantas la Habana tiene, está formada de enormes trozos de mármol, primorosamente trabajados: en ella no se encuentran inscripciones hinchadas, sino solo esta sencilla leyenda : POR EL CONDE DE VILLANUEVA. Al rededor, en vez de los cocos y palmas del antiguo paseo, se ven ahora recien plantados álamos, amargas adelfas (que el vulgo de la Habana llama impropiamente [*rosas francesas*] y faroles sostenidos por manojos de flechas, formando las calles de la nueva Alameda que se estiende hácia el lado izquierdo, con algunos escaños de piedra de trecho en trecho; y allá á lo lejos se alcanza á ver el teatro de Tacon, al paso que por la espalda de la India y por encima de las verjas del campo de Marte y sus pilastras coronadas de bombas, se alcanza á ver la fachada del Paradero del camino de hierro y algunos pinos de Nueva-Olanda, únicos restos del que fué Jardin botánico.

T. S. de Noda.

CUARTEL DE LA FUERZA. HABANA.

LA REAL FUERZA.

Al principio de la conquista de estas Indias los directores de un negocio se opusieron á que en ellas se hiciesen fortificaciones ; pero amargos desengaños hicieron abandonar tan desacertados consejos. Porque multitud de franceses acudieron á estos mares con el único obgeto de robar. Lo cual les fué fácil por que lo reciente de las poblaciones las hacía todavía débiles, estando ademas totalmente desprevenidas.

Entre otras la Habana, el año de 1538 diez y nueve despues de su traslacion al sitio actual, fué tambien sorprendida por estos piratas, cuyas atrocidades les han hecho célebres con el nombre de *Fliboteros* que les fué dado porque sus primeras espediciones fueron hechas en unos buques llamados *Flibotes*. Sorprendida la inerme villa, cuando ya no le pudieron saquear mas, incendiaron hasta la última choza, sin perdonar lo sagrado del templo : esceso de barbarie que algun célebre historiador ha querido paliar, como por conmiseracion á los indios, á quienes no sabemos que los tales piratas hicieron el mas mínimo favor sino hacerles esclavos cada vez que les tuvo cuenta.

Hernando de Soto que acababa de llegar á Santiago (de Cuba), Adelantado de esta Isla y la Florida, apenas supo el caso envió al capitan Mateo Aceituno, (de Talavera de la Reina) para que reedificase la poblacion y construyese una fortaleza. Lo cual se efectuó sin demora, siendo su primer alcaide el mismo Aceituno; y con el nombre de la Real Fuerza ha continuado hasta hoy y saludada como á tal por los navios y escuadras desde 1546.

La Real Fuerza pues, fué la primera fortaleza de la Isla, bien que de menor importancia que lo ha sido despues. Hoy aunque apenas se distingue entre la grandiosidad de los edificios y fortificaciones de la moderna Habana, todavia se conoce ser un fuerte de cuatro baluartes. En el del occidente subsiste una torrecilla cilíndrica cuya campana daba las horas y tocaba la queda; en ella habia tambien un telégrafo que repetia las señales del Morro, despues de contruido este. Encima de la torre hay una pequeña estatua de bronce que el vulgo llama **LA HABANA.** De aquí viene el dicho vulgar de que *muchos han venido á la Habana y no han visto la Habana.* Se dice que la actual estatua es moderna, porque la primitiva se la llevaron los ingleses en 1763.

La Fuerza está á la orilla del mar, como unos cien pasos del sitio y Ceiba de la primera misa y cabildo. El gobernador Tegeda, por el año de 1590 y siguientes habitó en ella, prefiriendo á las comodidades de una habitacion particular, la que juzgó mas conveniente para su carácter de soldado. Posteriormente en 1718 el gobernador Guazo hizo construirle rastrillo, y cuarteles altos y bajos y caballerías para el servicio militar, y trasladó á ella su residencia, en lo que le imitaron sus sucesores hasta que se construyó el actual palacio de Gobierno. Cajigal (el primero) hizo ampliar sus habitaciones, y el general Tacon en 1837 hizo fabricarle hermosos cuarteles: creciendo tanto los aumentos que apenas se conoce hoy que es una fortaleza.

Está estrenó sus baterías en 1554 cuando escarmentó é hizo reembarcarse en sus cinco buques á las tropas francesas que mandaba Mr. Baal.

La última faccion en que sirvió fué en 1762 cuando el asedio de esta plaza por los ingleses. Un jóven de la villa de Santiago y de 22 años y medio se había alistado como voluntario y vino á servir á la Fuerza. Espresó su indignacion al ver al comandante que abusando de su autoridad entraba fumando tabaco al almacen de pólvora. Súpolo alguno, é hizo que aquel mismo dia montase guardia. Apenas estuvo de centinela, aparece el comandante con su tabaco encendido. El jóven le requiere, aquel porfia, y termina el choque por ponerla bayoneta al pecho. El comandante no volvió con fuego al almacen, y el jóven fué recibido en triunfo por sus camaradas pues les habia quitado el susto de volar de un momento á otro y dádole al gefe tan bella leccion de disciplina.

Era el año de 1746 gobernando Horcasitas (luego Revillajijedo) se presentó á las puertas de la Fuerza un estrangero con bandera de parlamento. Era el ingles _Edwards_, capitan del _Elizabeth_ que navegaba de Jamaica á Lóndres cargado de tesoros. Sorprendido por una tormenta, se vió tan maltratado que para salvar la vida no le quedó otro medio que entrar en la Habana á pesar de la guerra que habia; y vino á entregarse como prisionero de guerra, solicitando tan solo que se le tratase con benignidad.

"No señor, repuso el gobernador; nosotros aunque enemigos somos hombres. Vd. se nos ha acercado no de guerra, sino arrojado por el furor de la tormenta; y vuestro desmantelado navío ha llegado buscando asilo y salvacion, no combate; por tanto, usted no será sino un huesped desgraciado á quien daremos todos los auxilios que podamos. Carene Vd. su buque, repárele, haga víveres y cuando esté en estado de navegar venga para espedirle un pasaporte que le sirva de salvamento hasta que pase de las Bermudas."

¿Porqué razon Jenyns, Raynal, y otros autores han ensalzado y encomiado tanto este hecho? Acaso fué otra cosa que un cumplimiento de los deberes de la humanidad? Cualquier otro español no hubiera hecho otro tanto? Así Tito, Sevio y otros refieren el rapto de las Sabinas y como acostumbradas á tales hechos no les escandalizan ni les parecen notables, y tal nos ha sucedido á nosotros por el sentido contrario con el referido lance sucedido en la Fuerza , al paso que Volney, acrimina la moralidad de los romanos por que sus historiadores encomian hasta las nubes la continencia de Escipion, pues es prueba de que no estaban acostumbrados á tratar hombres equitativos, cuando se maravillan de una conducta que cualquiera de nosotros habia de tenerla á no querer pasar por un monstruo de brutalidad. Ligeros anduvieron pues, los tales historiadores y sin advertir lo agraviaron á sus naciones al referir la historia del capitan Ewards en la Fuerza de la Habana.

Este castillo blasona en las armas de esta ciudad que son *azules* con *tres castillos de plata mal ordenados* que representan la Fuerza, el Morro, y la Punta; y *una llave de oro en pal puesta en abismo;* que significa ser la Habana la llave del seno mejicano. (*)

(*)　Se han tenido presentes, Arrate la Habana descrita: Pirata de América: Valdes hist. de la Habana. Reynal Hist. philosophique. &c.

T. S. de Noda.

SUBIDA Á LA CABAÑA POR EL MUELLE DE COCOS.

L. Cuevas dib. y litog.

Litog. del Gobierno. Habana.

CASTILLO DE LA CABAÑA.

LA Cabaña, en rigor es una colina la última de los cerros de Guanabacoa, que en forma de espolon ó de una altura prolongada llena el procurrente de Cojimar y cierra por barlovento el puerto *de Carenas* ó bahia de la Habana. Sobre esta altura el año de 1763 gobernando el conde de Ricla comenzó á construir el castillo de *S. Cárlos*, D. Silvestre Abarca, injeniero, terminándole en 1774. Puede considerarse como una obra coronada de cerca de 700 metros de largo, que domina á la ciudad y bahía por una parte, y por la otra al mar del norte, á cuyo lado hace frente. Por la espalda es escarpadísimo el cerro; pero sin embargo se le han abierto en la peña dos bajadas que llegan hasta la ribera de la bahía, donde hay un muellecito y alguna poblacion frente al castillo de la Real fuerza. En la estampa adjunta se representa la mar al sur de dichas bajadas.

Esta fortificacion es hoy la mas considerable de la isla. Se

14

dice que su costo llegó á *catorce millones* de duros; y que el Rey Cárlos III al saberlo pidió un anteojo para verla *pues obra que tanto habia costado debia verse desde Madrid.* Ironia severa de aquel monarca, si en efecto sucedió pues quizas solo es un rumor vulgar que tambien se refiere del castillo de San Juan de Ulúa y de otras grandes construcciones.

El ingeniero Antoneli que en tiempos de Felipe II vino aquí á construir el Morro gobernando Tejeda (y no Tejada) año de 1589, subió un dia á la loma de la cabaña y dijo: El que fuere dueño de esta loma lo será de la Habana.

Ciento setenta y tres años despues se cumplió á la letra esta profecía. El 6 de junio de 1762 se presentó á la vista una armada inglesa. El gobernador D. Juan de Prado mandó fortificar provisionalmente la Cabaña; pero en seguida hizo destruir las trincheras y bajar los cañones dejando indefensa la altura. Los ingleses aprovecharon al momento esta coyuntura y se apoderaron de la abandonada cumbre, situando allí sus baterias á su satisfaccion y batiendo libremente la plaza y el puerto. El Coronel Charleton fué el oficial que se apoderó de

este puesto despues de arrollar las milicias colectivas que mandaba D. Luis de Basabe y que en número de 600 á 700 atacaron inconsideradamente la division enemiga compuesta de 8,000 hombres (*). Esto sucedió entre Guanabacoa y el mar. Charleton avanzó sin haber obstáculo alguno hasta la misma cima, donde encontró al capitan Morales con un pequeño destacamento de milicianos, que fué arrollado por un número cien veces mayor.

(*) Esta milicia se componia de jóvenes de Guanabacoa y los pueblecillos de S. Miguel, Jesus del Monte y el Cano. El diario de operaciones de los ingleses dice que eran 6000 hombres, número imposible aunque hubieran entrado hasta las mugeres y los niños; é incluye el regimiento de Edimburgo y dos compañías de granaderos, cuando consta que ni un sòlo soldado de tropa viva concurrió á aquella faccion. Doce años despues, toda la jurisdiccion de Guanabacoa y toda la de Santiago reunidas no contaban 3,000 varones incluyendo ancianos y niños; conviene tener presente esto al leer las relaciones oficiales de los ingleses, siempre pomposas sin escluir su mismo diario de operaciones llevado por el gefe de Estado mayor, Mackellar, que cuando menos duplica las fuerzas españolas.

El 29 de Junio el coronel Arroyo con 600 hombres y el teniente coronel Corral con 300 de marina, acometieron el uno por el lado del Morro, y el otro al sur por el horno de cal de Barba. A pesar de la mosquetería y metralla enemiga y lo escarpado de la costa, treparon esta y llegaron hasta las mismas trincheras haciendo no poco estrago; pero sucumbieron oprimidos por la multitud con lastimosas pérdidas, entre otras el capitan Medina, prisionero, y centenares de muertos.

Todavia el 22 de julio el Gobernador encaminó á las cuasi inespugnables alturas que habia hecho abandonar, setecientos jóvenes campesinos (**) que habian venido de Tierradentro á auxiliar la capital. Atacaron por tres distintos puntos, acaudillados por el brioso Benito Lujan; los ingleses prevenidos á tiempo rompieron sobre los nuestros un fuego vivísimo que les destrozó é impidió un asalto simultáneo. Sin embargo treparon y abordaron al terraplen con espantosa matanza. Mas de la mitad de los nuestros murieron en la accion y entre los ingleses fueron tantos los muertos y heridos, que pidieron tregua para recojerlos; y entonces fué cuando un oficial de ellos (tal vez el coronel Stuart) al ver sacrificar por falta de tino tan valerosas tropas, esclamó conmovido : *¡Ah! sois valientes, pero sin cabeza!*

Y no fué esta la última sangre que costó la Cabaña. Sus trincheras combatieron la fragata Perla que las combatía, hasta que la echaron á pique con sus bombas. Espugnando el Morro el 30 de julio, y muerto su generoso comandante magnánimo Velasco, pudieron los enemigos fortificar á su alvedrio toda la altura y situaron 42 cañones y vários morteros con los que estuvieron batiendo la ciudad hasta su rendicion.

T. S. de Noda.

(*) Así la tradicion. Valdés hist. lib. 5, n? 28, dice 1,000 hombres; Mackellar en su diario dice 1,500, y se observa que este siempre abulta las fuerzas españolas á lo menos otro tanto. Se ha seguido la relacion de un testigo presencial.

TEATRO DEL DIORAMA. HABANA.

TEATRO DEL DIORAMA.

He aquí un Teatro que como edificio no se presenta al viajero cual notable objeto de curiosidad en una capital como la Habana; pero cuya historia, que procuraremos hacer conocer á nuestros lectores, no puede tacharse de poco interesante, encontrándose alguna vez enlazada con la de otras corporaciones, que honrando al pais, han contribuido y contribuyen bastante á su engrandecimiento.

A principios del año pasado de 1826 al fondo del ex–jardin botánico, lugar en donde están hoy situados los almacenes del ferro-carril de Güines, se hallaba un terreno espacioso que sin fábrica alguna, parecia pedir algun edificio que dando valor al barrio, contribuyese á su mayor poblacion, contándose entónces en él muy pocas casas que sin órden ni concierto se veian en sus várias calles por demas puercas á to-

14*

das horas, de mal aspecto en el dia y oscuras durante la noche. En tal época el hábil artista D. Juan Bautista Vermay, director de la academia de dibujo de S. Alejandro, pidió á la Real Sociedad Patriótica se le cediese un pedazo del terreno en cuestion con el objeto de establecer allí un Diorama á la espectacion pública que estando al alcance de toda clase de gentes, por medio de una corta contribucion, difundiese en el pueblo el gusto por las bellas artes. Pasó la demanda á la Real Hacienda, que como propietaria del terreno pudo hacer la cesion á Mr. Vermay, quien en el año siguiente de 27, levantó sobre cimientos de mampostería el edificio que se compuso entonces solamente de lo que forma hoy la platea del teatro, esto es, de la caja hecha de madera que con la figura de un octágano se vé en el fondo de la lámina á su derecha.

Se estrenó el local en la tarde del dia 8 de julio de 1828 con una esposicion de los trabajos de la academia de dibujo de S. Alejandro, acto espléndido y brillante, así por el exámen satisfactorio de las obras que se presentaron, como por lo escojido de la concurrencia que lo presenció, habiendo fi-

nalizado con un baile dado por los alumnos del instituto, el cual fué causa de otros de pascua que se siguieron celebrando en el local en diversos domingos. En tales circunstancias llegó á la Habana el malogrado actor D. Diego María Garay con el fin de agregarse á alguna compañía dramática, mas encontróse sin colocacion estando ocupado su puesto en los dos que habia entonces en los teatros Principal y de Jesus María, dirijidos por D. Andres Prieto y D. Antonio Rosal. Sus amigos y apasionados concibieron el proyecto de hacer teatro al Diorama y sus insinuaciones tuvieron eco en Mr. Vermay quien al momento puso en planta la obra construyendo un foro al fondo del edificio que no se percibe en la lámina, y que lo hace aparecer de una figura irregular, diversa á la de todos los otros teatros que hemos visto. En un instante hallóse el de que hablamos con 292 lunetas, 49 palcos, 132 asientos llamados sillones, y una cazuela de gran tamaño.

Trabajando ya el Señor Garay con su compañía en el año de 1829 se encontró la Habana tan favorecida en esta parte como nunca despues se ha vuelto á ver, repartiéndose los aplausos Prieto, Garay, Avecilla, Hermosilla, Rosal, Covar-rubias y García, si bien entre las damas solo brillaba la Molina y en sus papeles de característica la inimitable Canal. Mientras tanto el objeto para que se pidió el terreno se habia distraido, y Mr. Vermay se halló en el caso de presentar al público dos cuadros en diorama, para lo que fabricó un salon al fondo del foro : uno de los cuadros representaba la casa de calderas de uno de nuestros ingenios y el otro el cementerio de Paris del P. Lachaise, copia este último de otro al óleo ejecutado por uno de los profesores mas aventajados de aquella capital : la maestría con que estaban diseñados y pintados estos cuadros, era una valiosa prueba de los profundos conocimientos en el arte del dignísimo fundador de la escuela de S. Alejandro. Pero los espectadores fueron pocos : la escasa concurrencia sostenia apenas el alumbrado y gastos precisos del salon, siendo esto motivo á persuadirnos del poco gusto que entonces habia entre nosotros por las bellas artes, y que ya estendido algo mas, todavia se encuentra reducido á un pequeño espacio que tomará mas ensanche, á medida que la civilizacion bañe con su benéfica luz á las diversas clases de nuestra sociedad.

Con estos cuadros concluyeron las esposiciones de Mr. Vermay, quien en el mismo teatro habia pintado dos años antes el magnífico que representa la primera misa que se dijo en la Habana, y que el curioso puede admirar en el templete de la Plaza de Armas, lugar en donde efectivamente por primera vez se arrodillaron los fieles hijos de Cristo en esta Isla á adorarlo en aquel santo sacrificio.

Quisiéramos llevar la crónica de los diferentes espectáculos que en épocas posteriores se anunciaron en el Diorama, mas nos parece suficiente decir que siempre se vió ocupado por compañias dramáticas de mas ó ménos mérito, hasta que apareció D. Francisco Marty y Torrens con su gran teatro, brindando mas comodidades y constituyéndose á la vez empresario : que aun ántes y despues han visitado el teatro diversos Alcides, jugadores de manos, funámbulos, hasta el año de 1839 en que vino á ocuparlo la Academia de declamacion y filarmonía de Cristina; pero no anticipemos los hechos, volvámos á años anteriores donde encontraremos algo digno de recuerdo y observacion.

El martes de Carnaval del año 1831 se efectuó en el Diorama el primer baile público de máscaras que se vió en la Habana, fijándose la entrada de los caballeros á diez y siete reales y la de señoras *Grátis.* La concurrencia que fué numerosísima dió una idea del entusiasmo que siempre produce entre nosotros este género de diversion, que de buena fé quisiéramos ver desterrada por conceptuarla peligrosa para la salud y la moral; bien que no esten de acuerdo con este principio los que tan fervorosamente se consagran á ella, y saborean sus placeres fugaces y de mala ley.

En los siguientes años de 32 y 33 algunos alúmnos de San Alejandro representaron en el Diorama las dos conocidas trajedias de Quintana *Pelayo* y *el Duque de Viseo* á beneficio de la Academia, dedicándose esclusivamente su producido á la compra de escelentes modelos de yeso y de algunos grabados de primer órden que se importaron de la capital de Francia; y esto contribuyó sobremanera á la prosperidad del Instituto.

En el año siguiente de 34 se trató de hacer algunas mejoras en el teatro, y efectivamente se pintó de nuevo y construyóse ese pórtico que vemos en la lámina con su correspondiente enrejado y azotea y dos casillas á derecha é izquierda para el despacho de boletines. Con esto quedó el edificio de mejor aspecto en lo esterior, siendo imposible en la parte interior la reforma de ciertos vicios nacidos de su irregular figura, inevitable al transformar en teatro lo que se habia fabricado con otro intento. En sus dos órdenes de palcos apenas se encuentran seis ú ocho que sean cómodos, y los bancos de las lunetas van siendo cada vez mas altos conforme se apartan del proscenio, en razon de carecer el patio de declive alguno.

Abandonado el teatro por algun tiempo, como ya apuntamos: fué ocupado desde principios de 1839 por la Academia de Declamacion y Filarmonía de Cristina, la que habiéndolo alquilado á la Sra. viuda Vermay, aun lo conserva en su poder; y como encontramos enlazada la historia de esta corporacion con la del teatro de que nos ocupamos, no nos parece fuera del caso que le consagremos algunas líneas.

Con el simple nombre de Academia de Declamacion se reunieron algunos individuos, entre los que honrosamente se cuenta el autor de este artículo, en el año anterior de 38 con el objeto de hacer algunas comedias é infundir el gusto en nuestra juventud por un arte tan bello como inocente: mas sin elemento alguno andaban aquellos de un punto á otro sin local á propósito para efectuar sus representaciones, y en tal estado se reunieron con los que formaban otra Academia que con el título de Filarmonía de Cristina dirijia por entonces el Sr. D. Antonio Raffaelin. Situáronse en el teatro de Jesus María y conocieron muy pronto que en tan mal acondicionado edificio no podrian conseguir su objeto; y fué en aquel tiempo, cuando ya pudiendo disponer de mas fondos en virtud del notable número de sus sócios, se fijaron en el Diorama empezando á arreglar su primera funcion bajo la presidencia de uno de ellos el Sr. D. Gabriel María de Foxá. Efectuóse aquella el dia 29 de junio de 1839 con aplauso y admiracion de un público que presagió en el instante al instituto prosperidad y engrandecimiento, contribuyendo á tan feliz resultado no solo el buen desempeño de los sócios actores en sus respectivos papeles, sino tambien otras circunstancias que tocaremos aunque no con la estension que quisiéramos.

En primer lugar se presentó aquella noche una cumplida orquesta, compuesta toda de aficionados, cosa hasta entónces nunca vista entre nosotros, la que tocó piezas nuevas y escogidas con notable seguridad y perfeccion. La concurrencia fué de lo mas granado de nuestra poblacion, pudiendo asegurarse que en medio de tantas personas que llenaban el local capáz de contener mil y quinientas, no se encontraba una digna de censura por estilo alguno. Una buena parte de los sócios estaba dividida en comisiones; la primera colocada en la puerta del pórtico revisaba las papeletas de convite que recibia la segunda en el salon de entrada: allí la tercera, tomando del brazo á las señoras, se informaba del número y lugar de sus asientos y las conducia á la entrada del patio ó á la escalera de los palcos donde la última las colocaba en el sitio que debian ocupar; y todo se ejecutó con tal compostura y elegancia que causó sumo agrado.

Por otra parte el teatro estaba perfectamente alumbrado y las colgaduras de damasco y demas adornos de lo interior, lo hacian aparecer de un modo nuevo cual nunca se habia visto, sintiendo los concurrentes al concluir de la funcion tener que abandonar un sitio tan seductor ; en donde la bellas hijas de Cuba lucian sus vistosos trages y semblantes hechiceros, fué el triunfo completo: el éxito de este primer paso, en que muchos creyeron naufragaria la naciente corporacion, coronó debidamente los trabajos de sus celosos sócios, en cuyos pechos cobró entonces doble fuerza el entusiasmo con que habian acometido la empresa, calificada, preciso es decirlo, de temeraria; insignificante y aun absurda por muchos que se apresuraron á inscribirse despues en el número de sus miembros. El entusiasmo corrió hasta otros pueblos de la Isla, en donde tambien se establecieron Academias bajo la misma forma, que se encuentran en muy buen estado.

Bajo el mismo órden y casi con igual éxito ha seguido efectuando la Sociedad sus representaciones hasta el dia, teniendo que luchar siempre con el inconveniente, de escasear mucho las señoritas aficionadas, siendo esta la razon principal que ha habido para el gran intermedio de tiempo que se ha advertido de vez en cuando en sus funciones, y para que esta corporacion no se encuentre aun en el alto lugar á que parecia destinada por sus primeros triunfos. En verdad que nos duele en el alma hacer esta manifestacion hallando como único motivo á tal desgracia la preocupacion que aun existe entre nosotros contra recreo tan honesto; y duélenos mas al ver que no ha bastado á socabar tan añejas ideas el ejemplo dado por señoritas de la primera clase, que parecia poder disculparlas, saliendo á las tablas ante un público contribuyente, á beneficio de obras pías, como lo ha presenciado esta capital algunas veces. Y aun mas; las mismas que dieron con noble valentía el primer paso en la sociedad de que hablamos, parecía que debieran haber estimulado á las mas tímidas por la acojida que tuvieron del público sensato é ilustrado que admiró sus trabajos: pero todo fué en vano; la Academia no ha contado nunca con mas de seis ú ocho señoritas inscriptas como sócias dramáticas, de las que solamente una ó dos se han hallado dispuestas á representar cuando se las ha ocupado, desviándose las otras del compromiso, bajo diversos pretestos, y solo con el temor de una imaginaria censura, temor tan injusto como infundado en un pueblo que dá pruebas á cada momento de sus adelantos en la carrera de la ilustracion.

En el tiempo que ha poseido el Diorama la Academia de declamacion, se han presentado varios espectáculos en el local, pudiéndo aquella alquilarlo, sin perjudicarse en sus trabajos, siempre en una moderada cantidad. Se ha visto allí trabajar al buen predistigidator Mr. Sutton, á una compañía dramática inglesa en la que brillaron los talentos de los escelentes artistas Mrs. Hart y Mr. Forbes, y por último á la compañía de baile de Madama Lecomte, balarina que á pesar de su indisputable mérito, no fué tan bien recibida en su segunda visita en esta capital, reciente aun el recuerdo de la célebre Fanny Elssler. Tambien en este local se aplaudió el prodijioso trabajo del hombre sin brazos, del infeliz Mr. Nellis, con quien la Sociedad de declamacion verificó el acto filantrópico de cederle el Diorama sin emolumento alguno.

L. A. de Ugarte.

L. Cuevas dib y litog.

Litog. del Gobierno, Habana.

FACHADA PRINCIPAL DEL TEATRO DE TACON.

GRAN TEATRO DE TACON.

Entre los mejores teatros del nuevo mundo debe tener un lugar el que hace el objeto de este artículo: concluyóse en 1838 y es debido al arrojo y perseverancia del activo catalan D. Francisco Marty y Torrens auxiliado por el gobierno local en la época en que desempeñó el mando superior de la Isla el general cuyo nombre lleva el edificio. Sin que haya una aficion decidida á las representaciones dramáticas la empresa de tener una compañia dramática constantemente se lleva á cabo por el propietario. Este hermoso coliseo se halla situado fuera de la ciudad frente á las puertas del Mon-

15

serrate ya descritas, y al lado del paseo de Isabel II. que está en el lugar que ocupó el *Nuevo Prado* establecido por el Escmo. Sr. D. Luis de las Casas.

El teatro está pues situado en un terreno realengo al Nordeste del que fué *Jardin Botánico* y hoy paradero de *Villanueva* perteneciente al camino de hierro de la Real Junta de Fomento: tiene de estension ochenta varas por la acera Sur de la calle que sale al Monserrate, siendo igual la de la línea que le es paralela. Al frente que da al paseo, que es la entrada, tiene 70 varas, siendo el área del terreno concedido de 5.600 varas cuadradas: el pórtico segun es costumbre, como abierto al tránsito público, ocupa ademas el terreno que alcanza.

El teatro se estrenó en el carnaval de 1838 con cinco bailes de máscaras: la concurrencia fué inmensa pues se calcularon en los Diarios de la época en 8.000 las personas que acudieron al interior del edificio y en 15.000 los curiosos que le cercaban. Pasado el carnaval se ejecutó la primera funcion dramática en el dia 15 de abril del citado año, y aunque fué de mal agüero que se comenzase por una traduccion, sea disculpa el que la habia hecho el malogrado Fígaro, D. José Mariano de Larra: fué la pieza D. *Juan de Austria ó la vocacion.*

Despues se han seguido en el teatro nacional representando las piezas que ha elegido cada beneficiado, teniendo gran boga las de maquinaria como el *Diablo verde, Tirano de Astracan, etc.* Algunas producciones originales en el género cómico y trágico de habitantes de este suelo se han puesto en escena con mas ó ménos fortuna. El género cómico que ofrece una rica veta que esplotar tiene sus espinas en las diversas circunstancias de la sociedad nuestra de la que caracterizan la sociedad europea á que estámos acostumbrados en el teatro y la lectura: así pocas veces se ha introducido un negro en la escena sin alcanzar algun silvo, no obstante que Lope de Rueda no haya dejado de hacerlo en la cuna del arte. La tragedia, el drama ha tenido mas cultivadores.... sus obras se han impreso y no es este lugar el que corresponde á su juicio ni tal es mi intento.

Yo no debo recordar los momentos de entusiasmo que hemos gozado en el teatro dedicando nuestros aplausos al triunfo de nuestros compañeros de estudio y amigos, sí consignar, aquí la memoria de los bailes de disfraces que se verificaron en este local á beneficio de las *escuelas primarias*, y ereccion de una hermita. Yo no sé si lo origine nuestro carácter peculiar ó la índole inconstante de los humanos, pero lo cierto es que el furor que hacian el año de 1838 y 1839 los bailes de disfraces ha desaparecido: en las noches del último carnaval casi todas las personas decentes asistieron á los teatros de *sala*, sin disfraz. A trueque de esta circunstancia y casi por una vibracion eléctrica en los que se verificaron en las noches del año 1840 en los dias de la cuaresma presentáron la imágen de una fiesta popular. Concedida á nuestro amigo D. José de la Luz la oportuna licencia para que se verificasen dos bailes de disfraces distribuyéndose los productos en la forma indicada, porque así lo determinó nuestro dignísimo y nunca olvidado Príncipe de Anglona, se idearon los medios de hacer considerable el concurso: y no obstante, esceptuando las comparsas eran pocas las máscaras: á las rifas de costumbre se agregaron las comparsas ensayadas al efecto. Acaban de pasar estos acontecimientos y cada individuo recordará el entusiasmo y cordialidad que reinó la última noche. Para que se tenga una idea de la concurrencia baste advertir que habiéndose pagado los costos de ensayos, músicas y tablado etc. de los fondos de entrada todavía alcanzó cada uno de los objetos beneficiados mas de 4.000 pesos: con los que tocaron á la Seccion de Educacion se han establecido dos escuelas.

El empresario, siempre deseoso de ofrecer al público las ventajas posibles publicó en el Diario de 10 de marzo de 1838 una tarifa de precios de entrada y localidades con rebaja de los actuales precios advirtiendo que si no reunia hasta la primera representacion la cantidad suficiente á no perjudicarse se vería en el caso de aumentar los precios, y tuvo que verificarlo al anunciar la primera funcion dramática.

El director artístico de la obra fué D. Miguel Nin y Pons y aunque se supuso que no había tenido un éxito feliz en la direccion puesto que amenazaba ruinas el edificio, el gobierno comisionó á los Sres. ingenieros militares Garrido y Campos para que le examinaseny evacuado el encargo se publicó por los periódicos su informe para satisfaccion de todos: hoy despues de tantas pruebas como ha sufrido nadie duda de su fortaleza.

Respecto de la parte arquitectónica diré brevemente lo que sea bastante á nuestro objeto.

Todo el edificio tiene de largo con inclusion del pórtico 264 pies, y 114 de fondo. El pórtico de órden dórico y arquerías embutidas tiene 33 pies de altura. En el patio de la entrada despues del pórtico, hay hermosas piezas formando salones en las galerías. Las escaleras son contenidas por dos torreones de 54 pies de altura y que conducen á todos los cinco pisos del teatro. Los descansos son espaciosos y las escaleras muy cómodas hasta la subida de los palcos. De los cinco pisos hay tres con 50 palcos cada uno y los demas para tertulia y cazuela: aunque los palcos del primer piso son mas espaciosos se oye mejor á los actores desde los otros. El patio lo ocupan 570 lunetas divididas por cinco andenes. La forma interior del teatro es de herradura. El foro tiene 69 pies de fondo y 58 de boca.

De lo ultimamente espuesto se vendrá en conocimiento de que es el edificio descrito uno de los mayores teatros del mundo. Se dice que el no tenerlo todo conforme á las reglas de los maestros del arte consiste en que se han tenido que aplicar al clima. como por ejemplo, obligados por la necesidad de darle ventilacion y respiraderos por el calor que á veces nos agovia: yo que no soy arquitecto solo tengo que agregar que se ha precavido el caso de que ocurriera una desgracia que obligase al concurso á salir atropelladamente del teatro, previniendo veinte y dos puertas que abren hacia fuera para darle paso. Las ventanas de los pisos llegan á 80.

Si es hermoso el edificio es preciso confesar que no hay propiedad en los adornos las mas veces: sin recordar los muebles que se esponian al público en las funciones de la señora Elssler, todos hemos visto en la corte de D. Pedro de Castilla y otras mas antiguas nuestros sillones de caoba y cosas por el estilo. Esto pende de muchas causas entre las cuales será una la poca aficion de la muchedumbre al teatro. Marty es digno de nuestra proteccion porque solo él hubiera acometido la dudosa y difícil empresa de edificar tan grandioso monumento que hará eterno el renombre de su actividad.

Entre las singularidades de este teatro hay que notar que algunos de los palcos son de propiedad particular, de cuyo medio se valió el industrioso empresario para llevar á un término feliz su arriesgado proyecto.

Basta y aun sobra lo que he dicho para dar una idea de la lámina descrita y ya es tiempo de que levante la pluma entre otras razones por que escribo esto ya entrada la **noche** y me va tomando el sueño; ¡quiera **Dios** que no **contagie á** mis lectores!

B.

FACHADA DE LA CARCEL POR LA PARTE DEL CUARTEL DE PRESIDARIOS. HABANA.

NUEVA CARCEL.

El proyecto de construir una cárcel donde pudiesen conservarse los presos sin los inconvenientes físicos y morales que ántes esperimentaban en los departamentos que costituian este lugar de custodia en la parte baja del palacio de Gobierno y Casas consistoriales, fué una idea harto repetida por lo notorio de su necesidad: la Real corporacion económica de Amigos del pais siempre pronta á poner de su parte cuanto ha podido en bien y adelanto de Cuba, propuso entre sus programas de concursos literarios que actualmente publica, uno que tenia por objeto la mejora de nuestras cárceles. El ingeniero D. Cristiano Enrique Siegling detenida y acertadamente y los Licenciados D. Marcial Antonio Lopez, de Madrid y D. Evaristo Zenea, de la Habana escribieron interesantes memorias que se publicaron en 1830 y 1831 en esta ciudad. Espresáronse bellísimas doctrinas ilustradas en la parte material con planos y demostraciones que completaban el trabajo : aun mas, se indicaron las artes á que pudieran dedicarse los presos en utilidad propia y procomunal y por último el acabado diseño de la obra fué entregado al Escmo. Ayuntamiento como quien tanto interés debia tener en este asunto para que colocado en la sala de sus sesiones tuviese presente el proyecto.

El Ecsmo. Sr. D. Mariano Ricafort luego que se hizo cargo del gobierno de la Isla dió calor al proyecto habiendo conseguido que se reuniese una respetable suma de pesos para su realizacion entre los vecinos á título de donativo voluntario ademas de las ofertas que otros hicieron de maderas y materiales para la obra. Sin haber comenzado esta dejó el mando. El Ecsmo. Sr. D. Miguel Tacon coincidió en la idea de fabricar una nueva cárcel y realizando las ofertas pendientes de los vecinos y valiéndose de otros recursos hizo levantar el edificio actual y que se encuentra en la lámina anterior. El director de él ó su artífice no trató de aprovechar los trabajos anteriores por razones que no están á mi alcance; pero tal cual es vamos á esplicarlo.

El edificio se halla colocado en el campo de la Punta cerca del cadalso levantado en él para las ejecuciones de justicia. Tiene de estension cien varas de largo y ochenta de ancho. Su fachada es hermosa y todos sus adornos de órden toscano. Al lado izquierdo se ve la ancha escalera que conduce á la parte alta : la adornan en su principio dos estátuas pequeñas de mármol blanco. En las fachadas colaterales se cuentan veinte y seis ventanas de la parte baja : los altos concluidos ultimamente los ocupa la tropa. Lo que realmente constituye la cárcel es el primer cuerpo del edificio que tiene nueve varas de alto sobre las demas dimensiones espresadas.

Cierra la entrada de la cárcel una fuertísima puerta de reja de hierro que conduce á las galerias ó atrio. Este se halla dividido por dos rejas de hierro que hacen dos departamentos uno para blancos y otros para gente de color : en medio de cada uno de ellos hay una fuente que se surte por tubos de hierro del agua necesaria. Al fin de la calle formada por ambas rejas que atraviesan el patio se ve la bonita capilla de la cárcel, frente de la puerta de la entrada. La amplitnd de ella es de 10 varas en forma elíptica, teniendo de ancho cerca de 8 varas y sobre nueve ó nueve y media de altura. Es de órden gótico converjiendo al centro de la bóveda las aristas.

Seria demasiado minucioso un *detalle* ó pormenor que tuviese por objeto la espresion de cuanto concierna á la ilustracion de estos particulares. Basta observar que los dormitorios ocupan una estension suficiente á recibir un mil sesenta y nueve presos.—En el dia se ocupan los presos en trabajar de zapateros y tabaqueros en la mayor parte, á solicitud del caballero síndico procurador general del último bienio de costumbre, el **Dr. D. Antonio Pio de Carrion.**

Respecto á las formas arquitectónicas de lo interior es de observarse que el cerramento de los inter-columnios es orizontal de piedras sugetas por el artificio de un empate: la distancia de **columna á columna** es de cuatro varas, y en lo demas

del órden toscano, escepto las pilastras de la capilla que son istriadas y su portada jónica.

A la parte izquierda de la capilla y al costado de la galería que por este lado le toca se encuentra la sala de visitas de presos, en la cual se reune la Audiencia en las épocas determinadas para oir las quejas de los presos y á los demas objetos que las leyes espresan. En ellas está bajo un elegante dosél el retrato de la Reina D.ª Isabel II.ª en cuyo reinado fué establecida en esta ciudad la Real Audiencia Pretorial de la Habana.

Concluirémos respecto de la esplicacion del edificio observando que siendo el motivo con que se destina á los presos al trabajo el hacerles contraer hábitos de moralidad y aun proporcionarles la formacion de un pequeño capital á su salida, debe tenerse presente el género de ocupaciones que pueden darseles sin perjuicio de la administracion y en beneficio de los objetos que se proponen. Tales ejercicios necesitan por ejemplo de útiles harto costosos y complicados que sobre ser de onerosa adquisicion al gobierno están sugetos á fracturas y descomposiciones; tales hay que no deben enseñarse en una cárcel como el de cerragero y otros que adiestrarian en la falsificacion á los incorregibles: en fin pudiéndo el ejercicio de las artes producir un bien considerable en nuestra sociedad y recibir en la Real cárcel mayor desarrollo nada podríamos agregar á lo que nos enseña el Sr. Siegling en el §. 4 del *trabajo* de las cárceles. Las ventajas de ir formando una penitenciaria á nadie son desconocidas, ni ménos la necesidad de que el régimen moral ayude al trabajo corporal. Al efecto debe tenerse presente la justa diferencia que hay entre la prision por custodia y por pena. En el primer caso nuestra ley y la de todos los paises juzga inocente al reo y su voluntad debe ser completamente libre; en el segundo ya sucede lo contrario.

Esta indicacion hecha de paso me parece que debe encontrarse en este lugar para que se fijen sobre este particular las **ideas** que corren hasta en *círculos* ó reuniones ilustradas que como todo error contribuyen á que no se estimen en lo que valen estas doctrinas tan útiles en su aplicacion.

Los trabajos de la sociedad para la mejora de cárceles en Madrid son una prueba de la necesidad en que se hallan de reformas: ántes se creia cumplido el precepto de la caridad con dar limosnas para el sosten de los pobres encarcelados, hoy se entiende el precepto de la caridad bajo un punto mas útil al individuo y á la sociedad: hoy se quiere la enmienda del criminal hoy se ponen los medios de conseguirlo. Pero las mejoras no son la obra del momento y nadie puede pedir imposibles. Lo único que debe pedirse es que se comiencen las buenas obras, que sin que se principien no pueden tener fin y el nuestro no debe ser otro que el bien de la humanidad.

A. B.

L. Cuevas dib. y litog.°

Litog. del Gobierno.

CASA DE LA REAL JUNTA SUPERIOR DE FARMACIA. HABANA.

CASA DE LA JUNTA DE FARMACIA.

LA separacion del ramo de Farmacia del estinguido proto-medicato ha dado ocasion á la fábrica de la casa de que es una muestra la anterior lámina. La Junta superior gubernativa de la facultad de Farmacia, pues así se denomina, fué establecida en la isla de Cuba por Real disposicion de 9 de enero de 1830 y se instaló en la Habana en 24 de diciembre de 1833 por haberlo impulsado así en Real órden de 21 de octubre del mismo año.

El importante objeto de esta corporacion fué reconocido por el Superior gobierno de la Metrópoli desde el año de 1826, pues en 9 de noviembre de dicho año se indicaba ya la separacion del ramo de Farmacia del de Medicina y Cirujía, habiéndose formado por el gobierno local el oportuno espediente en vista de todo lo cual descendió la Real cédula de ereccion antes ciada.

Las atribuciones de la Junta quedaron reducidas á aquellas económicas directivas y gubernativas, comprendiendo las de imponer y exigir multas á los que indebidamente ejerzan la facultad ó cometan abusos ejerciendola. Para el mas espedito y decoroso uso de esta autoridad, es digna de elogio la cláusula de que jamás se le obligue, ni á la de medicina y cirugía á entrar en juicio ni sostener accion alguna, ni sufrir contestaciones. Esta confianza ciega que se pone por el gobierno en puntos de esta naturaleza es la mejor base que puede dárseles para que se les respete y surta el efecto que corresponde, y esto no quita el que den cuenta á las autoridades para que adopten los demas remedios que estimen oportunos.

El personal de la Junta se reduce á tres vocales facultativos, un secretario sin voto que no lo es, que nombra S. M. á propuesta en torno de la Junta. Se nombran ademas sus encargados en las juntas de la Isla. En caso urgente nombra el Capitan general con la misma propuesta. La Junta nombra visitadores, vistas en las aduanas é inspectores de medicina en los hospitales de ejercito y marina por bienios.

La visita de las boticas de la Habana deben hacerla los individuos de la Junta. Para la guia de los visitadores debe redactar un inventario que llama *petitorio* que contiene la espresion de las medicinas, y ademas una tarifa de precios.

Ambos particulares se han cumplido y se hallan impresos en la oficina de D. Pedro Martinez en esta ciudad dos cuadernos que los contienen.

Por el artículo 19 se recomienda la formacion de un catálogo de yerbas venenosas ó perjudiciales á la salud para que nadie pueda venderlas, pudiendo hacerlo cualquiera de aquellas que no estén incluidas en el catálogo. Sería muy útil al pais que se publicase dicho catálogo, con sus nombres vulgares en los periódicos para conocimiento general, pues de este modo se evitarian desgracias que hoy no tienen otro orígen que la ignorancia.

Entre las prerrogativas de la Junta no es la menos importante la de convenir los grados de Bachiller Licenciado y

Dr. en la facultad. Es á cargo de la Junta el establecimiento de cátedras de Química, Botánica y Farmacia. Las tres se han visto en ejercicio regenteadas por los Sres. D. José Luis Casaseca, D. Pedro Alejandro Auber y D. Pablo José Dominguez, el último en clase de interino.

Los libros por los que se pican los puntos en los ejercicios de oposicion los determina el art. 80, y son la *Farmacia de Carbonell*, el *Curso de Botánica de Cabanillas* y la *Química demostrada en veinte y seis lecciones*.

En fin los que desearen mas instruccion en la materia pueden leer el Reglamento impreso por el mismo Martinez, que es impresor del ramo.

Segun la Guia de Forasteros cuenta doce delegaciones la Junta en distintos puntos de la Isla. **Hay 52 boticas en la** ciudad de la Habana ; cuatro en Guanabacoa: tres en **Regla** y 133 mas en los otros puntos de la Isla. El total pues **de establecimientos** de boticas de particulares es de **192.**

El lujo de estas oficinas en la Habana y algunos pueblos es estraordinario : casi todas de caoba, mármoles y ricas vidrieras á ningun otro establecimiento ceden en elegancia. **En** algunos se va introduciendo el espendio del **Agua de soda** preparada y aun ha habido quien pretendiese **con poco acierto,** el que en ellos se vendiera esclusivamente.

T. P. S.

CASA DE CORREOS EN LA PLAZA DE LA CATEDRAL. HABANA.

CASA DE CORREOS EN LA PLAZA DE LA CATEDRAL DE LA HABANA.

En el estado de comunicacion en que hoy se halla la isla de Cuba con el resto del universo no es de los ménos importantes el ramo de Correos sin escluir el que existe entre los pueblos de la la Isla. El dibujante de la lámina á que corresponde este artículo ha querido presentarnos en ella el lugar en donde se encuentra la oficina de Correos: en el objeto que se proponen los empresarios de esta obra no pudiera prescindirse de poner en el cuadro que forma el conjunto del *viaje* un capítulo de Correos.

Este ramo ha sufrido grandes alteraciones, pero antes de que de ellas hablemos, diremos en breves palabras lo que á lo material del edificio corresponde. La vista está tomada desde la esquina de la calle de lo Empedrado : á la derecha se ven los arcos del portal de la casa de los Sres. Marqueses de Aguas Claras, á la izquierda en primer término la escalinata y esquina de la torre de la Sta. Iglesia parroquial y en el fondo la casa de Correos despues de la casa esquina de uno de los Sres. Pedrosos. La casa de correos aquí indicada no

es la que se adquirió con este fin y es donde está la Intendencia de que ya hablamos anteriormente. La fachada principal
está en la calle de Mercaderes que antes se llamó de la Tesoreria : adornan la puerta columnas salientes de piedra de
no muy arregladas formas.

La empresa de correos ha tenido diferentes organizaciones
desde que se creó. Los que quieran leer su historia en las
Indias y curiosas noticias sobre ella en diversas naciones
principalmente de las indígenas de América, pueden leer
la obra escrita por el célebre Solorzano *de Jure indiarum*.
Aquí en Cuba se establecieron por primera vez los correos
entre la Habana y la Coruña por real decreto de 26 de agosto
de 1764. Mientras el comercio prohibitivo fué la base de
nuestra administracion de Hacienda el ramo de correos no
pudo ser tan importante : sus progresos han seguido el paso
del aumento del comercio porque este ha exigido mayor comunicacion. La importancia de que se aumente se hace notar
cuando la época crea nuevas necesidades. Ejemplo de esto
es hoy el porte de periódicos no solo al introducirse sino al

esportarse. La Isla cuenta ahora con muchos periódicos que
si estuviesen menos recargados con el porte que pagan, cir-
cularian mas, pues serian mas baratos y la baratura es casi
siempre una base de mayor consumo.

Segun informes fidedignos el primer administrador que
hubo en la Habana en el ramo de correos fué D. José Antonio Armona con título dado en 17 de octubre de 1764, á
quien entregó D. José Cipriano de la Luz que poseia el destino de *correo mayor de Indias* anexo á la plaza de Regidor
de la Habana con voz y asiento despues del Fiel ejecutor.
D. J. Cipriano de la Luz entregó en 21 de febrero de 1765
con cuyo motivo dejaron los regidores de desempeñar el destino de *Correos de Indias* á cuyo cargo correspondia todo lo
perteneciente á correos marítimos y terrestres en la isla de
Cuba.

Antes de este acontecimiento en 1º de mayo de 1766 se estableció y puso en administracion de la Real hacienda el ramo
de correos, por Real órden de 20 de agosto de 1754 en cuya
forma duró hasta fin de diciembre de 1757 habiendo produ-

cido en la Habana 736 $ 6 rs. y gastádose 854. Con vista de este resultado se remató el encargo de *correo* como oficio vendible y renunciable por Real órden de 26 de agosto de 1764 en 18,708 $ con inclusion de la media anata. En el año de la instalacion citado, ascendian los costos de sueldos á 20,700 $ El importe de los portes de correo era bastante crecido atendida la época de menos riquezas. Entre Canarias y la Isla se abonaba

Por carta sencilla.................... 1 rl.
Por idem doble..................... 1½ „
Por idem triple.................... 2 „
Cada onza en los paquetes........... 3 „

(Año 1766).

En 1765 los portes de Indias eran

De España á Indias.

Carta sencilla................. 16 rs. vn.
Idem doble en adelante........... 32 „ „

De Indias á España.

Carta sencilla..................... 20 „ „
Idem doble en adelante........... 40 „ „

De oficina á oficina 10 rs. vn. la sencilla y 20 en adelante.

Con tales precios no podian ser muy activas las comunicaciones y el progreso de la ilustracion y de la industria exigen que sean lo que menos puedan ser los portes.

En el dia la oficina de correos servida por empleados que nombra el Gobierno está dividida en cuanto á su organizacion en dos sistemas. Los correos marítimos de España los sostienen los individuos de una empresa particular que abona el 5 p.°/₀ de los productos á la renta de correos en cuyas dependencias se hace el servicio público, á condicion tambien de que la correspondencia de oficio sea franca por cuya razon para saber la importancia de estas comunicaciones basta observar que en el año de 1828 produjo 16,492 $ solo este ramo. El resto de la correspondencia corre á cargo de la *Renta,* Es preciso advertir que creciendo en poblacion y comercio de cada dia en mas esta tierra se va haciendo importante el ramo de comunicaciones interiores. En prueba de esto basta saber que habiéndose calculado los productos de la renta en la carrera de Alquizar y Pinal del Rio desde 12 de febrero de 1830 hasta julio del siguiente resultó.

16*

Por producto del correo semanal de P. del Rio...... 18,220½
Por idem de Alquizar........................ 3,344
á lo que agregando la carrera de Matanzas.......... 78,849½
_____
Hace un total de.................. 100,414½

Comparado solo este producto con el que dió la renta de la Habana en 1757 que no llegó á un mil pesos se concebirá facilmente el increible progreso de Cuba, debido á tantas y tantas favorables circunstancias.

Los ingresos líquidos de la administracion general en 1828 fueron 445,564 $ y los gastos 391,218 lo que produjo un sobrante de 54,346 $. Aunque parecen escesivos los gastos á primera vista es de advertirse que en ellos entran no solo los sueldos sino el pago de contratistas, monte–pios etc. Debe indicarse que dicha suma corresponde á la administracion de la Habana y sus subalternas; el ingreso general fue en el mismo año de 589.100 $ de ellos 430,576 de correspondencia de mar y tierra.

D. Ramon de la Sagra que me ha suministrado muchos de estos datos calculó en 1831 que el capital que emplea el pueblo cubano en su correspondencia es el siguiente.

Correspondencia de mar y tierra............ 430,576
Franqueos, certificaciones, y apartados etc.... 136,706
Correspondencia por la Comp. de Correos.... 329,840
Matanzas y partidos...................... 219,219
_____
Total.......... 1.116,341

Puede asegurarse sin duda que en la actualidad el capital invertido en correos escede en mucho á aquella suma. El Administrador D. Santiago Capetillo que desempeña con notorio celo su empleo ha fomentado aun mas que su antecesor la correspondencia entre los pueblos de la Isla. Sin embargo mientras los caminos ofrezcan los inconvenientes que ahora á la facilidad de las comunicaciones los correos no podran satisfacer completamente las exigencias de la sociedad. Demóranse en la estacion de las aguas los portadores de las hijuelas por lo intransitable de los caminos y á esto se agrega que la multitud de riachuelos que se derraman por sus costas cortan tambien la comunicacion con caudalosas aunque poco durables crecientes. Nuestro amigo **D. Alejo H.** Lanier ha escrito sobre este asunto un artículo inserto en la *Siempreviva* y las doctrinas alli emitidas son de generalizarse á los demas puntos. Un conocimiento exacto de los lugares por donde deben transitar los *correos* ó portadores pudiera evitar parte del mal mientras hay un sistema mejor de caminos.

Considerando el correo como un vehículo de ilustracion nos parece que los portes de libros é impresos debian ser sumamente bajos para que pudiesen darse á precios cómodos por los especuladores. Principalmente la libreria nacional tendria de esta manera un fomento que le es debido. Los impresos de la isla debian circular en el interior con muy bajos derechos pues solo así pueden sostenerse sino aumentarse los especuladores en el ramo.

No concluiremos este artículo sin consignar aqui un rasgo de honradéz tradicional que recuerda el edificio en que hoy está la oficina de Correos que aparece en el fondo de la lámina. Bien pudiera citarse el nombre del anciano individuo á que se refiere la tradicion, que aun vive, pero no tenemos su permiso para hacerlo y mientras viva no podemos verificarlo. Es el caso que habiendo el dueño de dicha casa colocado una muy considerable suma de pesos en una pared del edificio, murió sin revelar el secreto á nadie, por que solo le poseia su dependiente N. Este fiel y honrado sugeto inquirió de los herederos si sabian algun secreto del difunto relativo al particular y como nada supiesen, los hizo reunir y en presencia de todos señaló el lugar donde se hallaba el dinero. Este apreciable sugeto vió repartir la considerable suma de pesos en su presencia y subsiste entre nosotros pobremente si bien conservando la nota de honradez que merece.

Bien quisieramos hacer algunas mas indicaciones sobre la materia de que nos hemos ocupado, pero no nos faltará ocasion y mas oportunidad de que lo hagamos en otra parte.

A. B.

IGLESIA Y HOSPITAL DE SAN JUAN DE DIOS. HABANA.

IGLESIA Y HOSPITAL DE S. JUAN DE DIOS.

Veis ese edificio cuya sencilla torre ocupa el ángulo del Sur coronada algunos dias de várias y numerosas banderas?.... Tres puertas conducen á su interior; por la primera la humanidad va á buscar alivio á sus continuas y profundas dolencias; por otra el espíritu acongojado implora del eterno paz y sociego á sus tribulaciones y amarguras; en la tercera...... ¿no veis uu carro que despues de atravesar lentamente las calles parece no saciar nunca la voracidad de la tierra?.... Lleva siempre cadáveres hacinados y todos los dias, sin cesar, á una hora misma los demanda; y para que nada falte á este lugar de miserias y dolores, prolongados calabozos encierran en su reja multitud de criminales. La religion y el tormento;

los gemidos y la muerte; la inocencia y los crímenes; la caridad y la indolencia, todo, se reune en el hospital de S. Juan de Dios que mas de una vez ha arrancado lágrimas á nuestros ojos, suspiros á nuestro corazon.

Indolencia hemos dicho, é indolencia repetimos, por que ahí en los salones de un hospital, cubiertos de camas á uno y otro lado, ahí donde el hombre pobre y desvalido es arrastrado por su indigencia, no es la caridad la que calma sus angustias y agonías; no, que acaso ahí mas que en otras partes se apagan sus divinos resplandores. Sin afecciones del alma, sin latidos del corazon, sin que vínculo alguno ligue á esos infelices con los que á impulso de su necesidad se encargan de asistirlos, ¿cómo encontrar aquella dulce y tierna solicitud que tan solo nace del afecto? ¿Cómo hallar mansedumbre, resignacion, tolerancia, cuidados y caricias, cuando el hábito mismo de contemplar ese cuadro á cada instante aleja hasta la idea de conmiseracion y piedad? Duermen pues las exigencias del amor en ese sepulcro de los tesoros del alma, y el hombre agoviado de enfermedades y martirios ve junto á sí espirar á su semejante, aguardando que el frio de la muerte estinga para siempre el débil soplo que le anima.

Estas ideas tanto mas dolorosas cuanto que reconocemos la necesidad de hospitales en las grandes poblaciones, nos distraerian de nuestro objeto sino procuraramos instruir á los lectores en la historia del que aparece en la lámina puesta al frente de este artículo.

En el punto mismo en que está hoy la iglesia de donde tomó nombre el hospital, pues en su orígen tenia el de S. Felipe y Santiago, habia un *colgadizo* ó *barracon* donde se guardaba la lancha del Morro; de suerte que á no haberse retirado las aguas del mar por la poblacion que fué luego aumentándose y con ella los edificios, hoy tendria mejor posicion el establecimiento bañado por los aires de la bahia. Este lugar pobre, desamparado fué por los años de 1593 estancia de un hombre que la tradicion histórica presenta con alguna obscuridad, pero que lo designa como verdadero orígen del hospital.

Sebastian de la Cruz era su nombre, y él uno de los náufragos en la playa de *Bacuranao* donde fué arrojada la fragata Perla. Dióse á curar á cuantos encontraba; dícese que andrajoso y guardando siempre el mayor silencio, el celo de su piadoso ejercicio le hacia mirar con resignacion y paciencia la burla y escarnio del vecindario, la persecucion de los muchachos y los escesos que ocasionaba con su raro y estraño comportamiento. Castigábase por las calles, hacia penitencia, dilaceraba con espinas su cuerpo. A poco tiempo vistió habito de la órden tercera de S. Francisco y con limosnas que recojia llevaba y curaba allí con sus manos á los enfermos. Nada pudo saberse despues de su muerte, ni nadie habia dado antes noticia de su familia, nacimiento ni del puesto que ocupaba en la sociedad acaeciendo su muerte el año de 1598.

En el de 1601 pidió el Cabildo á la magestad de Felipe II, para dar amplitud al hospital el colegio de Santiago; y en el de 1603 es decir tres años despues, se hizo la entrega trasladándose los enfermos del *barracon* á la enfermeria, *aula magna* entonces del mencionado colegio. Al mismo Cabildo, y en esto seguimos á Valdés, se debe la confirmacion de la órden

y religiosos de S. Juan de Dios, como tambien la cofradia de la *Soledad* y del *Santo entierro*, con el titulo de *Hermanos cargadores de la caridad.* *

Segun Arrate, se concedió en 1617 para necesidades del hospital la mitad del ingreso de *Penas de cámara*, y por Real cédula de 1634 un real de cada plaza de soldado de los que servian en este presidio; asignandosele despues una parte de los *Reales novenos*, con lo cual y otros productos de rentas y fundaciones piadosas de los vecinos, se ha sostenido y sostiene bajo la direccion de un *Síndico* administrador.

La iglesia no presenta nada de particular, ni en su construccion, ni en su tamaño. Es de las mas pequeñas de esta ciudad, consta de una sola *nave*, y tiene un claustro para habitacion de los religiosos. Lo demas que pertenece al hospital contiene dos patios, uno frente á la puerta principal que se comunica con la iglesia, y otro á que da entrada la traviesa y cae á la calle del Empedrado. Las salas son poco amplias

*Tenemos entendido que es una sola cofradia conocida indistintamente con ambos nombres.

con numerosas camas, y de aquellas unas son altas y otras bajas, habiendo ademas una botica surtida de los renglones necesarios para los enfermos.

Sin embargo de las reformas y mejoras que de cierto tiempo á esta parte se han introducido en la asistencia, curacion, alimentos y órden interior del hospital, y sin embargo tambien del notorio esmero, eficacia y cuidados de los religiosos de la órden, hay mucho que desear aun. Su posicion será siempre un obstáculo para que llene el piadoso objeto de su fundacion. Situado en medio de la ciudad, rodeado de altos y numerosos edificios, no puede tener en sus salas toda la ventilacion necesaria para renovar el aire que contiene.

Los principios higiénicos aconsejan que los hospitales se situen en puntos aislados; fuera de la poblacion ó á orillas del mar; no solo porque esto influye directamente en la pronta curacion de las enfermedades, sino porque se evitaria ó por lo menos se aleja el foco de infeccion que se halla en sus salas y que por su inmediato contacto privan al aire de la pureza necesaria al sostenimiento de la vida.

La tarde del *viernes santo* presenta la modesta iglesia de S. Juan de Dios un cuadro digno de la mayor atencion. El vecindario de intra , y estramuros discurre por la ciudad ; el silencio de sus calles , la privacion de carruages ; el recojimiento y compostura de las personas, todo contribuye á solemnizar el augusto recuerdo de la muerte del Redentor. La *procesion* del *Santo entierro* sale de este templo que en su recinto no puede contener la multitud que ocupa su plaza y cuadras inmediatas. Asisten á ella los hermanos de la *Soledad*, las cofradias, el clero, comunidades religiosas, las cruces de las parroquias, Ayuntamiento, Autoridades, corporaciones y las clases todas de la sociedad, llenando las calles plazuelas y casas del tránsito, un gentio inmenso que permanece no obstante en el mayor órden, veneracion y silencio. Guárdase el Sepulcro en la Santa iglesia Catedral, término de esa solemnidad religiosa, y el vecindario todo asiste al templo á contemplar en el *Calvario* la *Soledad* de la madre de *Jesus*, ó busca en el retiro doméstico la paz del espíritu que se abisma en graves y profundas meditaciones.

Los profesores de medicina y cirujia de la capital celebran el 25 de octubre, la fiesta de S. Rafael; adórnase entonces la torre con multitud de vistosas y variadas banderas, anímase el barrio con la *feria* del *Angel*, y en ese dia se distribuye entre las viudas pobres de los compañeros de profesion las cantidades que anticipadamente se recojen con ese laudable objeto.

San Juan de Dios, único hospital que para hombres hay entre nosotros, tiene segun hemos apuntado ya, algunos calabozos para los que en la Real cárcel no pueden curar sus dolencias. ¡Cuántas veces atravesando sus galerias, á tiempo de ser conducido algun herido, acercándonos á la reja de esas prisiones para desempeñar en defensa de un infeliz la mision mas sagrada que ejercemos, hemos contemplado allí á la esposa afligida, á la madre acongojada, que abatida por la miseria no pudo consagrar su solicitud y esmero al objeto de su corazon! ¡Cuantas veces la mirada de un anciano moribundo en cuyos trémulos ojos iba á estinguirse la luz, nos ha hecho sentir en el lecho de la muerte las miserias y angustias de la vida, y luego un paso, uno solo, confundirnos en la agitacion y movimientos de un pueblo numeroso... ah! la religion y el tormento, las lágrimas y la muerte, la inocencia y los delitos, la caridad y la indolencia, he aquí lo que presenta en su recinto el hospital de que nos hemos ocupado!

Manuel Costàles.

17

CAMPO MILITAR. HABANA.

Campo de Marte ó Campo Militar.

—————◆—————

Es cosa digna de averiguarse y de la observacion del hombre pensador, los cambios que de un año á otro, progresivamente, esperimenta un pueblo que nace y vivifica el comercio. Tiro, Sidon, Cartago, Corintho, Venecia, Génova, Cádiz, ciudades marítimas y comerciales desde los fenicios acá, fueron y no fueron en un instante. El comercio del mundo las levantó á la manera que la ciudad santa del profeta, para hundirlas en el polvo, de donde no se han alzado, ni es posible que vuelvan á alzarse jamas. Los edificios, las calles, los sitios yermos que vieran nuestros padres, en la ciudad setentrional, que en Cuba lleva por título, llave del Seno Mejicano, han desaparecido: nuestros hijos no verán tampoco aquellos objetos que fueron las delicias de nuestra infancia; y acaso los ojos de la generacion futura, no encontrarán el mismo hogar de sus abuelos, ni aun los mismos cimientos de la ciudad primitiva.

Nuestro Campo de Márte, convertido hoy en Campo Militar por la série de metamórfosis que ha sufrido desde la fundacion de la Habana, bien merece una historia, aunque, no completa, pues nos fiamos de la memoria y de una que otra tradicion, al menos tan fiel, cuanto nuestras fuerzas intelectuales alcancen. Y para ello no nos remontarémos al tiempo en que cubierto de mangles y anegado, apenas permitia el paso á los ricos hacendados de la entónces Villa de la Habana, cuyas fincas no distaban una legua del embarcadero: ni al en que convertido en *estancias*, los cocales, segun dice Arrate y otros árboles frondosos, reemplazaron á los mangles de negras y retorcidas uñas. Tampoco al en que ya desmontado y transitado por razon de las poblaciones que se fundaban en la Salud, Guadalupe y Jesus–María, frente á la que es hoy plaza de Tacon tras el palacio del Sr. Aldama, osten-

taba un *molino de viento*, en donde se reunian á platicar y refrescar los pelucones de la época, pues anexo tenia el despacho de zambumbia, único refresco conocido, y que entonces era un ramo de hacienda, que se daba en arrendamiento. *

En cuyo tiempo asímismo, resucitando la edad de los griegos á campo raso, y á la luz declinante del dia, se daban representaciones cómicas, acaso las primeras que se vieron en la villa.

El marqués de la Torre, que tomó el mando de la isla en 1771 cuyo carácter popular y emprendedor, y cuya aficion á la milicia le trajo de continuo, en los siete años que duró su gobierno, ocupado en obras de ornato y fortificacion, fué el primero que sepámos pensó en hacer del anegado campo de Márte, un campo Militar. Para esto con la escasa guarnicion de entónces promovió paseos, ejercicios, y simulacros de batallas; de los cuales, el mas célebre, es el que cuenta el histo-

* Segun el Sr. La Sagra la zambumbia se estancó en 1761. En los primeros años se arrendó en 2,000 y 8,000 pesos, y en 1778 en 24,000: hasta que se estinguió la renta en 1803, por falta de consumidores.

riador Valdes, habido un dia de S. Antonio, sin fijar año. Sobre la Zanja de Antonelli, concluida en 1589, se habian construido de antemano cuatro fuertes de madera, cuya posesion debia disputarse por las dos divisiones, que á la cabeza de sus generales respectivos, salieron, la una por la puerta de la Punta, y la otra por la de Tierra. Empeñado el combate subió de punto el ardor de la tropa por manera que la autoridad de los gefes, no pudo evitar que hubiera desgracias, ocasionadas por las caidas de muchos de sus defensores en el cauce de la Zanja. Y fue tan ruidoso, y tuvo tal apariencia de verdad, que aun la tradicion del pueblo le conserva: por donde vino á nuestra noticia, mucho antes de que entender pudiéramos al cronista.

Conforme á este relato histórico de Valdes y á otras noticias contemporáneas, que poseemos no cabe duda, que en aquella época el campo de Márte era un cuadrilongo, que se estendía sin interrupcion N. S. desde la Punta hasta el arsenal limitado al E. por la estacada de los fosos de la ciudad: y al O. por los barrios de Jesus María, Guadalupe y la Salud:

partiendo de la puerta traviesa de la Factoría, por la calle del Palomar, plaza del Vapor, á la calzada de Galeano; cuyo puente de piedra se construyó en 1790, gobernando el Sr. Troncoso. Sin embargo aun en tiempos del Sr. marq. de la Torre, por la parte de la ciudad, el campo de Márte perdió mucho terreno con el paseo que se abrió, desde la Punta á la calzade Guadalupe, * (hoy del Monte) que titularon nuevo Prado. Y mas adelante, en los gobiernos de los Sres. Las Casas, Santa–Clara y Someruelos, insensiblemente sobre dicho campo, fue perdiendo espacio y libertad. Por el Sur el barrio de Jesus–María, no paró hasta la calzada de Guadalupe, y por Occidente este y el de la Salud reasumidos en uno, abanzaron en muy poco tiempo hasta la calle del Aguila y plaza del Vapor: sus casas pagizas, aun el año pasado de 835 existian en pié, que no nos dejarán mentir.

Tambien en tiempo del Sr. Las Casas, ó de otro gobernador posterior que no estamos muy seguros, se plantó el jar-

* Esta calzada se construyó por los años 1740 á 42 en que se concluyó y bendijo la nueva iglesia de Guadalupe, destruida en 62.

17*

din botánico, á la márgen setentrional de la Zanja de Antonelli; y ya por este rumbo asímismo perdió el campo de Márte
su comunicacion con la Punta. Hasta que últimamente, por
los años 1828 á 29, el único respiro que le quedaba, es decir,
el ángulo Noroeste, acabó de cerrarlo el barrio de S. Lázaro
que á paso de jigante abandonando la orilla del mar, cubrió
los manglares y pantános, y se echó sobre la Salud: el cual
no le opuso otro obstáculo, que su antigua Zanja. Fabricóse
del mismo modo la manzana llamada del Obispo, dividiéronse
en solares, que sus dueños cercaron, las otras dos manzanas
del *Molino*, y el frente de la Ceiba; y el gran campo de Marte, quedó al fin, y tras tantas metamórfosis, encerrado dentro
de los límites que hoy le vemos.

En la tarde del dia 10 de Mayo 1783 lo visitó á caballo el
príncipe Guillermo duque de Lancaster, con ocasion de la
gran parada que en dicho campo se dió á efecto de obsequiar-
le; como en tiempos mas cercanos á nosotros, al príncipe de
Joinville en el paseo militar. Durante el trienio de 1791 á 94
construyóse la primér plaza de toros, gobernando el Sr. D.

Luis de las Casas en el mismo sitio en que años despues se
construyó la segunda plaza que alcanzamos en 1835.

Y en este gran teatro, recuerdo viviente del imperio romano, memorable para la Habana y aun para toda la isla, fuera de los espectáculos sangrientos y bárbaros de las corridas
de toros, con que se entretenia á la hez del pueblo, se dieron
otras no menos estraordinarias que notables. Despues de haberlo visitado un sin número de volatines, algunos de fama
europea, caballiteros y otros saltinbancos, que no recordamos
ni hace al caso apuntarlos ahora, hicieron su ascencion los
primeros aeronautas que vimos en Cuba, el Sr. Robertson y
su esposa Virginia en 1828.

Cuando el ilustre Sr. Espada dejó su mansion de delicias
en el Golpe del Cerro, y paraje que aun titulan "quinta del
Obispo" vino á habitar la casa de balcones del Sr. Renté que
hace esquina á la calzada de S. Luis y calle de la Amistad.
A su presencia, como sucedia á cuanto aquel buen pastor tocaba, el campo de Márte, hasta allí abandonado, tomó un
bello y nuevo aspecto. Ya existía, es verdad, la plaza de to-

ros, en el ángulo sudoeste; pero lo demas del campo, se veia si cabe mas anegado é intransitable, que en los primeros tiempos de la fundacion de la Habana. Por que las fábricas circunvecinas levantando sus pavimentos, opusieron un dique á las aguas llovedizas, que no encontrando corriente, ni sumidero, se estancaban en el centro. El Sr. Espada para haber de remediar estos males, hizo construir, ó mejor dicho, prolongar la calzada de S. Luis, desde su casa hasta la estátua de Cárlos III, en el remate del paseo. Construyóse por el sistema de Mr. Adam, formando caballete en el medio, con zanjas á los lados, y malecones de reparo; que por ser de tierra se sembraron de *aromas*; y servian asímismo de adorno y vallado contra las incursiones vandálicas de los muchachos. Paralelo á estos maleconcillos por la parte opuesta á la plaza de toros, corria una calle angosta, para las jentes de á pié, con sus puentecillos á la entrada y á la salida: lo restante del campo estaba cruzado por otras tres calles, mas ó ménos anchas que figuraban un cristus; é iba la una N. S. de la plaza á la puerta del Botánico; la otra de la casa del Obispo, al nor-

deste hasta el paseo, y la última partía de la estátua, á embocar de la calle de Dragones. Iluminaban todo este descampado, en noches sin luna, algunos faroles, puestos de trecho en trecho, en el cruzero de las calles y en los ángulos: pero no obstante esas precauciones de la policia, no pocas veces el campo de Márte, fué el campo de los ladrones y asesinos.

Mas á todas estas, aun nada hemos dicho del otro huésped ó vecino, que ademas de la plaza de toros, sin saber desde que tiempos ni por qué privilegio, tenia el campo de Márte, en la época del Sr. Espada. Queremos hablar del café, nombrado Aténas, que estuvo situado en el ángulo que formaban encontrándose el Paseo en la calzada del Obispo. Recordámos que era de tablas, de forma octogónica, franqueado por columnas tambien de madera, gacho, y todo él de muy pobre apariencia; pero con ínfulas de docto y entendido á nuestro juicio, puesto que en lo mas alto de los tejados, dentro de grandes muestras, en vez de anunciar lo que en él se espendía, habia inscriptos sendos versos latinos, con su traduccion libre al pié, no sabemos si de Juvenal, de Virgilio, Horacio, Ovidio, ú otro poeta clásico; que sea dicho de paso, tampoco sabemos, que hayan celebrado ningun café, ó ponderado la escelencia del licor que en tiempos modernos se acostumbra vender en ellos.

Sin embargo, no era solo el café de Aténas, con sus disparatadas inscripciones lo que mas llamaba la atencion de los curiosos en la época á que aludimos. Creemos que pocos ignorarán en la Habana, que aquel sitio en donde estuvo la estátua de Cárlos III, habíase destinado en su princpio, para un monumento del grande descubridor del nuevo mundo. Pues bien, siendo nosotros estudiantes, tenemos bien presente, que en compañía de otros muchachos, cuando ibamos ó cuando veníamos del aula, no pocas veces nos sentamos y aun trepamos encima de un embrion de estátua, doble que el natural, de piedra al parecer ordinaria, que existía por el año de 826, arrojado en una de las calles paralelas al Paseo, junto del café de Aténas. Entónces no solo no sabiamos, mas ni tuvimos la curiosidad de inquirir qué queria representar

aquella piedra tan informe y tan sucia; porque puesto que estudiantes de latin, nada se nos alcanzaba en achaque de historias. Los tiempos, los libros y la tradicion del pueblo, nos han dicho despues, que aquel embrion de estátua, debia representar al ilustre Cristobal Colon; y no podemos menos de lamentar la suerte de un hombre á quien la desgracia no ha cesado de perseguir, desde que por el hecho mas grande en la historia del mundo, se cubrió de una gloria imperecedera. Aténas ha desaparecido, y la estátua con él. ¿Cuál es su destino hoy? Lo ignorámos. Pero es cosa singular que el nombre de Colon esté ocupando el mundo entero, y su estátua no quepa en cuatro palmos de todo el que descubrió! Tal es y será la suerte de los hombres raros y únicos, que en prenda de su unigenitura legaron su fama á la tierra y su espíritu al cielo.

El año de 34 ó 35, que no tenemos bien presente, derribaron la plaza de toros para pasarla á Regla donde permanece aunque ya poco concurrida de ese mismo pueblo bajo que en un principio llenaba sus galerias. El Sr. Espada habia muerto dos ó tres años antes, y á pesar de que no cambiaron la casa que el habitó, destruyeron el jardincito que anexo habia plantado; al cual adornaban un busto de Colon, que emigró al Templete, y una fuente de cuatro delfines, que tambien transportaron á la plaza de S. Francisco y en vez de las flores y de las aromas en que el buen pastor se embebecia á ciertas horas desde los vidrios de sus altas ventanas, hoy no se vé ni el sitio donde existió el jardin porque han fabricado dos casas encima. Así que, por un corto tiempo quedó el campo de Marte, abandonado á las inclemencias de nuestro clima tropical. Durante el corto gobierno del Sr. Ricafort, parece que hubieron de acordarse de él, y le plantaron algunos almendros y naranjos, en toda la calle que corria paralela á la calzada del Obispo, y los tres frentes del Sud, Ocaso y Norte. Pero estaba decretado que el Campo no debia conservar una misma forma por largo espacio de tiempo.

Por junio del mismo año de 34, tomó el mando de la Isla el Escmo. Sr. D. Miguel Tacon. Este general, cuyo carácter y aficiones nos recuerdan la memoria del Sr. Marques de la Torre, apenas vió el estado en que yacia el Campo, se apoderó de él y lo transformó completamente. Principió por echarle cauce de piedra á la zanja, (de la calle de la Amistad al Paseo) que corria por el suyo natural á guisa de arroyo: derribó los almendros y naranjos que hizo plantar su antecesor en el mando; lo mismo que el trozo del nuevo Prado que mediaba desde la zanja hasta su remate en la calzada; y la estatua de Cárlos III, la traspuso al paseo Militar que á la sazon abria de la ermita de S. Luis Gonzaga para el castillo del Príncipe. Abriéronse profundos cimientos, levantáronse como por encanto muros de una vara y media de alto, poco mas ó menos; sobre ellos pilares de doble altura, á distancias proporcionadas; á estos enlazaron rejas de hierro, y cerrando el gran paralelógramo en el vértice de los ángulos con garitones octángulos con sus claraboyas y almenas al modo de los castillos góticos, quedó hecho el campo Militar en menos de dos años. En los cuatro frentes abrieron cuatro poderosas puertas tambien de hierro enrejadas, con trofeos militares de relieve en sus remates. El aspecto del Campo á primera vista designa el fin á que está destinado; pues las rejas terminan en lanzas doradas, los pilares en bombas de hierro y las columnas que sostienen las puertas en pesados morteros del propio metal. Al pie de los trofeos de estas en grandes letras de oro, se leen cuatro inscripciones. La oriental dice Tacon; la de la espalda Colon; la de la derecha Cortés; la de la izquierda Pizarro. Estos dos últimos conquistadores rivales de Cesar y Alejandro: el otro descubridor del mundo que aquellos conquistaron; y el primero autor de la obra, que tanto hermosea los alrededores de la opulenta ciudad. Todo ello, segun la relacion publicada á la entrega del mando por el mismo Escmo. Sr. que la emprendió.

Hoy adornan los costados del campo de Marte, en primer lugar por la parte del oriente, la *Fuente de la Habana*, erigida en 1837 por el Sr. conde de Villanueva, en donde termina otra vez el nuevo Paseo: por el norte, los almacenes del camino de hierro, (que ocupan el sitio del jardin Botánico) cuya casa de parada, por su graciosa fachada de órden gótico, aunque carece de esbeltez y elegancia, es obra, en nuestro concepto digna de cualquier elogio, como la única, en clase de edificios públicos que posee la Habana. Por el occidente se está concluyendo el palacio del Sr. Aldama, que si bien no es del mismo órden de arquitectura, por su solidez y gigantescas proporciones, llama la atencion general. En fin no cabe duda que de el sitio mas sucio é intolerable la constancia y esfuerzos de los hombres, han logrado hacer el mas agradable y magnífico, con que se envanece la ciudad comercial de los dominios españoles en América.

Cirilo Villaverde.

L. Cuevas lo dib.º y litog.º

Litog. del Gobierno Habana.

CASA DE RECREO DEL ESCMO. SOR. CONDE DE VILLA NUEVA. CERRO.

QUINTA DEL ESCMO. S.ᴿ CONDE DE VILLANUEVA,—EL CERRO Y OTRAS EN EL MISMO.

Cuando nuestro compatriota Arrate encomiaba en su *Llave del Nuevo Mundo* la belleza de las cercanías de la Habana: la pintoresca salida al Cocal, las naturales alamedas de la Caleta ¿cómo pudo imaginar que en tan cortos años tendriamos quintas que habian de rivalizar en grandeza y gusto con las de Europa? Si no es fácil ni aun posible al hombre penetrar en los arcanos del porvenir, no le está negado el conjeturar y de seguro algunas veces no va errado en sus imaginaciones. Esto concedido ¿que será de los alrededores de la Habana dentro de dos siglos si continua como hasta aquí pacífica y próspera?

El pueblo del Cerro debe á la hermosa calzada que conserva en el mejor estado la Real Junta de Gobierno su estado; la cercanía á que se halla de la ciudad le hacen preferir como un punto de inmejorable eleccion para aquellos que teniendo quéhaceres que desempeñar en la ciudad quieren no obstante disfrutar de los aires del campo. Reúnense en el pueblo numerosas familias en la temporada que principia en mayo y termina á los tres ó cuatro meses. En la temporada de 1841 á escepcion de los bailes de ponina hechos entre solo los vecinos, pocas diversiones los hicieron reunir con ser accidentales: cada cual en su casa, cada cual con sus amistades, un piano en la sala y las costumbres de la ciudad, no le dan á esta temporada el fresco aire de confianza de que se disfruta en Guanabacoa y otros puntos.

Terminada la temporada se despuebla aquel punto: casi todas las casas se cierran y se ponen al cuidado de personas que se toman este trabajo. Van comprándose allí edificios por las personas acomodadas, de suerte que apenas se encuentran que alquilar en las temporadas siendo crecidísimos los precios.

La Zanja real riega abundantemente las cercanías del cerro y suele proporcionarle en la estacion lluviosa bastante humedad. Embellecen sus alrededores las quintas del Obispo y de los Escmos. Sr. conde de Santo Venia, de Fernandina, y de Villanueva. La última se representa en nuestra lámina. Todas tienen su mérito respectivo: las sombrías calles de mangos, las altas cañas bravas, los hermosos tanques y numerosas estátuas de la primera desaparecen al recuerdo del ilustre Espada que dió el ejemplo de buen gusto en estas materias. Allí sentado en los rústicos asientos delante de las estátuas del *silencio* y de la *sabiduria* ¿quién no recuerda al prudente y sábio apóstol Juan José?...Su mismo estado de abandono, la casa apuntalada, las pajareras desiertas, el manso ruido de las fuentes, el zumbido de los bambúes ¿no predisponen el alma á la melancolía?

La quinta del E. S. Santovenia ofrece un objeto de contemplacion que desde el punto revela la suntuosidad con que será concluida, y las riquezas de su dueño. Su estenso enverjado de hierro, sus coronas de conde, sus lanzas doradas, sus columnas, sus juegos de agua, su hermoso lago le dan el aspecto de un parque ingles. La quinta del Escmo. Sr. Fernandina descuella indudablemente entre las otras por la elegancia del edificio: en él ademas de una rica biblioteca, se ven dos escelentes copias de mármol del *Apolino*, cuya morvidez sorprende, de una *Diana* tambien acabadamente perfecta y de la Vénus de Médicis sin contar con los demas adornos del jardin. Pueden tambien admirarse dos cuadros al óleo de lo mejor que hay en la Habana. El sistema del jardin es ingles, terminando en un pequeño cuadro de flores en uno de cuyos cuadros se encuentra un individuo de la lindísima *excelsa elegans* y otras curiosidades botánicas. El baño es en lo interior un templo gótico, cuyas paredes pintadas al fresco y ojivos arcos son de mucho gusto : en el centro se ha colocado el escudo de los Sres. Condes de Fernandina. Juguetean en el riachuelo que derrama luego sus aguas por varios hilos en un pequeño lago, multitud de *dorados* que aun no sienten pisadas en el puente salen á flor de agua en esperanza de cebo. Por medio de cuerdas suben á placer á cubrir el hueco de las ventanas del baño ó vidrios pintados con mucho gusto ó persianas. Con los primeros es sumamente hermoso el baño. No sabemos porque adoptado el género gótico coronaron el templo de conchas en lugar de haber terminado con agujas.

La quinta del Sr. Villanueva es tan espléndida como las otras y mas rica de objetos curiosos, pero un respeto, que aplaudimos hacia la memoria del Sr. Conde su padre, ha hecho que no se haya permitido variar las dimensiones del edificio : así es que sus adornos, sus mármoles sus vidrieras dignas de un palacio, contrasta con las formas esteriores de la casa que ademas de ser baja de puntal tiene poca elegancia en su conjunto. En ella descansa en la actualidad de sus antiguas y constantes tareas el habanero mas notable que presentará en el ramo de hacienda nuestra historia contemporánea á la posteridad.

Antes de concluir este artículo debemos decir que se habla de fabricar una iglesia en la poblacion, pues la que hoy tiene desdice de ella y aun sus portales de madera, y *yaguas* van cediendo á las inclemencias del tiempo.   *A. B.*

PALACIO DEL CAPITAN GENERAL. HABANA.

L. Cuevas dib.y litº.

Litog. del Gobierno.

CASA DE GOBIERNO.

En el lugar en que está hoy el palacio de los Sres. Gobernadores y capitanes generales de la isla y lo demas de que hablarémos estuvo antes edificada la parroquial mayor de S. Cristóbal que se finalizó siendo gobernador Pedro Melendez de Avilez, caballero de Santiago y adelantado de Florida. Antes de construirse el actual palacio vivieron los capitanes generales en el castillo de la Fuerza, cuyo castellano gozó de grandes privilegios segun ya dijimos.

El primer capitan general que fué nombrado para la Habana fué Juan de Tejeda, maestre de campo y superintendente de las fortificaciones de Indias con cargo de residir en el castillo de la Fuerza edificio que hoy describimos á nuestros lectores mereció un particular cuidado del Sr. Espeleta, pero no estuvo habitable hasta el gobierno del memorable. D. Luis de las Casas y Aragorri. En las habitaciones de los Sres. Gobernadores estaban las de los curas de la miserable parroquial mayor. El Sr. Obispo Laso quiso derribar la iglesia y edificar otra en el mismo lugar, pero esto ofreció dificultades, hasta que espulsados los jesuitas se trasladó la parroquia al convento en que hoy existe la catedral. Al lado de la parroquial antigua hácia el septentrion se hallaba el cementerio.

El hermoso edificio que hemos presentado á nuestros lectores en la lámina ademas de contener en la parte alta y frente principal las habitaciones del Escmo. Sr. capitan general, contiene las oficinas del gobierno político y militar, la Real Audiencia pretorial recientemente instalada. En sus salones se celebran las juntas de la Real de Fomento y Sociedad económica de amigos del pais de quienes es presidente nato S. E. La real junta de Fomento lo verifica ahora, la sociedad económica desde que se estableció por el Escmo. Sr. D. Luis de las Casas y Aragorri á quien tanto debe la Habana. El Escmo. Ayuntamiento tambien tiene sus juntas capitulares en sala destinada únicamente al efecto y en la cual se reciben y examinan los agrimensores.

En el lugar ahora ocupado por sastrerías, relogerías, imprentas etc. se hallaban hasta hace poco hacinados los infelices presos á quienes la mano de la justicia detenía por averiguacion ó castigo. Un empresario se hizo cargo de la obra necesaria para alterar el edificio por cierto tiempo, el cual transcurrido serán las utilidades á beneficio de la ciudad. En la parte baja del edificio existen los oficios de escribanos y de hipoteca, *oficios* que tienen una fama que no se limita á nosotros. Los que desembarquen en el próximo muelle y vean el inmenso concurso que se agita en los portales desde las diez de la mañana á las dos de la tarde quedarán admirados cuando sepan el objeto regular de la reunion. Es preciso todo el poder de la costumbre para que no nos cause estrañeza que cada individuo tenga un pleito. Agréguese á la cohorte de pleiteantes, otra que burlándose de las prohiviciones legales vive de una usura ruinosa fomentadora de mayor número de pleitos porque imposibilitan el cumplimiento con perjuicio del prestamista por la poca seguridad y daño del tomador por serle imposible el pago, contratos en que sobresale la mala fé ó la imprevision.

Adornan la parte interior del Palacio los retratos de los Sres. capitanes generales de esta Isla que se han publicado en la coleccion de láminas que ha visto la luz pública en esta imprenta, siendo de notarse tambien las pinturas al fresco de sus paredes.

En otro artículo se ha hablado de las retretas que se dan en la vecina Plaza de Armas: en sus balcones principales se ponen los retratos de los reyes en las *juras* ó advenimientos al trono español.

La puerta de Palacio que cae á los hermosos portales que de la lámina aparecen, está adornada con columnas istriadas de mármol blanco de cuyo material es la escalera. Encima de ella se vé un bello escudo de armas nacionales con una corona cuidadosamente labrada todo de mármol. El número de arcos es el de diez en dicho frente.

A. B.

TEMPLETE. HABANA.

EL TEMPLETE.

EL edificio que representa la lámina que vamos á describir recuerda la primera misa que se dijo en este puerto de de la Habana en 1519; al contemplarle se olvida uno de los magníficos edificios que le cercan, de la edad presente y la imaginacion vuela á aquellos tiempos primitivos en que una naturaleza vírgen pero risueña era el único adorno de estas playas. Al recordar la diferencia de las dos épocas, nuestra imaginacion admira los progresos de la inteligencia humana, y deseosa de ver á la gran familia que cubre la tierra con diversos nombres de nacionalidad y provincias, sinceramente hermanada con lazos de amor, quisiera que fuesen olvidadas las artes de la guerra desconociendose hasta el uso de las armas á semejanza de los aborígenes de Cuba que ni flechas bélicas conocian en la parte occidental de la Isla. ¡Ilusion! Pero al cabo ese monumento no recuerda ningun hecho de armas, se refiere al sacrificio mas generoso de que hablan las historias, el sacrificio de Jesus : Dios de caridad y amor para los hombres todos, sus palabras no han sido perdidas, pues sus principios llegarán á triunfar de los obstáculos que aun se le presentan. Contémplese á la humanidad en sus distintas épocas, y no nos avergonzarémos de ser de la presente, ahora que el nombre cristiano es comprendido sin los vicios de la superstición.

En el año de 1827 pensó el Exmo. Sr. D. Francisco Dionisio Vives erigir un monumento á la memoria de la primera misa que se dijo en este puerto: su idea no podia dejar de tener simpatia en el pueblo, ni saliendo de sus labios ejecutores en donde solo faltaba el estímulo. Hay en nuestra sociedad una gran parte que es sinceramente religiosa y entonces aun era mas numerosa, sino tan límpia de vulgaridades como va siendo. A esta predisposicion de la parte religiosa del pais, auxiliaron otras circunstancias ; nadie habrá olvidado la virtud y religion de la angelical reina Amalia de Sajonia penúltima esposa de Fernando, que á la sazon reinaba y era un obsequio que se pensó en hacerle disponiendo lo que se dijo *apertura del Templete* para el dia de su santo que se celebraba en 18 de marzo; como se verificó el año siguiente de 1828 del modo mas espléndido.

Las ruidosas ferias de la época en que la religion se pretestaba para la consecucion de fines harto mundanos dan el acabado *fac simile* de nuestra sociedad contemporánea y algo de los anteriores. Así tambien no faltaron seres, por acá conocidos con el nombre de *personas divertidas*, que columbrando fiestas y saraos apoyasen el proyecto de S. E.: puede asegurarse que de esta manera toda la ciudad tomó una parte en la ereccion del Templete. Pocos meses pasaron de la publicacion del proyecto á su ejecucion y los dias 18, 19 y 20 de marzo de 1828 fueron tres dias de júbilo y fiestas para la Habana. El lugar en que se ve el *Templete* frontero al Palacio de gobierno en la plaza de Armas estuvo sumamente concurrido las luminarias, las cortinas, las salvas de artillería fueron signos de la festividad del dia ; y al recordar la misa que se eternizaba con su monumento vió reproducirse ó renovarse la misma ceremonia mas de trescientos años despues en el mismo lugar escogido. El dia 21 de noviembre de 1827 se abrieron los cimientos del edificio y el 14 de marzo de 1828 estaba concluido. Dirigió la parte facultativa el Sr. coronel D. Antonio María de la Torre y Cárdenas, y la económica el Sr. regidor D. J. Francisco Rodriguez Cabrera. El dia 13 de marzo del último citado año se colocó la imágen de la virgen del Pilar sobre el obelisco que ántes existía y de que se hablará mas adelante: púsose en lugar de otra de *hechura gótica* segun entónces se dijo, y la actual es de bronce dorado hecha por D. José Seraltegui, de una vara de altura con las armas de Aragon y una leyenda que dice "Memoria inmortal á Francisco Dionisio Vives y Planés teniente general de los reales ejercitos, benemérito de la patria año 1828." En los momentos de ponerse la estátua los operarios y asistentes victoreáron segun usanza de la época al *Rey nuestro señor* y al *general Vives* mientras dos soldados disparaban sus fusiles al aire , espresándose que fueron 15 los tiros.

El edificio es un cuadrilongo de 32 varas Oeste, Este y 12 Norte Sur. El enrejado que se ve en la lámina es de hierro, y descansa en globos de bronce dorado. Las basas y capiteles de los pilares de órden toscano, teniendo seis del frente por remate bien ejecutadas piñas de bronce queriendo imitar su color natural en lo posible. La portada es de hierro y gira sobre ruedas de bronce. El artífice de toda la parte de herrería fué el jóven D. Francisco Mañon natural de la Habana: corona la puerta un escudo de armas de esta ciudad adornada de palmas de laurel y oliva con el mote : "Siempre fidelísima ciudad de la Habana." Los adornos y remates de este género los hizo D. Juan Jaren y los costeó el Sr. D. Angel Laborde comandante general del Apostadero en la época. Se han plantado dentro del patio una seiba, una palma y álamos. Frente de la puerta se ve el busto de Colon de mármol blanco, regalado por el dignísimo Obispo D. Juan Diaz de Espada y Landa el que ántes tenia en el jardin de su habitacion, que ya hoy ha desaparecido del Campo deMárte.

En seguida del espresado busto se halla la pirámide ú obelisco de que se hizo mencion y cuya historia es la siguiente. La tradicion de nuestros padres señalaba el lugar en que hoy se ve el Templete como el primero donde se dijo misa en el puerto debajo de una hermosa seiba que allí estaba, así como se contaba tambien que á su sombra se celebró el primer cabildo. Sucedieron los dos hechos por los años de 1519: subsistió el hermoso árbol hasta entrado el año de 1753 en que se esterilizó. Gobernaba el mariscal de campo D. Francisco Cagigal de la Vega como capitan general de la Isla y era procurador general de la ciudad el Dr. D. Manuel Felipe de Arango y para perpetuar la memoria de dichos sucesos se erigió como padron el obelisco que con fecha de 1754 espresa menudamente lo espuesto. Tanto el susodicho padron como otra seiba plantada en lugar de la antigua llegaron hasta nosotros: veialas el público asomar, su cima á la pirámide sus frondosos ramos á la seiba, por detras de las paredes hasta 1827. La pirámide fué retocada en 1828. la seiba fué destruida. La pirámide es triangular y remata con una imágen de nuestra Sra. como ya va indicado. Entre los adornos que se le pusieron uno fué serie de bases de bastante estencion, rodeando la primera ocho marmolillos coronados de globos de

bronce de que cuelgan cadenas en hondas, conteniendo cada globo uno de los siguientes nombres: Religion, Fernando VII Escmo. Ayuntamiento, Vives, Espada, Pinillos, Laborde. La pirámide contiene varios relieves alusivos á la historia.

No queremos dejar de poner la inscripcion latina colocada en la pirámide por el lado del Norte.

"Siste Gradum Viator. ornar. hunc locum Arbos Seba frondosa Potius Dixerint Primeve Civitatis Prudentiæ Religionis Primeve Memorabile Signum: Liquidem ejus subumbra a prime Hac in Urbe Immolaty Salutis autor. Habitus Prim. Prudentum Decurionum Senatus Duobus pius ab In seculis Perpetua Traditione Habebatur. Cessit tamen Etati. Intuere Igitur et Ne Pereat in Posterum Habanensem Fidem. Imaginem supra petram fundatam Hodie Nimirum VLT. Mensis Novembris. Anno. MDCCLIV."—Las otras inscripciones se hacen inútiles aquí pues se refieren á trasmitir á la posteridad los nombres de cuantos figuraban en el gobierno de la isla en sus diversos ramos en la época de la construccion.

Esplicado lo concerniente á la parte esterior de este edificio, debemos hablar de lo que propiamente forma el templete ó *templito* que aparece al fondo con sus formas de antiguedad clásica. Tiene 8 varas de Oeste á Este y 12 de Norte á Sur: sostienen el techo ocho columnas redondas con capiteles dóricos y basamento ático, la altura hasta la clave del timpano es de 11 varas. Los costados se encuentran adornados con pilastras de los mismos órdenes. Varios relieves adornan el frente y en el centro del triángulo de la fachada se lee una larga inscripcion esplicativa con puntuacion antigua. El pavimento del templete es de mármoles.

Lo mas notable de este monumento son los tres cuadros al oleo que cubren sus paredes y pintó el célebre *Juan Bautista Vermay* cuyas cenizas se conservan en nuestro Cementerio cubiertas con una losa en que estan grabados los sentimientos de sus discipulos y amigos. Descanse en paz!

El cuadro del frente representa la misa celebrada el 18 de marzo de 1828 viéndose el verdadero retrato de la mayor parte de los concurrentes, entre ellos el de Espada que ofició de pontifical. El de la izquierda representa el suceso que se recordaba contrastando en su sencillez con tanto lujo y ostentacion. La naturaleza tropical está representada allí en mansos y sencillos naturales que se arrodillan por primera vez ante su Dios, en tunas, abrojos y hasta un papagayo. Pintanse en él con maestria los afectos. En el cuadro de la derecha se ve la celebracion del primer cabildo. Todos estos cuadros han sido litografiados por los empresarios de esta obra y hacen parte de la coleccion publicada y á que hicimos referencia en otro artículo. Los costeó Espada.

¿Describiré las fiestas de la dedicacion? No... seria larga la relacion y son harto recientes las épocas á que se refiere para que las haya olvidado la Habana: baste lo espuesto para que sepan los forasteros lo que encierra en historia y objetos el Templete edificado en memoria de la primera misa que se dijo en esta ciudad de la Habana, cuando de las orillas de Casiguaguas se trasladó á este puerto de Carenas.

A. B.

CONVENTO DE BELEN HABANA.

CONVENTO HOSPITALARIO DE BELEN.

Todo ese edificio, todo ese templo con sus altas y sólidas paredes, sus cómodos y ventilados cláustros, su nave, su torre, sus altares, embleman una virtud, revelan en doble cifra el nombre de sus bienhechores. *Caridad* nos parece ver escrito con caracteres de fuego donde quiera que fijamos la vista; **Caridad** dice ese monumento mudo sí, pero recuerdo vivo del que lo levantara; *Caridad* dicen los lamentos del hombre acongojado por sus padecimientos, y en sus salas y cláustros, en sus celdas y altares, en sus patios y *huerta* óyese el nombre de *Evelino de Compostela*, varon ilustre, humano, piadoso y caritativo.

He aqui lo que no muere con el hombre, he aquí lo que

hace eterna su memoria, he aquí lo que atrae con su recuerdo las bendiciones de la posteridad! Recreo de su alma, reposo de su cuerpo fué la *huerta* en que por ciertas épocas del año habitaba el buen Pastor; recreo de su espíritu, solaz de virtud, encanto de su beneficencia fué luego ese espacio, corto, mezquino si se quiere, pero desde cuyo ámbito se concibiera la obra del bien, se estendiera una mano generosa á sus hermanos, y trémula con el gozo de la beneficencia, empañada la lumbre de sus ojos con una lágrima, cayera esta como bálsamo santo en el corazon de los afligidos.

La humildad y la pobreza avivaron en el alma de *Evelino de Compostela* la llama de la beneficencia que de continuo la abrazaba; y como tratamos de instruir á nuestros lectores de las circunstancias que precedieron á la edificacion de ese hospital de *Convalecencia* séanos permitido copiar á la letra dos párrafos de Arrate en su historia de la Habana. Habla de la compasion que escitaba en el buen pastor las desgracias de que eran víctimas los presidiarios y forasteros, que saliendo del hospital, no tenian donde convalecer y dice:

"Con ese designio pulsando sus fuerzas para tamaña empresa, halló que los fondos de su cóngrua (muchísimo menos pingüe entonces) gastados en el socorro de los pobres, y consumidos ó empeñados en tantas obras pias como habia ejecutado, eran muy inferiores para este proyecto. Desatendiendo lo que dictaba la cortedad de la prudencia humana, fijó su corazon en lo que debia esperar de la providencia. Inspirábale eficazmente (y lo espuso á S. M. en 6 de mayo de **1704**) el admirable egemplo que algunos años antes se habia tocado visiblemente en esta ciudad con el hermano Sebastian de la Cruz, tercero del hábito esterior de S. Francisco que sin mas rentas que las limosnas que demandaba diligente y el pueblo le contribuia compasivo, dispuso en una casa particular una pequeña enfermeria donde llevaba, asistia y curaba con la mayor caridad y regalo á cuantos forasteros y desvalidos reconocia estar enfermos, solicitando á costa del propio afan el alivio ageno, si es que puede llamarse así el del prójimo con que la caridad nos debe hacer unos mismos, no faltándole nunca para este piadoso destino lo necesario. Cosa que alentó mucho el ánimo y confianza de aquel buen prelado, y que á mí me estimula á escribir el estraordinario modo con que se introdujo en esta ciudad el referido hermano, para que se vea cuan flaco y despreciable fué el instrumento que elijió Dios para facilitar en ella obra tan grande como la fundacion de esta insigne hospitalidad."

"Este fué uno, sino el principal de los motivos que concurrieron para promover la ereccion de esta convalecencia, siendo muy semejante el origen que tuvo la Compañia belemítica de Nueva-España."

Fueron nombrados con mediacion de la Sra. duquesa de Alburquerque Vireina de Méjico, los Rdos. P.P. Fr. Pedro de la Stma. Trinidad, Fr. Francisco del Rosario y Fr. Julian de S. Bartolomé para instituir la *Convalecencia* de Belen, y cuidar de su direccion y arreglo. Construyó *Evelino de Compostela* una pequeña hermita en la *huerta* dedicada á *S. Diego de Alcalá* en 1695, y aqui fue donde moraron esos religiosos en piezas bajas que al efecto se fabricaron, y cuyas obras ascendieron á *treinta mil pesos* poco mas ó menos.

Mucho mas grande que sus rentas era la piedad del ilustre Pastor, y obtenida la licencia necesaria dotó ademas *seis camas* para la enfermeria y contribuyó con la cantidad de *diez mil pesos* para terminar las fábricas pendientes.

Dícese que dejó escrita en una de las tablas del Hospital la siguiente inscripcion, que segun noticias se conserva en la sacristia de la iglesia, y que en estos dias no nos ha sido posible requerir.

Huic Basilicae adfunctum es Hospitium pium,
Ut pauperes valetudinarii è nosocomio dimisü
In eo possint convalècere et reparari
Censum non reliquit fundator quia non habuit.
Dominus provideat virum pium et misericordem,
Et in hunc animum inducat. Amen.

Acaeció su muerte el 29 de agosto de 1704. Diósele sepultura en el monasterio de carmelitas descalzas de esta ciudad en el muro del lado del Evangelio, donde se conservan sus restos con esta inscripcion.

D. O. M.
Didacus Evelino de Compostela
adhuc vivens
mortis horam, diem novissimum et eternos annos
in mentem habuit.
In templo isto monialium Santœ Theresiœ
à se constructo
Inter ipsa Carmeli lilia, et virgineos Choros,
hoc sibi paravit honorabile Sepulchrum.
Recesit è vivis etat. LXIX, episcopat. XVIII.
Die 29. Aug. an. 1704.

Esta inscripcion fué escrita por el mismo obispo y en cada ángulo de la tabla del epitafio se ven estas cuatro letras mayúsculas **O. Q. V. F.** dentro de unos círculos, sin que se hayan podido descifrar satisfactoriamente segun leemos.

El alferez Juan Francisco Carvallo mercader y vecino de esta ciudad impendió cuantiosas sumas de dinero en la conclusion y engrandecimiento del convento hospital, consagró todo su afan en estas obras y no satisfecho con los beneficios que habia dispensado, pues, cortos eran para el celo y la caridad que le animaban, destinó el remaniente de sus bienes que eran considerables á la enfermeria y fábricas proyectadas que se llevaron á cabo despues de su fallecimiento sucedido en 1718. El retrato de este distinguido varon se halla en la Sacristia en la pared medianera con el presbiterio, construido este sobre una bóveda.

La hermosura, claridad, y estension del primer cláustro dice Arrate, el primor y ornato de su sala de recibo y hospederia, la capacidad y distribucion de sus interiores oficinas, y lo deleitable de su *huerta*, tiene mucha correspondencia y ajustada simetría con todo lo demas magnífico y lustroso de esta peregrina casa, cuyo frente está adornado de estátuas de piedra y efigies de santos, siendo el ornato de sus altares, coro y sacristia de mucha estimacion, valor y lucimiento."

Para que nada faltase á este monumento de piedad y beneficencia creóse una *escuela gratuita* que le es anexa, á las que asistian mas de *quinientos alúmnos* distinguiéndose por su instruccion y muy particularmente por la bella forma de letra que aun hoy se admira en algunos hombres de edad que allí la adquirieron. La mano que dió consolacion y alivio á la humanidad doliente, abrió tambien los raudales de la ilustracion y del saber, buscó moralidad y virtud para los hijos de Cuba...ah! este hecho es glorioso, este recuerdo es santo, es sagrado, y al ver en este asilo silencioso y benéfico el lugar en que nuestros padres se educaron, el corazon bendice la memoria de esos bienhechores, y derraman nuestros ojos lágrimas de gratitud y reconocimiento.

El frente de la iglesia está hácia el Oriente, y da entrada á él un atrio rodeado de balaustres de piedra. Tiene una sola nave que se estiende á derecha é izquierda al llegar al presbiterio. Fueron inmensas sus riquezas, y de estraordinario valor sus alhajas. Sus cláustros son de arquería de piedra; divididos para novicios y religiosos que guardaban con la mayor austeridad la rigidez de la órden, pues solo el noviciado duraba cinco años empleados en prácticas religiosas y privado de toda comunicacion esterior. La puerta del cuartel era *portería* del convento, y á la calle de *Acosta* caia la *puerta* que hoy se conserva, y que se llamaba del *peso* porque en ella se verificaba el de las azúcares de sus fincas. Inmediata á la pila que representa la lámina se halla la *escuela* á que asisten de trescientos á cuatrocientos niños.

La sala de *Convalecencia* es digna del obgeto á que se destinó, es cómoda, ventilada y espaciosa, su techo es de bóveda de cantería; la sala forma una *Cruz* quitada la prolongacion en sus brazos, que los forman á derecha é izquierda otros dos salones, y en el punto medianero que mira hácia la puerta se halla un *altar antiguo* bajo una media—naranja.

Aun no podíamos comprender en toda su estension el tesoro de la beneficencia, y nuestra alma de niño se conmovía en la *Semana Santa* al ver allí á los enfermos rodeados de aflicciones y dolencias, y cerca de ellos, á su lado, en sus camas, multitud de personas que despues de los *oficios* se dedicaban á servir á los pobres convalecientes. Hoy hemos recorrido esos lugares, un silencio religioso ha sobrecojido nuestro espíritu; los recuerdos de la infancia, la memoria de un padre que per-

19*

dimos, y de quien recibiamos en esos dias lecciones prácticas de virtud, arrancaron de nuestro corazon tristes y profundos suspiros.. . . .

Hemos visto luego la sala *de profundis* donde se ponian los cadáveres de los religiosos; el salon de recibo, la tesoreria, los cláustros y la *huerta;* la huerta verdadero orígen de esta institucion. En el lugar espacioso que corresponde á los *Arcos de Belén*, por debajo de los cuales atraviesa la calle de *Acosta*, contemplábamos el sol poniente, y sus rayos se oscurecian para la Habana cuando pesarosos dejamos el hospital.

La iglesia de Belen, el sonido ora grave, ora melancólico de su órgano, la cruz, esa señal viva de redencion que se eleva en la eminencia de su torre, el tañido de sus campanas, el nombre solo de ese templo, tienen para el que esto escribe recuerdos santos y sagrados que penetran su alma, oprimen su corazon, y despiertan en él un torrente de tiernas y profundas emociones...pero ¡ah! las amarguras y dolores del escritor no interesan á sus lectores, cae la pluma de sus manos, como caen las lágrimas de sus ojos....

Manuel Costáles.

FUENTE DEL COMERCIO, CAPITANIA DEL PUERTO Y MUELLE DE LA HABANA.

PUERTA DEL MUELLE DE LUZ. HABANA.

PUERTA DE LA LUZ.

Con el incremento é importancia que tomaba el puerto de la Habana ó de Carenas á principios del siglo XVII, conforme al historiador Arrate, el mas fiel y minucioso de nuestros historiadores, pensóse seriamente en fortificarlo y preservarlo cuanto se pudiese, contra la codicia de los enemigos de España, en los bellos tiempos de su prosperidad y grandeza.

Tras el proyecto de aislar la ciudad, abriendo un canal desde la caleta de S. Lázaro al estero de Chavez, propuesto por el Sr. Gelder que no mereció la aprobacion de la córte, llevóse á cabo el del Sr. Montaño Blásques, reducido á amurallarla por la parte de tierra. Y segun el mismo Arrate, la obra se comenzó corriendo el año de 1633, con 9,000 peones, que ofreció el vecindario, y el arbitrio de sisa impuesto por el cabildo sobre el vino. Continuada despues por los sucesores en el gobierno, Orejon, Rodriguez Ledesma, Córdoba, Lazo de la Vega, el Marques de Casa–Torres, Güemes y Cagigal, llevóse tan adelante, que en tiempo de estos dos últimos, sobre todo, habia fundadas esperanzas de que se concluyesen las murallas; (aunque no sucedió así) ó lo que es lo mismo, se circundase la ciudad, porque ya no solo se pensaba en fortificarla por la parte de tierra, sino tambien por la mar.

El primer pedazo de muralla que se construyó, fué, pues el que corre de la Punta á el Arsenal; y tuvo en su principio tres puertas: la de la Punta que daba salida á los paseantes por la orilla del mar, hasta S. Lázaro; la de Tierra que servía de entrada á los campesinos, y la de la Tenaza, que comunicaba con el Arsenal, y fué el origen de graves desavenencias entre el gobernador, marques de la Torre, y el comandante general de marina. Lazo de la Vega agregó otro pedazo de muralla por la parte de mar, desde la Tenaza

hasta S. Francisco de Paula, aunque años despues fué demolido y reedificado con mas solidez por el Sr. Güemes; y esta cortina no tuvo puerta ninguna, si esceptuamos una abertura ó caño que sirve de desague á las calles de la ciudad de esa banda, y aun á fugitivos y gentes que les acomoda no ser vistas en sus entradas ni en sus salidas.

Y sin embargo de que el historiador que seguimos, no lo declara espresamente, es de presumir que en tiempo del Sr. Cagigal, como hemos dado por hecho mas arriba, las murallas quedasen concluidas, tanto porque aquel escribió á principios del gobierno de Cagigal, cuanto porque menciona haberse abierto tres puertas en la cortina del Oriente, que no habria por cierto necesidad de abrir tantas si aun faltase mucho.

Pero sea de esto lo que quiera, la verdad es que de dichas tres puertas, la mas setentrional, llamóse de Carpinete, porque daba entrada á las mercaderías y efectos que desembarcaban los navíos de la época, en un muelle de ese nombre, contiguo á la contaduría; cuya casa antiguamente ocupaba el espacio que media entre la **Aduana nueva** y el vínculo del **Sr.** de **Aróstegui.** La otra puerta en el punto mas céntrico de la muralla oriental, nombróse de la **Machina,** y conserva su primitiva denominacion, si bien no la forma, que hoy mas parece puerta de estacada que de muralla. **Por** último, la tercera, nombrada de la **Luz,** la mas meridional, que es la que debe ocuparnos en el presente artículo, ni ha cambiado de sitio como la de la **Tenaza** y **Carpinete;** ni de forma como la de la **Machina** antes mencionada, sino que siempre estuvo donde ahora se la vé, al fondo del teatro principal, y al remate de la rampa que hace la calle que lleva su nombre.

Segun la representa la estámpa que encabeza este artículo, su apariencia es la de un castillejo sin almenas, garitones, ni troneras; tiene azotea, sin embargo, y una escala esterior de piedra. Tambien tiene abajo, dos ventanas interiores, que dan luz á otros tantos cuartos que sirven el uno á la habitacion del guarda, y el otro á la del sargento con los soldados, que montan la guardia diariamente en ella.

Ni esterior ni interiormente hemos encontrado losa ó medalla alguna de bronce ó piedra, por donde viniesemos en conocimiento del año en que se abrió dicha puerta, ya que el historiador lo calla; lo que nos ha causado suma estrañeza, si se considera, que en estas cosas se ha llevado á tal punto la escrupulosidad entre nosotros, que en obras de ningun interes ni duracion, se les notan repetidas las inscripciones.

No obstante, el destino de la puerta de la Luz siempre fué el mismo hasta ahora dos ó tres años: esto es, dar entrada á los pasajeros y frutos de la banda opuesta de la bahia. Desde que las poblaciones de Regla y Guanabacoa empezaron á tomar la importancia y crece que hoy tienen, la puerta de la Luz se hizo la mas concurrida y transitada de la ciudad. Andando el tiempo, el Santuario de Regla, por los milagros de la Santísima Sra. su patrona, y por sus antiguas como renombradas férias, adquirió celebridad inmensa; y con el fin de visitarlo, de mañana y tarde veíase la bahia cubierta de botes llenos de pasageros que se embarcaban en el muelle de Luz, el mas cercano y el único entonces, para semejante uso.

Luego tambien Guanabacoa, en un principio por su sagrada mision de recojer, amparar y doctrinar en la fé de Cristo á los desvalidos, dispersos indios, que la pobló de tales y tantos templos; y mas que todo por el descubrimiento de sus baños minerales, convirtiéndo de improviso la Villa en lugar de temporadas de los habaneros, todos los años los recibia á millares, durante los meses de calor especialmente; y no iban á ella por otra puerta que por la de la Luz, pues que la via de tierra, es y ha sido siempre sobre larga, trabajosa y de malísimos pasos.

La puerta de la Luz, por lo tanto, en aquella época, y aun en nuestros dias, como hemos apuntado mas arriba, vióse animada de continuo por los innumerables boteros, que no contentos con cubrir el pequeño muelle con sus graciosas embarcaciones á manera de góndolas; salian en tropel hasta la calle que lleva el nombre de la puerta, á asaltar los infinitos pasageros de todas clases que diariamente y á todas horas cruzaban la bahia.

Las escenas ya chistosas, ya ridículas, ya sérias, que en esta puerta acontecian, llegaron á adquirir tal popularidad y fama, que muchos hombres pacíficos, y muchas mas señoras, temian tener que embarcarse á Regla, por lo espuestos que estaban á los desacatos y tropelías ocasionadas por la codicia insaciable de los boteros: los cuales nunca se contentaban con el número de diez y seis pasageros calculado para cada bote, sino que querian siempre atestarlos de un modo bárbaro y peligroso.

Esto dió orígen á desgracias no pocas. Porque ademas de cargar con doble peso del que demandaban unas barcas frágiles y reducidas de suyo, cuando el viento no les era favorable para hacer uso de sus velas latinas, á fuerza de remo regateaban, volcando y embistiendo unas con otras en medio del puerto. Y no podemos menos de recordar aqui, que una de esas escenas, sirvió de motivo á la Sra. condesa de Merlin, para presentarnos en accion á el personage principal de la mas celebrada de sus novelas:—Sor Inés.

Pero hoy todo ha cambiado y desaparecido. Con la introduccion de los botes ó bateas, impulsados por vapor, que plantificó una empresa anónima, y edificó muelle al fondo del convento de S. Francisco, rompiendo las murallas de la Habana, el tráfico y animacion de la puerta de la Luz, decayeron al estremo de ser la mas solitaria y silenciosa de la ciudad. Y tal priesa se han dado á abrir otras puertas, que del corto tiempo en que se tomó la vista de la actual estámpa, al en que escribimos este artículo, fuera de las que ya habia correspondientes á los vapores de la carrera de Matanzas, la empresa de la mina Prosperidad ha abierto la suya esprofeso, con hermosas rejas de hierro afianzadas en altos pilares de piedra, y su tinglado capaz que cubre el ancho muelle.

La puerta de la Luz, pues, tan concurrida y transitada por nuestras hermosas y mozalvetes que salían por ella con el fin de concurrir á las ruidosas férias de Regla, y á las justamente célebres temporadas de Guanabacoa, vese al presente reducida á las visitas de uno que otro pasagero pobre y cauteloso que teme el ruido y humo de los vapores, y á las tropas de los caballos que todas las mañanas llevan á bañar los caleseros. El centinela y el pacífico guarda, sin embargo, no la abandonan, ni la han abandonado nunca, al menos que sepámos, y segun lo mustio que aparecen sus semblantes al curioso que les observa de paso, creeria que estaban allí puestos para llorar y referir al transeunte lo que fué, en tiempos no muy lejanos, la solitaria puerta de la Luz.

C. Villaverde.

COMANDANCIA GENERAL DE MARINA DE LA HABANA.

L. Cuevas lo dibᵒ y litᵒgᵒ   Litogᵃ del Gobierno.

COMANDANCIA DE MARINA.

LA casa de la Comandancia de marina que se vé en el primer término es la habitacion del gefe de la escuadra de este apostadero de la Habana, que tambien es juez en lo contencioso de las causas y negocios de los empleados de la Real Marina. En las habitaciones bajas se encuentra la escribanía y demas oficinas necesarias para el órden económico y judicial. Si la marina mercante es de necesidad en la Isla y con el tiempo será una de las ocupaciones mas productivas de los habitantes del pais, la de guerra es el alma de nuestra seguridad. Indudablemente la situacion nuestra nos llama al aumento de la marina, si bien son de fomentarse los demas elementos de nuestra prosperidad.

20

Al principio tuvo mas estension que hoy la jurisdiccion del tribunal de marina. Exigíalo así la naturaleza de las atribuciones del gobierno en la época: establecido un arsenal y astillero para la construccion de buques, se introdujo la legislacion de montes que determinaba el órden de los cortes para aprovechar las maderas en los buques. Para que lo hicieran los particulares se les exigía licencia y de no tenerla eran decomisadas. Por la misma razon que se eligió el puerto de la Habana para un astillero se creyó conveniente que las matrículas se hiciesen estensivas á los individuos que residiendo en las poblaciones ó fincas rurales pretendieran inscribirse con este fin se revisaban las listas en la comisaría. Contribuian todas estas causas á la mas lata estension del juzgado, puesto que á él pertenecian.

En la época del mando en esta Isla del Exmo. Sr. D. Juan Ruiz de Apodaca reunió los de Capitan general y comandante del Apostadero. El personal del ramo es en el dia el siguiente:

Un comandante general, un secretario de marina con su oficial y cuatro escribientes. La mayoria se compone de un mayor general, cuatro ayudantes. El tribunal, del comandante, juez, un auditor, un fiscal escribano y subalternos. El tribunal de apelaciones para causas criminales compuesto del asesor de correos, dos asesores de gobierno, el de guerra y apostadero: tiene un relator y un fiscal. Si la causa ha sido fallada por el comandante general, preside el Capitan general y se consulta con un auditor. Hay una junta de marina, un tribunal militar de revision y el estado de la armada es como sigue: una fragata, dos de vapor notables, una corbeta, cuatro bergantines, siete goletas, un pailebot y una balandra.

Ademas el ponton Teresa y la falua Fernandina en Marimelena. Estas fuerzas marítimas están convenientemente estacionadas en los diversos puertos de la Isla. En Cuba y Trinidad. En el dia parece que el gobierno supremo trata de aumentar dichas fuerzas.

Segun veremos en otro lugar la formacion del astillero precedió á la traslacion de la Armada de barlovento á este punto el año de 1748 que hasta dicha fecha estaba situada en

Veracruz. Los motivos de la traslacion bien se columbran con solo examinar las ventajas que al puerto de Veracruz lleva el de la Habana, célebre en el mundo desde que fué conocido con el nombre de Carenas. Efectivamente la estensa bahía con que nos enriqueció la naturaleza, lo abrigado de ella contra todo viento que molestase á los buques surtos en ella, son ventajas reales que unidas á estar la Isla cerrando el paso al golfo mejicano, *llave del Nuevo'Mundo*, como la llamaron nuestros padres, cuando reducian la importancia de la América á solo el rico territorio mejicano, debieron decidir á los prudentes mandatarios de la época á aconsejar al gobierno supremo la medida y que este la aceptase. El tiempo ha venido á confirmar las conveniencias de ella y tales ó semejantes razonamientos debieron ocurrirse á los que desearon el engrandecimiento de su nacion.

Fué primer comandante general con todas las atribuciones de tal D. Juan Antonio de la Colina, gefe de escuadra en 1767. Hasta 1766 gobernaron el Apostadero los comandantes que venian en las escuadras á estas Indias, mandando los navíos de las armadas. Ha habido hasta hoy 19 comandantes incluso el Exmo. Sr. Ulloa que tiene el mando. De ellos y de los últimos tiempos, reposa en cenizas en el cementerio de esta ciudad el Exmo. Sr. D. Angel Laborde y Navarro, dejando simpatias profundas en muchos de los moradores de ella. Despues de haberse incorporado á la Capitania general la comandancia de marina, obtuvo el mando de esta Isla en 1816 por interinatnra D. Pablo Acevedo, capitan de navio.

No habian corrido muchos años desde la época de la conquista, cuando ya se reconoció la necesidad de fomentar la marina en Cuba para guardar las' costas de los astutos enemigos que siempre la codiciaron. Gobernando esta Isla el maestre de campo D. José Fernandez Ponce de Leon libró despacho en 15 de setiembre de 1783 á nuestro antepasado el teniente D. Luis de Sotolongo. De este dato se deduce que los gobernadores no solo reunian á su mando el marítimo, sino que nombraban altos empleados, si á su título se atiende como curiosa anticualla y de importancia histórica estractaremos este antiguo documento que poseemos. Residia Sotolongo en su hacienda *Guaicanámar* cerca del puerto de *San-ta Cruz* dos leguas, ocho de la Habana, y conviniendo *al servicio de S. M. ser avisado con puntualidad de los enemigos que allí aportaren ó navíos que se descubrieren y salir al encuentro á los que saltasen en tierra y para que esto se pueda hacer se necesita nombrar cabo y caudillo de toda esperiencia y valor, por el presente elijo y nombro al dicho tenientè D. Luis de So-tolongo por caudillo y cabo de toda la gente que allí concurriere, así de las fragatas, canoas y barcos de pesquería, como de los corrales y haciendas &c.* De paso indicaremos que hasta el castellano del Morro nombraba por aquellos tiempos á su teniente, como se deduce de otro despacho, que tambien tenemos librado por el capitan de corazas españolas *D. Andres Munive* hecho en 1792.

El trascurso del tiempo ha dado á la Isla un incremento estraordinario y la necesidad de fomentar su marina de guerra y mercante es casi patente. No obstante hay poca aficion entre los naturales á cruzar las olas y la escuela náutica de Regla es el punto donde se educan los pocos que la tie-nen. El proyecto de su traslacion á la Habana y de completar la instruccion de las ciencias útiles que encerraba el *Instituto Cubano* quizá hubiera dado mas animacion á la juventud que por fortuna tiene las mejores disposiciones.

El *palo de la Machina*, que se vé en la lámina y que se llama así por un vicio de pronunciacion ocasionado por la ortografia con que antes se escribió la palabra *máquina* (**Machina**): fué levantado en 1789 para arbolar y desarbolar las naves: el Sr. Director de ingenieros D. Francisco Autran rigió la parte científica y la práctica en la ejecucion el primer contra maestre de escuadra *Cristóbal Colorado*, siendo gobernador **Cárlos IV**, segun consta de la inscripcion que se lee en el torreon.

Las tradiciones populares han hecho célebre á *Nuestro Amo colorado* entre la jente de mar y familias antiguas de la Habana. Es demasiado largo ya este artículo, atendido su objeto, para que en su relacion nos detengamos. Dícese que se concluyó la fábrica á los 33 años de haberse abierto los cimientos del Torreon. Las dimensiones de la **Machina**, que es-

tractamos de una noticia manuscrita que nos ha proporcionado un amigo, son las siguientes.

	Pies.	Pulgadas.
Altura de la torre desde el agua.......	30	,,
Al asiento de los pies de la cabria.....	20	,,
Largo de los palos.................	125	6
Grueso por la parte norte...........	3	2
Idem sur.......................	3	5
Altura del tamborete desde la superfi-cie del mar................. }	135	,,

El ángulo de inclinacion es de 66.°

Antes de concluir anunciarémos á nuestros lectores que un jóven dedicado á la literatura se ocupa de recojer nuestras tradiciones y será objeto de una de sus leyendas, *Nuestro Amo colorado,* contramaestre de la armada de Barlovento.

A. B.

20*

PUERTA DEL ARSENAL. HABANA.

ARSENAL DE LA HABANA.

No, no es posible manifestar en las cortas líneas de este artículo las impresiones que hemos recibido en nuestra visita al Arsenal, tampoco lo permite la naturaleza de la obra, ni el breve tiempo que tenemos para dar á nuestros lectores algun conocimiento sobre la lámina que nos ocupa. Indispensable nos es por lo mismo prescindir de aquellas, reunir los datos que tenemos á la vista; y dar algunas pinceladas sobre ese monumento cuyas formas gigantescas abruman al observador, si antes de dirigir á él sus miradas no le agobian las consideraciones de pasadas grandezas, contrastadas con la insignificancia presente.

La posicion ventajosa de nuestro puerto, las escelentes y

multiplicadas maderas de construccion de que abunda la isla de Cuba , dieron lugar por los años de mil seiscientos veinte y seis, á la fábrica de varios bajeles para aumentar la armada de Barlovento destinada en parte á guardar nuestras costas. Aunque se nota bastante oscuridad en los historiadores sobre este asunto, *convienen sin embargo en que varios comerciantes entre los cuales mencionan al Capitan Juan Perez de Oporto, construyeron luego *galeones y pataches* para asegurar sus intereses y mercancías en la carrera de Indias; cosa que produjo bienes de la mayor consideracion é importancia.

De aquí la disposicion soberana prohibiendo el corte de maderas en toda la Isla, esceptuando solo las reparaciones necesarias que con aquellas habian de hacerse en las casas de la ciudad. Y habia tal vigilancia sobre este particular y en tanto se estimaba el mérito de nuestras maderas, que segun leemos en otro lugar correspondia á la jurisdiccion de la Real Marina el conocimiento de él; nombraba celadores y empleados en el campo; ecsigia su licencia prévia para el corte aun en el caso arriba esceptuado, descomisaba cuantas descubria,

destinadas á distinto objeto, ó aplicadas á aquel sin las formalidades necesarias.

El interés individual despertó el público, y corriendo el año de 1713, se elevó á la corte un proyecto sobre construccion de bajeles para escoltar las *flotas y galeones*, proyecto en que se recomendaba la preferencia de los buques construidos con maderas de esta Isla, así por su mayor solidéz y duracion, como porque eran infinitamente menores los astillasos que de ellas resultaban, ventaja no de poca consideracion en los lances y encuentros navales.

Esto no obstante hasta el año de 1724 que sepamos, no descendió una Real órden para la construccion de bajeles en el astillero, bien que para nosotros debió ser antes por ser esa la fecha del primer navío fabricado como luego verémos en nuestro Arsenal: Arsenal á que se dió mayores dimensiones, que atrajo con sus obras la admiracion de los estrangeros, y que despues de su actividad y de sus glorias yace abandonado cual si de nada necesitara para aumentar su crédito y nombradía.

Estuvo colocado antes el *astillero* entre la Fuerza y la Contaduría; pero lo estrechez de este lugar, el aumento de nuestras necesidades, y la estension que demandaba un establecimiento de esa clase, ocasionó su traslacion al punto en que hoy se halla.

Con este motivo, y con objeto de evitar las desgracias que frecuentemente esperimentaba la armada de Barlovento surta en el puerto de Veracruz, fué tambien trasladada á este de la Habana; bien que esto último aconteció por los años de 1748.

Está pues situado el Arsenal en la parte correspondiente al Sur de esta Ciudad, desde la puerta que lleva su mismo nombre hasta el Matadero intramuros, y desde ella hasta la esquina de la calle de Farruco, barrio de Jesus Maria estramuros donde forma vértice un angulo que se prolonga hasta la estinguida Factoría de tabacos, sostenidas sus murallas en lo esterior por estrivos equidistantes que les dan hermosura y solidéz. Su area ocupa mas de una milla aunque Arrate solo le asigna un cuarto de legua.

En el recinto de la muralla y parte que cae á la Ciudad está casi en un punto medianero de la distancia arriba indicada la puerta de la *Tenaza* por donde entraba y salia la gente de la ciudad y estramuros atravesando el Arsenal por esa y la otra puerta que se halla frente á la calle de la Diaria en el barrio de Jesus Maria, tránsito que dió lugar á las acaloradas cuestiones entre el Marques de la Torre cuando gobernaba la Isla y el Comandante General de Marina desde cuya época estan condenadas ambas puertas.

Situado el observador en el punto céntrico que cae al mar, ahi donde está construido el famoso dique, por donde se echaban al mar los navios, no puede resistir el cúmulo de ideas que agitan su espíritu. Atónito contempla en derredor restos de pasadas grandezas, á sus plantas el blando murmullo de las olas, á su frente la ensenada de Guasabacoa con sus fértiles y deliciosas campiñas, á la izquierda el santuario y hermita de Regla, mas á la derecha en la cúspide de una colina el castillo de Atarés, y sobre este último cuadro el cielo purísimo de Cuba en que irradia su luz el Inca Soberano.

Son tantos los almacenes, oficinas, obradores, y departamentos del Arsenal, que mal podriamos dar aqui una relacion minuciosa y exacta, cuando esto lo impide segun hemos dicho al principio, la rapidéz con que escribimos el presente artículo, y la circunstancia bastante atendible de haberse suspendido hace muchos años la construccion de bajeles, y estar aquellos destinados hoy á diversos objetos de su primitiva fundacion.

Dirémos sin embargo que á la izquierda se encuentrala habitacion del Sr. su Comandante, cerca del rastrillo la del de Ingenieros, mas léjos la del Interventor, hácia la derecha la oficina de Intervencion de Real Hacienda. Frente á la primera de estas se ve un pequeña hermita como de tres varas en cuadro por cada lado, es sencilla, de madera y en la parte superior una figura blanca tambien pequeña simboliza la religion. Dícese misa en los dias festivos para lo que unicamente se abre, levántase un toldo para evitar los ardores del sol, y allí se postra el hombre para calmar las turbulencias de su espíritu; tanta sencillez y tan reducido espacio bastan á

sus creencias; sino allí cerca, muy cerca tiene el mar, junto asi, por todas partes, en medio de los objetos que le rodean mil arboles frondosos ostentan la feracidad de la tierra de Cuba, sobre su cabeza el Cielo.... ¡oh! la armonia de la naturaleza rebela la existencia de Dios, y segun dijo un pensador profundo, * es el templo mas digno de él como la obra sublime de su omnipotencia y sabiduria.

Entre los departamentos debe mencionarse el de Arboladuras construido por el General D. Angel Laborde , á cuyo celo, conocimientos, interés y beneficencia debe el Arsenal algunas mejoras no siendo de olvidar el empeño con que personalmente activó la convalecencia en la destructora epidemia del cólera, y la asignacion de medio real diario que perciben los presos de la armada y otros que el gobierno destina á las galeras del Arsenal. Consta el primero de cuatro famosas galerias divididas cada una en veinte columnas de piedra, sien-

* D. José de la Luz en su inaguracion á un curso de fiilosofia.

do considerable su estension; y todo resguardado con dobles y altas balaustradas de maderas.

Entra en el Arsenal un brazo de la zanja real, cuyas aguas ponian en movimiento su famosa sierra, hoy en completa ruina y abandono. Despues se les daba salida por una cañeria que venia á morir al mar para proveer de agua á los buques y á los antiguos baños del Matadero.

Aquí quisiera mas terminar, pero no debemos hacerlo sin hablar del *dique* y *gradas* construidos para echar los buques al agua; preciso es ver estas obras para apreciar toda su importancia. Alli contemplamos enmudecidos por la impresion que se apoderaba de nuestro espíritu, el sitio en que acudian los moradores de esta ciudad, cuando se echaba algun bajel al agua; dia de bulla de regocijo, de movimiento y admiracion; dia en que los constructores se adornaban con sus mejores vestidos, y en un momento de placer, grande, solemne, indecible compensaban tantas horas de afanes y trabajos....nuestros ojos derramaron una lagrima y alli bendijimos la memoria de nuestros antepasados.

Para dar una idea de la actividad del Arsenal copiamos á continuacion una lista de los buques construidos no haciendolo sino de las Reales, Navios y Fragatas porque lo demas seria ocupar demasiado papel.

NOMBRES DE BUQUES.	Cañones.	Años de su construccion.
Navío San Juan...................	50	1724
Idem S. Lorenzo..................	50	1725
Idem S. Gerónimo	50	1626
Idem N. Sra. de Guadalupe (el Fuerte)	60	1727
Fragata Sta. Bárbara (la Chata......	22	1727
Navio S. Dionisio (el Constante).....	54	1728
Idem Ntra. S. del Cármen..........	64	1730
Idem S. Cristóbal (segundo)........	60	1730
Idem S. José (el Africa)...........	60	1733
Idem Ntra. S. del Pilar (Europa).....	60	1734
Idem Ntra. S. del Loreto (el Asia)...	62	1735
Frag. la Sma. Trinidad (la Esperanza)	50	1735
Idem S. Cristóbal (el Triunfo).......	24	1735

Navio Ntra. S. de Belén (la América).	62	....	1736	Navio S. Ramon...................	60	.... **1775**
Fragata Sta. Bárbara (la Estrella)....	24	....	1737	Fragata Sta. Agueda..............	46	.... **1776**
Navio Sto. Cto. de Burgos (la Castilla)	60	....	1738	Idem Sta. Cecilia................	46	.... **1777**
Navio Sta. Rosa de Lima (el Dragon)	60	....	1738	Idem Sta. Matilde................	46	.... **1778**
Fta. Ntra. S. de Guadalupe (la Bizarra)	50	....	1739	Idem Sta. Clara..................	40	.... **1780**
Navio S. Ignacio (el Invencible)......	70	....	1740	Navio S. Cristóbal (el Bahama)......	70	.... **1780**
Idem Ntra. S. de Belén (el Glorioso)..	70	....	1740	Idem S. Hipólito (el Mejicano).......	114	.... **1786**
Idem Ntra. S. del Rosario (la N. Esp.).	70	....	1743	Idem Conde de Regla..............	114	.... **1786**
Idem S. José (el Nuevo Invencible)....	70	....	1743	Frag. La Guadalupe...............	40	.... **1780**
Idem J. Maria J. (el Nuevo Conquist.)	64	....	1745	Real Cárlos......................	114	.... **1787**
Idem Sta. Teresa de Jesus..........	64	....	1745	Fragata Catalina.................	44	.... **1787**
Idem S. Francisco de Asis (N. Africa).	70	....	1746	Navio S. Pedro Alcántara..........	64	.... **1788**
Idem Sto. Tomás (el Vencedor)......	70	....	1746	Fragata la Merced...............	40	.... **1788**
Fragata Sta. Rosalia (la Flora)......	24	....	1747	Navio San Hermenegildo..........	120	.... **1789**
Navio S. Lorenzo (el Tigre).........	70	....	1747	Idem S. Gerónimo (el Asia)........	64	.... **1789**
Idem S. Alejandro (el Fénix)........	80	....	1749	Idem Sta. Bárbara (la Princesa)......	79	.... **1750**
Idem S. Pedro (el Rayo)............	80	....	1749	Fragata Sta Bárbara (el Fénix)....	18	.... **1758**
Idem S. Luis Gonzaga (el Infante)....	70	....	1750	Navio S. Eustaquio (el Astuto)......	60	.... **1759**
Idem Santiago el Mayor (la Galicia)..	70	....	1750	Frag. Ntra. S. de Guadalupe (el Fénix)	22	.... **1761**

Navio S. Genaro..................	60	 1761
Idem S. Antonio..................	60	 1761
Idem S. Cárlos...................	80	 1765
Idem S. Fernando.................	80	 1765
Idem Santiago....................	60	 1766
Idem S. Luis.....................	80	 1767
Idem S. Francisco de Paula........	70	 1769
Idem Santísima Trinidad...........	112	 1769
Idem S. José.....................	70	 1709
Fragata Sta. Lucia................	22	 1770
Navio S. Rafael..................	70	 1771
Idem S. Pedro Alcántara...........	62	 1771
Idem S. Miguel...................	70	 1773
Idem Soberano...................	74	 1790
Fragata Minerva.................	44	 1790
Navio el Infante D. Pelayo........	74	 1791
Fragata la Ceres.................	47	 1791
Idem la Gloria...................	44	 1792

Navio los Stos. Reyes el Príncipe de Asturias......................	120	 1793
Fragata Anfitrite.................	44	 1796

El total de buques construidos en el Arsenal desde el año de 1724 hasta el de 1796 es de 109 en este órden: Navíos **49.** Fragatas 22. Paquebotes 7. Bergantines 9. Goletas 14. Gánguiles 4. Pontones 4. Dícese que Cárlos III, para transportarse con su Real familia, eligió entre los muchos bajeles que pasaron á conducirle uno construido en este Arsenal por lo cual se le tituló el Fénix de la Armada.

El silencio y la inaccion han sustituido á tanto trabajo y actividad; el Arsenal de la Habana emblema hoy el sueño de un gigante; mañana despertará, un esfuerzo de su poder nublará de bajeles el mar y en breves dias compensará la calma y abandono de tantos años.

Manuel Costáles.

21

L. Cuevas, dib.y litog.   Litog. del Gobierno, Habana.

CASA DE S. DIONISIO.

CASA DE SAN DIONISIO.

Un temor religioso sobrecoje el ánimo del escritor al estampar el solo nombre de S. Dionisio, mayormente, cuando sin quererlo por sobre las almenas de la casa, divisa los pinos del Cementerio. ¡Aquí la tumba de los dementes! allí la tumba de los muertos! Qué consonancia tan terrible! La muerte y la locura juntas! Nosotros respetamos las intenciones del sabio magistrado que así lo dispuso, y aun aplaudimos su filosófico pensamiento. La locura y la muerte son una misma cosa. El hombre demente existe en un mundo donde aun no han podido penetrar los sábios de la tierra: el hombre muerto reposa en otro mundo cerrado enteramente para el hombre vivo. La casa de los locos y la casa de los muertos deben estar, pues, en un mismo sitio. Si la sociedad tiene un sepulcro debajo de la tierra para sus muertos, que sirve de asilo á sus huesos, es cosa muy puesta en razon que erigiese tambien asilo sobre la tierra, para aquellos que, perdiendo el juicio, perdieron la existencia moral, y demandan una tumba ó lugar apartado, donde sus delirios no esciten á todas horas, el horror, la lástima y tal vez el escarnio del hombre sensato. La sociedad en esto obedece á Dios callando. ¡Desgraciado del hombre que no encuentra un hueco en la tierra donde descansar sus huesos! desgraciado el loco, que no tiene un asilo donde ocultar á los demas hombres las miserias de su razon estraviada!

La situacion de la casa de S. Dionisio es al costado oriental del Cementerio, entre este y el hospital de S. Lázaro, al fondo de la caleta del mismo nombre, dando su frente al Sud, y bañada en todos sentidos por las brisas del mar; casi á las faldas de la célebre loma de Aróstegui, poco menos de dos millas del centro de la ciudad, y cerca de una del castillo del Príncipe. Esta situacion, segun se vé, no puede ser mas adecuada al fin de su instituto, como lo es la de S. Lázaro y la del Cementerio general. Sitio retirado y silencioso, frescos y puros aires: ved aqui los requisitos que demanda naturalmente una casa destinada para hombres de suyo achaquientos, y ved los que goza la de S. Dionisio en la Habana.

Su ereccion fué el año 1827, gobernando el Sr. D. Francisco Dionisio Vives, de quien tomó el título; y su apertura el 1º de setiembre del siguiente año. Hízose la obra á espensas de una suscripcion voluntaria promovida por dicho Exmo. Sr. con el santo fin de amparar y recojer á los infelices dementes que, ó vagaban por las calles hechos la burla y el escarnio de los muchachos y de la mendiguez juntamente, ó gemian sumidos en los calabozos de la antigua carcel sin aire, sin luz y sin abrigo corporal ni espiritual.

El edificio tal como le representa la estampa que encabeza este artículo, descubre á primera vista una fachada sobre elegante, de firme y sólida construccion. Su sencillo ante pórtico de órden coríntio, junto con el enverjado de hierro sobre muros de manposteria, que rodea el pequeño jardin que tiene la casa delante, y los pinos, obelisco, rejas y flores del Cementerio, que se ven al fondo del cuadro, producen un contraste bello, que dan á la estampa y al objeto real muy gracioso y pintoresco aspecto.

La puerta de entrada, queda precisamente en medio, bajo el ante-pórtico, á cuyos lados abren cuatro ventanas de fuertes rejas de hierro, que dan luz y aire á otros tantos cuartos ocupados por el loquero, el mayordomo de la casa y dos soldados y un cabo, que no montan guardia, sino que estan de respeto, para en caso de necesidad. Sobre el umbral de la citada puerta, en una lápida de mármol, con letras doradas de relieve, se lee esta inscripcion.

A LA HUMANIDAD.

AL SANO JUICIO.

mens sana in corpore sano.

Francisco Dionisio Vives.   *Juan José Espada.*

Gobernador.   Obispo.

AÑO DE 1827.

La entrada es un pasillo de dobles puertas: la esterior ó de la calle, y la interior, que además tiene una reja de hierro, y cae al primer patio. Es este un cuadrilongo de 28 vs. de largo y mas de 12 de ancho, con pasadizos todo al rededor, soportados por gruesas columnas de piedra del mismo órden que las del ante pórtico: bajo de ellos estan las celdas de los dementes pensionistas, que por todas suman quince, con mas tres calabozos reforzados de fuertes rejas, de los cuales actualmente solo estaban ocupados dos.

Cuando se abrió la casa en 1828, no tenia mas que este pátio y un gran jardin al fondo; pero posteriormente lo destruyeron para fabricar otras celdas, con patios correspondientes, segun verémos despues. Para entrar en el segundo, que es cinco varas mas chico que el primero, y que tiene los mismos pasadizos y columnas, atravesamos otro pasillo, al cual abren dos puertas, que lo eran de otros tantos salones corridos á derecha é izquierda, donde se veian las largas mesas y bancos de pino, en que se sientan los reclusos blancos á comer; pues los de color tienen las suyas en los pasadizos. En

21*

el centro de este segundo patio hay una hermosa fuente, que derrama un chorro abundante de agua por la boca de una bestia marina; y corona la pila el Dios del silencio, representado en un precioso niño de marmol ordinario, que se ve de pie, con el indicador sobre los labios.

Aqui en vez de celdas hay dos salones corridos de N. á S. de 30 varas de largo cada uno, con muchas ventanas para su mejor ventilacion, que sirven de morada á los locos que recoje y mantiene la caridad pública: sus camas son duras tarimas y su abrigo una frazada de lana. Antes de pasar al tercer patio, reparamos sobre el dintel en una lápida de marmol, donde se lee una inscripcion del tenor siguiente:

POR EL ESCMO. Sr. CAPITAN GENERAL
DON JOAQUIN DE EZPELETA.
BAJO LA DIRECCION
DEL ESCMO SR. MARQUES DE ESTEVA,
Y direccion del coronel D. Manuel Pastor.
Año de 1839.

Este tercer departamento pertenece esclusivamente á los hombres de color; tiene dos salones á la derecha, divididos de por mitad, y á la izquierda algunas celdas angostas, provistas de cepos para encerrar y sujetar á los locos que se muestran inquietos ó desobedientes á la voz del loquero; tambien tiene dos baños de agua corriente, con dos llaves cada uno y dos estanques enladrillados de vara y media de profundidad.

En fin, en el cuarto y último pátio estan el lavadero, la cocina y la letrina; es el mas chico; está rodeado de un alto muro que tiene dos puertas, la una falsa y grande que sirve para estraer las basuras, la otra pequeña, y dá al callejon divisorio entre la casa y el Cementerio. Los salones de los cruceros son muy ventilados; lo mismo que las celdas, que abren ventanas á todos los aires; y los cinco departamentos, de que se compone la casa de S. Dionisio, estan enteramente divididos entre sí, porque en todos los pasillos hay dobles puertas, que cierran hácia el Sud.

Los pátios, celdas, calabozos, pasillos, pasadizos y paredes respiraban tal aseo y limpieza que sobremanera nos admiró, no menos que el religioso respeto con que aquellos séres de estraviada razon, miran á su guardian ó loquero, D. Ignacio Franco; quien tuvo la amable condescendencia de enseñarnos el establecimiento y darnos cuantas noticias é instrucciones le pedimos. Mientras pasabamos de un pátio á otro solia quedarse atras el loquero cerrando alguna puerta; entonces los dementes nos rodeaban hablandonos á un tiempo y cada cual conforme á la tema de su locura; pero se aproximaba aquel, y todos se alejaban y le abrian paso, atentos siempre á sus menores acciones, como á sus palabras. La mayor parte de esos infelices estaban echados en sus tarimas cuando entramos; mas segun fuimos penetrando en la casa, fueron ellos poniendose en pie, por manera que á nuestro retorno, ya casi todos los 119, que hoy encierra el establecimiento, ocupaban los pasadizos del primer pátio, y comenzaron á darnos voces é insultarnos desde lejos, porque nos veian con el lapiz y el papel en las manos, apuntando las noticias con que redactamos este artículo.

Desde la edad fresca y lozana de los veinte años, hasta la débil y madura de los setenta, vimos alli locos; y es cosa singular que ninguno furioso; porque si bien es cierto que hay calabozos y estrechas celdas, rara vez, segun nos dijo el loquero, se han visto en la necesidad de ocuparlos; y los cepos y los encierros, mas se dan como correccion de pequeñas faltas, que como medios preservativos contra la furia de algun demente.

A las seis de la mañana toman ellos un ligero desayuno, compuesto de pan y café puro; almuerzan á las nueve; báñanse (los que lo permite su estado) á las doce; comen á las dos de la tarde, y á las cinco meriendan con lo mismo que se desayunan. El esquilon que se halla en el pasillo del primer departamento, avisa las horas de ponerse á la mesa; y el cañonazo que disparan en el puerto á las ocho de la noche, es la señal que les manda acostarse, y todos lo hacen sin necesidad de apremio, ni de otro aviso: á las nueve reina en todo el edificio, el silencio de un convento de religiosos.

No hablaremos aqui de las rentas que goza el establecimiento, porque siendo como es dependiente de la R. Casa de Bene-

ficencia, la Junta de esta corre con su direccion y entretenimiento: nuestro co-redactor y amigo D. Antonio Bachiller,
encargado de ilustrar con un artículo descriptivo la estampa
que representa dicha Real Casa, tratará latamente el asunto exprofeso.

Nosotros nos retiramos de S. Dionisio al cabo de una buena
hora, es decir, á las cinco y mas de media de la tarde; quedando encantados de la amabilidad del Sr. Franco, á quien
los dementes tratan con el respeto de un padre cariñoso, y él
á ellos como á hijos desgraciados. Hoy no hemos olvidado
ninguna de sus cortesanas atenciones, para con nosotros estraños é importunos visitantes; tampoco se nos borrará nunca de nuestra imaginacion la fisonomia de esa enfermedad
que llaman locura, fisonomia espantosa que inspira lástima,
y horror á un tiempo. La palidéz del rostro, la vaguedad en
los ojos ahuecados, la macilenta espresion del semblante, y las
manías de todos y cada uno de los locos agrupados en torno
de nosotros mirandonos unos como estátuas, asustándonos
otros con sus contorsiones ridiculas.... ¡oh! estas son cosas
que no se pueden olvidar jamas. ¡Dios nos conserve la razon
y tenga misericordia de sus pobres criaturas, porque el hombre demente vive es verdad, pero no existe en el mundo
de los vivos.

C. Villaverde.

BAÑOS DE LA BENEFICENCIA. HABANA.

REAL CASA DE BENEFICENCIA, CALZADA DE SAN LAZARO.

CASA DE BENEFICENCIA.

La historia de la Casa de Beneficencia es larga de contar como que de pocas cosas se habrá escrito tanto en esta Ciudad. Despues de dos años de trabajo en la fabricacion del edificio se abrió en Diciembre de 1794 con localidad y posibles para hospedar 34 niñas huérfanas que al efecto entraron. Semejante este instituto á otros de creacion del Escmo. Sr. D. Luis de las Casas, que gobernaba esta Ciudad é Isla por la época citada, le puso al cuidado de la Real Sociedad Económica de Amigos del pais, gobernandola hoy una diputacion de su seno con reglamentos separados.

En una memoria de la corporacion citada impresa el año de 1817, se dice que al celo y generosidad del Illmo. Sr. D.

Luis Peñalver debió el ilustre las Casas el buen éxito del proyecto de la institucion. Nos parece que es digno de recordarse la parte que á otros tambien cupo en el proyecto. El Arzobispo de Goatemala ya nombrado, la Condesa de Jaruco, y Marqueses de Monte Hermoso y Conde Peñalver dieron mas de 30$ pesos para la fábrica. Ademas el Illmo. Arzobispo, donó el terreno ocupado y contribuyó con otras gruesas sumas.

La casa se encuentra á orillas del mar como á 1,500 varas oeste de la ciudad ó sus murallas, pues la poblacion va creciendo diariamente y se le van aproximando las casas que se construyen por todas partes. En el cuadro que existe ahora en la sala de Juntas, pintado por D. Juan del Rio y representa el acto de la apertura del instituto se da una idea justa del aumento de nuestra poblacion en los últimos años. Sin embargo aquellos cocales que han desaparecido para dejar un sitio á las construcciones de los hombres, aquellos caminos tortuosos y rústicos sustituidos por la calzada de Gutierrez, todos estos objetos despiertan en nuestra alma emociones profundas que nos llenan de melancolía. Dejamos á los publicistas la cuestion de la conveniencia de las casas de beneficencia, nosotros, yo al menos, no puedo recordar á aquellos varones retratados en el lienzo sin gratitud y si bendigo su memoria, lamento su pérdida y al reconocer lo inevitable de ella en todo lo humano ¿qué nos queda que hacer? consignar estos renglones que leerán con interés nuestros hijos y tambien los bendicirán.

El hospicio de Beneficencia ha sido no solo un lugar de refugio á las infelices huérfanas, sino que se les proporciona en él una educacion literaria bastante completa y aun se las dota de los fondos del establecimiento ó un ramo de ellos que se llama de dotes. En 1816 se suplicó al patrono de la Obrapía de los Calvos de la Puerta que destinase alguna de las dotes que anualmente repartia á doncellas menesterosas el dia de S. José y últimamente en juicio contradictorio á virtud de una disposicion soberana se ha aplicado la mitad de las dotes de dicho vínculo á los fondos de la casa segun se nos ha asegurado. Antes de indicar el actual estado de la casa y de algunos rasgos de su historia es conveniente advertir para las comparaciones oportunas que en 1816 las rentas de la casa ascendian á 28413 pesos 1½ rl. y que las labores de las educandas y otras frioleras ascendieron á 4500 pesos y la fábrica de cigarros elaborados por las esclavas con rebaja de gastos 9000. En el dicho año hubo la siguiente ecsistencia

Educandas............ 62
Indigentes............ 66
Dependientes.......... 13
Esclavas 51

Total...... 192

El anterior estado hecho en noviembre fué aumentado con diez y seis esclavas que adquirió la casa ántes de finalizar el año.

De propósito hemos elegido estos datos del año 1816 porque como dijo don Pablo Boloix en esa época empezó: "descubriéndose el vasto horizonte de la felicidad á alentarse la esperanza del sostenimiento de la Beneficencia que se creyó aniquilada. En gran parte la salvó la elaboracion de cigarros por cuenta del gobierno segun se la proporcionó el Sr. Juez conservador D. Diego J. Sedano. Tambien desde la misma época empezó á meditar sobre el progreso del establecimiento el Sr. D. Vicente Maria Rodrigo que tantos servicios le prestó despues, habiendo redactado un papel enderezado á metodizar el régimen económico y que tituló *Esposiciones*.

La historia completa de los tiempos posteriores puede leerse en las memorias anuales que leen los secretarios de su junta de Gobierno en las generales de la sociedad éconómica principalmente en los tiempos en que el Sr. D. Ramon Medina y Rodrigo ha sabido consignar en las suyas cuanto puede desearse para el objeto. Tarea fuera demasiado estensa como ya dijimos y tal no es nuestro propósito. En este *Paseo* basta que se indiquen las épocas mas importantes. Como hemos dicho el estado de entradas de la casa fué en 1816 de 28413 $ 1½ rl.: en este se mantuvo con corta diferencia hasta 1823 en cuyo año percibió solo 23245 ps. 6 rs. cálculose en esta suma la entrada anual, mientras que la salida era de 25769 ps. 3 rs. No producian ya tanto las manufacturas, ni podian pues como él dijo en papel impreso en 1832 la casa se habia visto en necesidad de vender *una á una* sus esclavas *que eran muchas.* En circunstancias tan azarosas tomó el mando de la Isla el Escmo. Sr. D. Francisco Dionisio Vives y se propuso protejer el instituto: á él debe su actual estado y á sus esfuerzos reconocidos premiaron dándole el título de *Restaurador.*

S. E. promoviendo suscripciones y pidiendo gracias al gobierno supremo hizo que se pagaran deudas hasta de viveres, pendientes, y aumentó considerablemente los capitales de la Casa. En esta época le donó el Sr. Dr. D. Manuel Echevarría la hacienda *Laguna grande,* y con tal conjunto de circunstancias los 88,114 pesos de censos que antes habia, se aumentaron en 173,591 hasta que entregó el mando el E. S. Vives, sumando el todo 262,505 pesos. (1)

Del propio documento citado al pié consta que las fábricas hechas en el arreglo y perfeccionamiento del edificio llegaron á 150.℘ pesos en tasacion y que se gastaron para llevarla á cabo solo 70.℘. Requeria el edificio este ensanche para aumentar la escuela y hospedage de varones, escuela de niñas y demas: en la época citada sustentaba la casa 130 personas en la de que vamos hablando reunia, con sus dependencias 480. –En 1827 fué cuando se instaló el departameuto de varones: entraron 40 niños. Anexo á la casa en 1829 se abrió el departamento de mugeres dementes que le es contiguo con el numero de 44, asi como en 1828 se habia establecido el de varones de que hablamos en artículo por separado.

Con los arbitrios creados y las cantidades adquiridas en la casa de Beneficencia casi duplicó sus rentas en solo el gobierno del Sr. Vives. Ya dijimos lo que tenia anualmente la casa en 1823: al dejar el mando S. E. tenia ella 59,351 pesos $1\frac{1}{2}$ rl.

_____

(1) Relacion histórica etc. p. 9.

(1) Relacion histórica etc. pág. 14.

Lejos de no cubrir ya sus gastos (1) se le calculó un sobrante de 3,257 $ 7 rs.

La Junta gubernativa de la Casa de Beneficencia no solo tiene á su cargo un ramo de ella: el basto plan del instituto abraza desde el anciano pordiosero hasta el infante necesitado, desde la infeliz hospiciana hasta la desgraciada demente, desde el niño que le pide educacion, cuidado de su inteligencia, hasta el demente que no tiene cura y pide solo el cuidado de su existencia física: es pues no un solo establecimiento sino un conjunto de ellos, de la misma naturaleza si se quiere. El gobierno siempre ha sido deferente en obsequio de la Real casa y al efecto basta observar que los ingresos del año prócsimo segun la Memoria de su actual secretario y estado de la Contaduria ha llegado á la considerable suma de 71,601 $ 4¼ rs. que unidos á los 6,780 que sobraron del anterior suman 78,382 $ ¾ de rl. para los gastos del año de lo que sobraron 9,871 $ 6¾ rs. La casa tiene

_____

(1) Relacion &c., pág. 14, &c.

hoy 16 dependientes y 622 individuos. En el último año ha tenido la Casa de Beneficencia varias adquisiciones y el pormenor de todo puede verse en la Memoria del Sr. Morilla, secretario de ella, inserta en el núm. 75 de las que publica la Sociedad Económica. La Junta ha espresado su agradecimiento en honoríficas muestras á los Escmos. Srs. Príncipe de Anglona y Conde de Villanueva por la proteccion que la dispensaron.

Parécenos bastante lo espuesto en cuanto á la parte orgánica y económica del establecimiento: la arquitectónica esta bien esplicada en la lámina. La construccion es sencillísima y nada tiene de notable, bien que sca elegante el pórtico y glorieta de la entrada hechas en el gobierno del Sr. Vives, como lo fueron las salas altas.

Si los lectores nos preguntan acerca del mérito artístico del cuadro que hemos citado al principio, les contestarémos que es un retrato de una escena en que figuran personages conocidos, en que se pintan las cercanias de la Beneficencia en 1793, en que se ve el trage de nuestros mayores y que apesar de los defectos que tiene de dibujo merece por todas estas circunstancias ser examinado. Ademas de este cubren las paredes los retratos de los principales benefactores del instituto y mapas de las propiedades rurales de él. Entre ellos se ha acordado colocar el de S. E. D. Claudio Martinez de Pinillos, conde de Villanueva á costa de la Junta de Gobierno con esta leyenda: "La Junta de Beneficencia en señal de gratitud al bienhechor de esta casa D. Claudio Martinez de Pinillos conde de Villanueva, despues de haber cesado en sus mandos" el hábil artista español, Sr. Ferrán, está encargado de hacerle, y ya hemos visto el bosquejo de cuerpo entero. Tambien fué el que retrató al Escmo. Sr. Príncipe de Anglona cuyo cuadro existe colocado, por la Sociedad Económica en señal de gratitud en la Biblioteca pública.

A. B.

REAL HOSPITAL MILITAR DE SAN AMBROSIO. HABANA.

HOSPITAL MILITAR
DE SAN AMBROSIO.

En el antiguo palacio del Illmo. Sr. D. Diego Evelino de Compostela, frente al hospicio de S. Isidro que fundó ese varon insigne, amigo constante de la humanidad, hállase el hospital militar de S. Ambrosio, cuya vista tomada de la esquina de la Picota representa la lámina.

Situado en el estremo de laciudad en la parte del Sur, si no tiene la ventajosa posicion que demandan los establecimientos de esa clase, está suficientemente bañado por el aire en las piezas altas, merced á los bajos edificios que le rodean. No sabemos á punto fijo la época en que se abrió el hospital; solo diremos siguiendo á uno de nuestros historiadores, que en el año de mil setecientos sesenta y cuatro, bajo el gobierno del Conde de Ricla pasaron los enfermos de San Juan de Dios al hospital de S. Ambrosio, nombrándose de médico principal al protomédico regente que era en aquella época.

Veinte y nueve años despues, es decir, en el de mil setecientos noventa y tres se dispuso la traslacion á S. Ambrosio de los presidiarios y esclavos del rey que se hallaban en el hospital del Pilar situado estramuros en el barrio de Jesus María, pasando tambien sus empleados, bien que solo se les concedió opcion á las vacantes que resultasen.

Así continuó hasta el mes de marzo de ochocientos seis en que se le agregaron los enfermos del hospital de Marina que estaba inmediato á S. Isidro sin que se aumentasen los empleados y asistentes; lo que vino á suceder en el de ochocientos doce, asignandose para esos enfermos un médico, y un cirujano de la armada que desde entonces atienden á su curacion. De suerte que esas incorporaciones dan á este hospital el carácter de militar con que se titula, siendo de advertir que por decreto de la intendencia se admiten tambien enfermos particulares mediante una pension que diariamente satisfacen.

Formó el reglamento de S. Ambrosio el Sr. Intendente D. José Pablo Valiente, que asignó por toda asistencia siete practicantes y siete cabos de sala. Hoy consta de un Inspector que inmediatamente lo dirije, un contralor, dos enfermeros mayores, un comisario de compras y varios cabos de sala entre numerarios y supernumerarios, y respecto á profesores visitan diariamente el hospital un médico y un cirujano mayores, dos de la misma facultad con el nombre de segundos; un cirujano, y un médico de marina, y dos practicantes con el nombre tambien de *mayores* en medicina y cirujía; ademas hay en las salas facultativos que como meritorios hacen mensualmente sus guardias, alternando otrostambien en todo el hospital cada 24 horas. Con esto, y con decir que el Sr. Valiente hizo construir las galerías altas de S. Ambrosio, y compró algunas casas contiguas para aumentarlo, queda terminada en lo esencial la parte histórica del hospital.

Consta su frente de un portal poco espacioso dividido por una arquería de piedra; y dos pisos altos cuyas ventanas caen á la pequeña plazuela de S. Isidro. La vista interior de este edificio, la distribucion de sus salas, departamentos y oñcinas demuestran que no fué construido para hospital; por eso las mejoras que en él se han introducido forman cierto contraste con el resto de la casa.

No muy al centro del portal se halla la puerta príncipal, y para que nuestros lectores se formen una idea mas exacta, seguirémos el órden de esta relacion indicando primero los departamentos de la derecha, y luego los de la izquierda. Un pequeño patio á cuyo fondo está la habitacion de los médicos de guardia divide ambos lados. Lo primero es el cuerpo de guardia, y á su inmediacion el calabozo de S. Cosme cuya capacidad solo admite veinte camas. Sigue un pequeño salon y luego una estensa galería corrida para enfermos del éjercito, y armada, notándose á cierta distancia los nombres de Sta. Cristina, S. Fernando y Sta. Isabel en que está dividida la sala.

Las de S. Diego y S. Rafael en que tantos años ha consagrado sus afanes y servicios el Dr. D. Tomás Romay constan de dos naves, bastante espaciosas y ventiladas; parte de sus ventanas caen al jardin del hospital. En el estremo de aquellas se halla la escalera que conduce á la sala alta de cirujía dividida en dos naves. Titúlase de S. Baltasar, y termina en un cuarto bastante reducido, para operaciones delicadas, y para aquellos enfermos que demandan una asistencia mas esmerada.

En la parte baja de la izquierda se halla la comisaría, luego la despensa y en seguida de esta la habitacion del oficial de guardia. De esta se vá por un corto pasadizo que la divide á un patiesito á cuya derecha se encuentra la *roperia*, y á su frente, esto es, á la izquierda de la entrada el antiguo *anfiteatro* convertido hoy en baños. A catorce llega su número, siete á la derecha y otros siete á la izquierda; todos son de losa de S. Miguel; los primeros tienen sus correspondientes llaves para surtirlos de agua, y á los segundos se provee con un largo tubo que se pone en comunicacion con cada una de aquellas. Estos baños tan útiles y necesarios, se deben segun estamos instruidos al Dr. Romay que los hizo construir el año prócsimo pasado. Contíguo á los baños está el jardin; es pequeño, y aun que bien cuidado, son muy pocas las plantas medicinales que contiene, y de las que no se hace uso en el hospital, porque las facilita siempre el establecimiento de farmacia que le está anecso á su derecha.

La parte alta de la izquierda tiene dos pisos: en la primera la sala de S. Ambrosio dividida en dos naves: sus ventanas corresponden al frente del edificio. Al terminar la escalera se encuentra la de S. Agustin para oficiales é individuos que pagan su curacion con el requisito que arriba hemos apuntado. Hay á su izquierda otra para oficiales tambien con siete pabellones; y por último una para presos; en la puerta este nombre, Sta. Pelagia.

En el segundo piso alto está el calabozo de S. Julian, de mucha mas amplitud y ventilacion que el otro de que ya hemos hablado; y una sala para enfermedades oculares que corresponde tambien al frente del edificio. Las camas son de hierro, y en todas hemos notado el mayor aseo.

Hablémos ya del Museo y biblioteca de S. Ambrosio. La primera clase de *Anatomía práctica.* la desempeñó el **Dr. Cór-**

dova, siendo sus mas aventajados discípulos el célebre **Montes de Oca** y **D. Francisco Covarrubias** nuestro cómico por escelencia. **Despues** de su muerte, solo se dieron algunas lecciones sueltas, hasta que el Sr. **D. Alejandro Ramirez** nombró catedrático al **Dr. D. José Antonio Tasso** natural de Italia, discípulo del distinguido **Scarpa.** A sus demostraciones, y ecsámenes asistian el citado **Ramirez** y el Ilmo. obispo **D. Juan José Diaz de Espada;** animaban con su presencia á los alumnos, tomaban parte en sus discuciones, inflamaban su espíritu en el amor santo de la gloria, recompensaban sus talentos, apreciaban sus vigilias.... pero ¿dónde están hoy los **Ramirez?** ¿dónde los **Espadas?** ¿dónde esos protectores de las letras? ¿dónde esos amantes de la juventud que alentaban sus esfuerzos, que premiaban sus afanes, que generosos le abrian las sendas de la ilustracion y del saber?.... ¿dónde esos amigos de la humanidad?.... Murieron.... pero no ha muerto la gratitud de los cubanos; no, que ellos bendicen eternamente su memoria, y eternamente les consagran el tributo de su veneracion y reconocimiento.

Sirvió luego la cátedra el **Dr. D.** Antonio Castro y le ausiliaba en clase de disector **D.** Francisco Alonso Fernandez que de Cadiz habia llegado á esta ciudad. Por ausencia del primero quedó el segundo en calidad de interino y terminó el curso.

Principió el *Museo* el Sr. Ramirez haciendo venir de Florencia algunas preparaciones en cera de anatomía descriptiva, y de Paris algunas cajas de instrumentos quirúrgicos que á la vez se destinaron á la enseñanza, y servicio del hospital. Abrióse el Museo en el convento de S. Agustin con el mayor aseo y decencia; contenia una *Venús* acostada cuyo vientre y pecho manifiestan las vísceras de estas cavidades y ademas el útero con un feto de cinco meses. Esta obra une á su perfeccion anatómica un mérito artístico sobresaliente, parece que su autor no contento con imitar á la naturaleza, segun la espresion del Dr. Alonso, quiso superarla. Una *Cabeza* con la piel separada para ver los músculos, arterias, venas y nervios de esta parte. Otra con los músculos profundos, y los nérvios del quinto y octavo par. Un pedazo de la *cadera* y *pélvis* de una muger para demostrar las varias especies de concepciones extra uterinas. Una *pélvis* natural de muger para el estudio de los partos. Un *corazon* trabajado aquí por el **Sr.** Chiappi. Una *preparacion* muy en grande del órgano del *oido*. Una cabeza con el *cérebro* dividido en varias porciones para demostrar la estructura de este órgano. Un *esqueleto* natural.

De San Agustin se trasladó el *Museo* á San Isidro colocándolo en una pieza reducida, obscura y húmeda. A instancia del **Dr. D.** Tomas Romay se quitó de este lugar y por disposicion del conde de Villanueva se puso en la casa inmediata al Hospital que hasta poco antes habia sido habitacion del Inspector; hizo comprar en Paris una estátua anatómica del **Dr.** Auosus, preparó el local con la mayor decencia posible, construyó el anfiteatro para las lecciones y colocó en el centro para las *disecciones* una hermosa mesa de mármol traida ex-profeso de los Estados Unidos. Todo esto ocupa actualmente la sala de ese edificio; hay claridad, ventilacion y amplitud, y el mayor esmero en el cuidado y conservacion de los objetos; sobre la cátedra del anfiteatro se leen estos renglones.

Naturae ingenium dissecta cadavera pandunt :
Plus quam loquax vita mors taciturna docet. HEREDIA.

Desde el año de 1836 se ha enriquecido considerablemente el *Museo*. Fué nombrado entonces *disector anatómico* nuestro distinguido compatriota **Dr. D.** Nicolás José Gutierrez, y puede decirse que la Habana debe hoy el Museo á la inteligencia, laboriosidad, constancia y entusiasmo de este apreciable profesor. Fruto de su aficion, de sus estudios, y de muchos años de trabajo eran varios objetos que conservaba en su casa, que miraba como un tesoro adquirido á costa de privaciones y vigilias, tesoro de que participaban sus amigos, esos amigos de la juventud que son el encanto del hombre y que tan santas complacencias le proporcionan, tesoro que consagró al Museo objeto de su constante predileccion.

Regaló pues, un *hombre de estatura natural* despojado de la piel que manifiesta los *músculos, arterias, venas* y *nérvios* superficiales. Otro *pequeño* despellejado. Una *cabeza* tambien sin *piel* en el lado derecho para el estudio de *arterias, nérvios* y partes *accesorias* del ojo. Dos *corazones* para demostrar el interior de las *aurículas* y *ventrículos*. Un *riñon*. Tres *preparaciones* de las partes de una *mano*. Un *feto* para ver su circulacion arreglado á los trabajos de Saint-Ange. Un caso raro de *osteo–sarcoma* natural.

El Dr. Gutierrez empleó en su viaje á Europa 2,000 $ que le entregó el conde de Villanueva de las cajas reales para surtir al hospital de instrumentos, y al *Museo* de objetos útiles á la enseñanza. Con esa cantidad se han hecho importantes adquisiciones, y enriquecido considerablemente el Museo. Las principales son, un *esqueleto* que en su tamaño y preparacion solo tiene por com-pañero, segun el voto de los inteligentes, el que se halla en el Museo de la Escuela de medicina de **Paris.** Una *coleccion* en *yeso* tanto de *anatomía patológica* como de *estudios frenológicos*. Varias *preparaciones naturales* del *oido interno*, y de la *denticion* en los niños. Una coleccion de *esqueletos* de *fetos*. Una *fantoma* para la aplicacion de vendages. **Muchas** láminas de *anatomía descriptiva* y *patológica*, y varias obras con atlas de estos ramos.

Hemos dicho antes que el Museo ha sido siempre objeto de

predileccion para Gutierrez, y lo comprueban ademas de lo referido, las muchas conseciones que ha hecho despues de habersele nombrado *Cirujano Mayor* del hospital. Ademas de los objetos de história natural, de anatomía patológica, é instrumentos que ha regalado, ha aumentado el número de las preparaciones en cera con la urna de un *medio cuerpo* de un *hombre* que *crió* con un pecho á una niña; con otra de una *pierna* en la que están preparados los *músculos, arterias* y *venas* de la parte anterior y posterior; dos corazones naturales con arterias y venas de cera, y un *esqueleto* natural de un raquítico.

No contento aun con todo esto invitó á sus amigos á que contribuyeran con cantidades y obras para formar una biblioteca en que se instruyeran los estudiantes y aficionados á la ciencia, y logró con sus esfuerzos, y los de sus comprofesores fundar la que hoy ecsiste, que cuenta mas de 800 volúmenes de obras de medicina y ciencias accesorias. Sería escribir demasiado estampar el nombre de las personas que han contribuido á la formacion de ella ; figura entre esas el

de nuestro malogrado D. Nicolas Manuel de Escovedo. Hoy están encerradas las obras en una hermosa estantería, colocada en el salon del anfiteatro, y en cuyo fondo está inscrito para gratitud y memoria el nombre de las personas contribuyentes.

Por último, hay en el hospital clases de *anatomía descriptiva, medicina operatoria* y *partos*, á cargo del Cirujano **Mayor**; cuyos cursos principan á 1? de setiembre y concluyen en marzo alternando un año *anatomía* y otro *medicina* operatoria, pero siempre el de obstrecticia. Tambien se dan lecciones de higiene con general aceptacion por el Dr. D. José de la Luz Hernandez, y de vendages por el disector D. Nicolás Pinelo.

Si hay en el hospital de S. Ambrosio dolencias, enfermedades y aflicciones, si nuestro corazon se llena de amargura al pronunciar su nombre, tambien contiene objetos y recuerdos gratos á la humanidad, gratos á la patria, á la juventud y á las ciencias. ¡Ojalá pudieramos decir lo mismo de todos los establecimientos que contamos en nuestro suelo!

M. Costáles.

ULTIMA PLAZUELA DEL PASEO MILITAR. HABANA.

L. Cuevas lo dib.º y litog.ª   Litog del Gobierno.

CUARTA PLAZUELA DEL PASEO MILITAR. HABANA.

CUARTA PLAZUELA DEL PASEO MILITAR. HABANA.

TERCERA PLAZUELA DEL PASEO MILITAR. HABANA.

TERCERA PLAZUELA DEL PASEO MILITAR. HABANA.

SEGUNDA PLAZUELA DEL PASEO MILITAR. HABANA.

F. Cosía litog.

Litog. del Gobierno.

ENTRADA DEL PASEO MILITAR, HABANA.

PASEO MILITAR Ó DE TACON.

Dos motivos, dice el Escmo. Sr. D. Miguel Tacon en su informe á la entrega del mando de la isla en 1838, le impulsaron á emprender la obra del paseo que lleva su nombre. El primero, proporcionar á los habitantes de esta ciudad un sitio ameno y deleitable donde pudiese respirarse el aire puro y libre del campo; y el segundo, hacer mas espedita y franca la comunicacion de esta plaza con el castillo del Príncipe, á cuyo pié vá á morir el Paseo.

De mucho tiempo atrás, en el punto en que la Zanja de Antonelli abandona las faldas del Príncipe y tuerce hácia la ciudad, ecsistian las fábricas conocidas por los *molinos del Rey*, y dos vias de comunicacion con ellos y el castillo: la una por la orilla derecha de dicha Zanja, y la otra por la misma línea cuasi que ahora recorre el Paseo Militar; pero ambas interrumpidas á veces por causa de las lluvias, y lo bajo del terreno. Las tropas que ya bajaban, ya subian al Príncipe, ó llevaban esta última, ú otra tercera via, por la orilla del mar, dejando á la izquierda á S. Lázaro, y pasando por entre la quebrada de la loma de Aróztegui, á buscar las espaldas del castillo, que aunque mas larga, era menos pantanosa.

Todos estos inconvenientes quedaron allanados con la obra del Paseo, ó camino Militar. El terreno en que se construyó conforme hemos dicho, era bajo, anegadizo en demasía: de aquí los costos y el trabajo inmenso que solo pudieran haber superado la constancia y la decision de un hombre emprendedor en su mas alto punto, como lo fué el Escmo. Sr. Tacon.

Abren la primer glorieta, ó entrada del Paseo, dos pedestales de sillería, sobre los que descansan dos leones de mármol mirando á Oriente, no del todo mal labrados. Al pié de aquellos, en una lápida tambien de mármol, se lee la siguiente inscripcion.

ESTA OBRA LA PRINCIPIO.

EL ESCMO. SR. CAPITAN GENERAL.

DON MIGUEL TACON.

EN EL AÑO DE 1835.

Continuándola hasta 1838, que cesó en el mando.

Y en el otro pedestal de la izquierda se continúa así la misma inscripcion:

SE CONCLUYO POR SU SUCESOR

EL ESCMO. SR. EZPELETA.

EN 1839.

De este modo el principio y remate del Paseo, queda consignado á la posteridad, sin que se necesiten memorias, ni impresos que lo atestigüen al viajero, que no siempre puede acudir á los archivos para dar testimonio de lo que ha visto. Su estension total desde el campo de Peñalver hasta el pié de la colina sobre que está construida la fortaleza del Príncipe, vendrá á tener unas 2,000 varas, y de ancho 40, dándole 20 á la calle del centro, y 10 á cada una de las dos laterales. Estas son divididas por cuatro hileras de álamos blancos, al pie de los cuales, hasta la fuente de la *Columna*, hay cuádruple órden de banquetas de piedra; doble desde dicha fuente hasta la segunda que llamarémos de las *Frutas*, y de aquí para la tercera y última maleconcillos de tierra cubiertos con la yerba menuda que nombran Bermuda. Las dos primeras glorietas son las únicas que tienen enverjados, y asientos circulares de sillería: las demas están formadas con pinos de Nueva Olanda y banquetas de piedra. Al principio y al fin de la calle central del paseo, se levantan cuatro columnas dóricas de veinte y un pies cada una, sin entrar en cuenta las jarras que las coronan.

El centro de la primer plazuela lo ocupa la estátua en mármol del buen rey Cárlos III, y es la misma que desde el año 3 hasta el 36, ocupó el fin del antiguo paseo, donde debió de habersele erigido un monumento á Cristobal Colón, que fué reemplazado por aquella, y esta por la fuente de la India en 1837, que es la que hoy existe, si bien no en el mismo sitio. Una de las estátuas de reyes mejor labradas que tenemos en Cuba es acaso esta de Cárlos III. Lo representa de un palmo mas alto que el natural, con el cetro y el manto, la coleta y los bucles de la época, en la noble actitud de dispensar una gracia, ó de disponer el remedio de sus pueblos afligidos y espantados con los rumores de guerra, que se sentian alrededor de España y de América á fines del pasado siglo. Descansa sobre un pedestal de piedra ordinaria que tendrá tres varas de altura, de cuatro lados, finjiendo láminas de bronce. En la del oriente se ve una inscripcion con letras doradas que dice :

A CARLOS III.

El Pueblo de la Habana.

AÑO DE MDCCCIII.

En la segunda plazuela se ostenta una columna istriada,

23

del órden compuesto, que tiene 23 varas de altura, y dá su nombre á la fuente dentro de la cual se levanta, sosteniendo sobre su capitel una estátua de mármol, que representa á la diosa Céres. El vaso de la fuente es elíptico, de piedra, guarnecido con una verja de hierro, y tiene cuatro posetas semi-elípticas, para surtir de agua por la parte esterior. La columna descansa en un pedestal cuadrado, frente á cuyos cuatro ángulos, hay cuatro pedestales mas pequeños que coronan otras tantas estátuas, todas de mármol ordinario, representando á las estaciones del año. El agua se vierte en el tazon, por ocho surtidores de bronce, cuatro en los pedestales de las estátuas, y cuatro en el de la columna. En lo mas alto de este último, sobre una plancha de mármol, con letras grandes doradas de relieve, está escrita la inscripcion del tenor siguiente:

PASEO DE TACON.
Año de 1836.

El árbol de la segunda fuente, que ocupa la tercer plazuela ó glorieta, figura un templito griego, y sus columnas están achatadas sobre almohadillones: remata en una copa, y cuatro jarras de mármol llenas de frutas fingidas. Por esto le dimos ese nombre en el comienzo de nuestra descripcion, aunque primitivamente tuvo el de los *Aldeanos*, que eran de yeso, y por su fragilidad hubo que sustituirles cuatro estátuas de mármol, representativos de la fuerza, la hermosura, la poesía y el amor; las cuales ahora se ven asentadas sobre otros tantos pedestales alrededor del árbol. El vaso es elíptico, las verjas de madera, y el agua se vierte por ocho conductos lo mismo que en la anterior fuente. Por la parte oriental, embutido en los almohadillones del árbol se halla un escudo de armas, que presumimos serán las del gefe que construyó la obra: y por el occidente dentro de un medallon de piedra, tambien embutido se lee esta fecha:

AÑO DE 1837.

La tercera fuente nombrada de los *Sátiros*, ocupa el centro de la cuarta glorieta. El árbol, con escepcion de los almohadillones, es cuasi igual al de la anterior. Remata en una copa de piedra, y á su alrededor hay dos leones de mármol, echados, de muy mal gusto, uno al N. y otro al S., asimismo dos sátiros, bastante bien tallados, uno hácia el ocaso, y otro al naciente. Tambien tiene cuatro pedestales aislados dentro del vaso, pero no sostienen estátuas, como los de las demas fuentes, sino jarras llenas de flores de piedra, que imitan perfectamente las naturales. El vaso tampoco es elíptico, mas bien ochavado. Las verjas de madera : el mismo número de surtidores : y por la parte esterior postes y cadenas todo al rededor que impiden el acercarse. No tiene inscripcion ninguna. A esta glorieta, por la derecha viene á desembocar una calle ó avenida, que parte desde las puertas de la casa de recreo, pasando por en medio del jardin.

En fin la última glorieta, la mas sombria y deleitable, por sus altos y copados álamos, pinos y bambúes, la ocupa la fuente de Esculapio, cuya estátua de mármol ordinario, pesimamente labrada, se levanta solitaria sobre un pedestal de dos varas de altura, en el centro de un tazon elíptico, guarnecido con verjas de madera. Los surtidores de la fuente son cuatro;

pero como la de las *Frutas* y los *Sátiros*, carece de posetas para surtir de agua por la parte esterior, que ántes está defendida por cadenas de hierro, y postes de lo mismo.

Aqui termina el paseo, y aqui vienen á encontrarse tres avenidas principales : la del occidente que pasando por la zanja conduce al castillo del Príncipe; la del sud que encamina al colegio del mismo nombre de esa fortaleza, y ultimamente la del norte, que atravesando todo el jardin va derecho á las puertas de la casa de recreo. Esta que en su principio estaba techada de tejamaní, se le quitó para sustituirle teja de barro; y el terreno erial y pantanoso que mediaba entre las calles laterales del paseo y la zanja, merced á los esfuerzos del hombre, en breve vióse convertido en uno de los jardines mas amenos y estensos de las cercanías de la Habana, con calles, plantas, verjas, adornos de céspedes, lagunas, puentes rústicas, montañas artificiales, grutas, saltadores, cenador, y otros caprichos y rarezas, que deleitaban. En los primeros años de su conclusion continuamente estuvo visitado por innumerables señoras y caballeros de la ciudad, que dejando sus carruages en las calles del paseo, pasaban á él á pié, y lo examinaban todo con el placer y la curiosidad que despiertan los objetos nuevos, y peregrinos, el bullir de las fuentes, y el aire embalsamado de las flores. Pero al renacimiento, que así podemos decirlo, del antiguo paseo, fué abandonándose el nuevo de tal modo que hoy dia son muy contados los carruages que se ven cruzar sus largas y solitarias calles. Su lejania del centro de la ciudad, es uno de los inconvenientes, que no puede superar ni aun el medio de transporte que se usa en Cuba; porque para alcanzar media hora de claridad, es necesario trasladarse allá á las cinco de la tarde : cosa que está en contradiccion con las costumbres de la clase rica de nuestra sociedad, que es la única que en este clima abrasador puede frecuentar esos paseos. Así que el militar, nombrado al principio camino, vendrá á serlo á la postre tan solo de las tropas que suben y bajan del castillo del Príncipe, y de los profesores y estudiantes del colegio, que hace poco se ha erigido á orillas de la Zanja. Olvidábaseme decir, que en su último tramo lo atraviesa desde el año 40, el ferro–carril de Güines, y por supuesto, destruye mucha parte del jardin, y aun interrumpe el paseo á ciertas horas del dia.

C. Villaverde.

ALAMEDA DE PAULA. HABANA.

F. Costa dibº y litogº.

Litog. del Gobierno.

Alameda de Paula.

La memoria del Sr. Marqués de la Torre será recordada siempre en la Habana con gratitud de sus naturales, que mas que en sus anales conservan en la tradicion, el largo catálogo de sus buenas obras: y no solo han encomiado su mérito los nacionales, los mismos estrangeros entre otros Raynal le reconocieron y confesaron.

Cuando el Sr. Marqués de la Torre llegó á esta plaza en 1771 no habia en ella nada que indicase que era una ciudad capital de una provincia de las mas notables de la corona de Castilla. Un caserío, la mayor parte de guano, ningun teatro, las plazas llenas de malezas segun se dice de la del Cristo, que efectivamente hizo limpiar. S. S. prohibió el uso del gua-

23*

no, construyó un teatro y entre várias obras de ornato ideó la construccion de la Alameda de Paula, que sin álamos ni cosa que lo perezca, aun conserva este nombre.

Bien pronto necesita de encomiarse la situacion de la *alameda* dominando el mar de la bahía y alcanzando tan lindo panorama como es el de sus alrededores de la otra banda. Vense en ellos la pintoresca torre del célebre sagrario de Regla, las montañas, caserios y sobre todo las palmas.

> que en las orillas de mi amada Patria
>
> nacen del sol á la sonrisa y crecen. (HEREDIA)

La alameda ni en formas, ni estension fué al principio lo que hoy: amplióla y mejoróla el Sr. marqués de Someruelos, protector del Coliseo cuyo frente dá precisamente al principio de la alameda. Despues se mejoró por sus sucesores hasta la época actual en que ha recibido una forma muy elegante y del gusto moderno.

El 19 de noviembre del año próximo pasado se estrenó la alameda reformada. Adórnala un antepecho ó baranda de hierro en toda su estension. Las estrechas escaleras que antes tenia á los costados se han convertido en espaciosas escalinatas, así como la esplanada que ántes existia entre el teatro y la alameda en una escalinata aun mas espaciosa que las otras y que hace muy buen efecto á la vista. Los asientos ántes de *mampostería*, verdaderos poyos, se han trocado en banquetas de piedra. Las farolas ántes elevadas en pilares de mamposteria están sostenidas por pescantes de hierro, produciendo muy buen efecto el conjunto, que tiene un aire de ligereza y acabamiento afiligranado.

El otro estremo de la alameda remata á la vista del hospital de Paula de que ya hablamos en otro cuaderno. Donde se ve á la izquierda un pequeño edificio destinado al real servicio, se encontraba hace algunos años una espaciosa enramada de bejuco indio, siempre verde y salpicado de sus amarillas flores: bajo de ella se colocaban perpetuas mesitas, donde se jugaba al dominó, se refrescaba y conversaba. El café de las Delicias de madera que daba á la calle era el establecimiento de que constituia una parte y la mas notable el alegre patio encajonado entre el mar de la bahía y las paredes de un hospital.

La alameda de Paula apesar de sus galas no está de moda: la moda tiene en nuestro pais un imperio ilimitado. El paseo de Isabel II.ª es ahora el favorito, y sin embargo la alameda de Paula no le cede en hermosura. Ambos han sido reformados por la direccion del Escmo. Sr. D. Mariano Carrillo mariscal de campo y director de ingenieros en esta plaza. Y no puede atribuirse mas que á la moda este capricho, pues aunque sea tan poco usado entre las damas el ejercicio á pié, puesto que para ellas no es pasear, el caminar, no obstante, ha tenido sus épocas de ventura la alameda de Paula. Jamas las olvidaré, ligadas á algunas escenas de mi vida que empezaba entónces á recibir sus primeras impresiones sociales; pero ellas no interesan mas que á mi corazon y á alguno otro á quien dedico estos últimos renglones como un recuerdo.... como un suspiro.

ℬ.

PALACIO DEL BEJUCAL

PALACIO DEL BEJUCAL.

De retorno de un viage que yo habia hecho á la Vuelta-bajo en 1839, entré en la ciudad de S. Felipe y Santiago del Bejucal. En esta visita llevaba el doble objeto, de tomar los coches del camino de hierro, y de examinar esa antigua po-blacion, tras veinte años que hacia que la dejara de ver. La casualidad me llevó á casa del Sr. Alcalde segundo, que lo era entonces, el cual tuvo la oficiosidad y cortesía de ense-ñarme todos los sitios mas notables del pueblo, y despues de haberle dado espresivas gracias, me retiré á la gran fonda 'ó posada que está al costado derecho de la iglesia. Sintiéndome un poco fatigado, me senté sin perder de vista un punto el palacio, porque si bien habiamos pasado dos ó tres veces por delante de él y rodeádole, ni mi guia me habia convidado á entrar, ni yo sin embargo de ser mi curiosidad indecible, me hallaba en ánimo de poner el pié dentro de sus altas y macizas puertas. Presentaba un carácter tan sombrio é imponente, con grietas tan anchas y profundas á lo largo de sus paredes, que temí se desplomara sobre mi cabeza, no mas que al ruido de mis pasos. Las cavernas que habia visitado en lo interior de la isla, como hechuras de Dios, no me impusieron ni sobresaltaron; pero el palacio hechura de los hombres, débil y destructible de suyo, aun el pasar por donde alcanzaban sus paredes confieso qùe me daba miedo. En estas cavilaciones é irresolucion estaba cuando afortunadamente se me presentó un antiguo amigo de colegio; quien asegurándome que no corriamos ningun riesgo, pintándome maravillas, y dandome el ejemplo de entrar primero, me determiné á seguirlo al-

go animado y curioso. Mas ántes será preciso que le demos un vistazo por afuera.

No se fija el año en que levantaron el palacio. **D. Manuel Acosta** en su memoria histórica sobre el Bejucal, no dice mas, sino que es obra del segundo Sr. marqués de **San Felipe y Santiago**, que tomó posesion del título en 1725, **por** muerte de su padre, el fundador de la ciudad. Es presumible sin embargo, que cuando por Real cédula de 19 de mayo **de** 1730 le fué concedido á perpetuidad el señorio de vasallos, pensara en edificar una morada digna de quien tantos bienes como grandezas alcanzaba. Sea de esto lo que fuere, no queda la menor duda, que el palacio es tan antiguo como la ciudad, y que tiene todo el aspecto de un castillo feudal.

En la fachada, que mira al oriente, formando el arco de **la** puerta principal, aunqùe llenos de moho y verdinegros se **descubren** unos adornos de figuras humanas, tallados en **piedra** y de relieve, que parece que guardan la entrada y custodian ó reverencian á un busto de medio cuerpo, tambien **tallado en** piedra ordinaria, que se ve erguido en el ámbito superior **del** arco y representa un caballero con vestimenta y peinado á la usanza del tiempo de Felipe V. Toda esta parte del palacio se advierte á la primera vista que ha padecido mucho del tiempo y de la intemperie, ofreciendo un carácter mas veraz de ruina. No quedan en pie del segundo piso mas que las ventanas, y eso hendidas y fuera de quicio; porque los balcones, que se conoce que eran corridos por todo el frente, han desaparecido, no restando otra cosa, como en testimonio de su lamentable destruccion que los huecos de las vigas podridas, donde estuvieron suspendidos. En estos huecos y en otras mil hendiduras de las paredes han prendido una porcion de plantas y arbustos considerables, los cuales junto con el tiempo y las intemperies, segun decia el poeta, le van arrancando á pedazos de su frente los cabellos.

El costado del N. no presenta mejor vista que la fachada. Temiendo que se abriese en dos mitades le arrimaron un grueso y altísimo estribo de mampostería. En el costado opuesto que mira al ocaso, que es por donde le representa la estampa de este artículo, á poco que se fije la atencion, mar-

cará el curioso tres épocas distintas en el órden de su fabricacion. Hácia el ángulo izquierdo hay un balcon corrido, cosa de quince varas de longura, hecho de informes balaustres de madera, medio destruido, y cubierto con un colgadizo de tejas (1): luego continúa una espaciosa galería, que la constituyen cinco arcos de piedra soportados por sus correspondientes columnas del órden dórico, y cuyo techo es de azotea. Por último, hácia el ángulo derecho, de la pared maestra, que forma el cajon de la casa, sale una especie de martillo, que viene á estar en línea con la galería; con una puerta, la cual conduce á la cocina y azotea por medio de una escalera. Esta parte parece ser la últimamente fabricada en el palacio, pues aunque como en el costado del N. tenga su estribo de mampostería, el color de las paredes lo mismo que el de las tejas, confirman la idea de nuestro aserto. En este dicho ángulo, guarecida bajo los poderosos muros, cual miserable avaro,

(1) Este pequeño colgadizo, y el balcon no existen ya, segun se vé en la estampa.

ecsiste una taberna, y mas adelante una barbería, luego una sastrería y zapatería. Tambien dicen que en otro tiempo, ocupaba una de esas posesiones del piso bajo la escribanía pública de la ciudad: hoy es audaz empeño, por no decir temerario, el permanecer á la sombra del palacio, que en su estrepitosa caida, aplastaría cuanto encontrase debajo... Pero ya es hora de que entremos.

Desde que salvamos la maciza puerta del oriente que semeja en todo la portería de un convento, empezamos á sentir un olor fuerte de humedad y de murciélagos, que me hizo recordar las cuevas de la Vuelta–bajo, y que mas que todo me anunció el desamparo en que yacia el palacio. En el pasadizo, franqueado por seis hermosas columnas, del mismo órden que las de la galería, á mano izquierda, encontrámos tirados en un rincon dos coches antiguos, uno que permanecia sobre sus ruedas, y el otro destrozado por el suelo. Retirámos la vista de estos inútiles restos del lujo y de la grandeza, y torciendo á la derecha, emprendimos subir mesuradamente la **ancha** escalera de piedra de dos tramos. Los escalones de es-

ta, (que como asegura el historiador **Acosta fueron hechos de** piedras estraidas de las canteras de la ciudad, con que **fabri-** caron el dicho palacio, el hospital y la iglesia) con el **continuo** roce de los piés y los años han adquirido tal consistencia **y** brillo que semejan mármol de color anaranjado, ó mas **bien** esas losas de aparadores que hace poco nos vienen de **Géno-** va. Por fin, atravesando despacio la galería, que mas de **una** vez me figuré que temblaba bajo mi planta, penetramos **en** el salon. Aquí es necesario detenerse y ecsaminarlo todo **por** su órden. Mil conjeturas y mil ideas ocúrrensele de tropel **al** curioso. Estamos en el centro, en el corazon del palacio: **aquí** están como reconcentrados, reunidos los caprichos, los **usos y** costumbres de los Sres. que lo habitaron: aquí están **escritos,** incrustados el pensamiento y el carácter del que lo **mandó** levantar. Ya no necesito al historiador para nada. Este **des-** cribió al hombre público paseandose por las calles, **embebe-** cido con la música del sarao, ó asomado al balcon de su **mo-** rada, que domina la ciudad en deliciosa perspectiva: **yo lo** voy á describir en su casa, dentro de sí mismo: en **aquellas**

intima : aun se conservan frescos, vivos los matices : aun vaga silencioso y triste por la desmantelada casa, el espíritu caballeresco y cristiano de los primitivos Señores del feudo.

A la derecha de la entrada, casi todo el testero lo ocupa
un magnífico dosel, á la altura de un hombre y pegado á la
pared, que figura ser de damasco, con flores de oro, bajo del
cual se miran en una línea, bien conservados y hechos de
pasta, de relieve, con vestiduras ricas y propias tres medios
cuerpos : un caballero y una dueña, que segun diz representan la Familia real reinante en la época de la fabricacion del
palacio y en medio de ambos el Cordero pascual. Debajo de
estas tres figuras, hay otras dos de la misma pasta, relieve y
estrañas vestimentas, un caballero y una señora, que se atribuyen á retratos del Sr. Marqués segundo y su esposa. Luego en todo el rededor de la sala á la altura dicha, embutidos
en la pared, y simulando con pintura gruesos cordones de seda, cuelgan doce grandes medallones de yeso, muy bien labrados, que son otras tantas efigies de los apostoles, cada cual
con su símbolo para distinguirlos mejor, y su versículo al pié.

Sobre las puertas y ventanas, guardando la línea de las jam-
bas y dinteles, hay tambien unos adornos de madera, que coronan bustos graciosos y pequeños de indios con penachos de
matizadas plumas : y en todas las paredes instrumentos y papeles músicos pintados, cortinas, fingiendo damasco recogidas
en pabellones con cordones de vivísima seda.

Todo este aparato, lujo y adorno raro, les dá mayor aire
de tristeza y gravedad, una hermosa águila negra, con las
alas desplegadas que prendida del cielo raso por el lomo, sostiene en sus garras un globo de oro, y de este un alambre;
donde sin duda se colgaba la araña para iluminar el salon en
los suntuosos saraos que segun es fama allí se dieron, cuando
estaba en todo su esplendor y gloria el poder feudal de los
Sres. marqueses de S. Felipe y Santiago. El águila mira
fijamente al dosel, cual desde las encumbradas rocas el sol;
pero sintiéndose detenida contra su noble independencia, parece animarse y agitar las alas llena de furor, viendo que no
puede abandonar el sitio de desolacion y tinieblas á que la
han sugetado, amando tanto como ama la luz y el aire del

24

firmamento. ¡Pobre águila negra! tan solitaria y triste hoy! ¡qué acompañada ayer! Cuanta música, ruido, algazara y fiesta! cuantas mugeres y nobles caballeros no habrás visto revolverse y bullir bajo tus alas; arrastrando las unas sus ricos vestidos de seda, cargados de profusos deslumbrantes atavios; y los otros paseando de estremo á estremo la ancha sala con sus largas casacas de tisú, los chalecos ó chupas de seda y lana bordadas en oro, y las hebillas con piedras finas en los zapatos! Aguila negra ¿sabes la historia, los amores, las ideas de ambicion, los pensamientos que ocupaban á tantos caballeros y señoras, cuando la música del sarao, ó las copas de la abundante mesa les sacaba el alma al rostro y á los ojos? Mientras sustentabas el pequeño sol artificial que prestaba luz al reducido mundo que giraba á tus pies podias estar contenta con tu suerte; mas ahora abandonada, sin sol, sin aire y sin ruido, ¿qué será de tí? Cuéntame, águila, todo lo que has visto ¿Tu mirada tan penetrante que no teme los rayos del sol meridiano, no profundiza en el corazon del hombre? Tú no has visto armaduras brillantes de guerreros, ni venablos, ni azores, ni dueñas con *antojos*, ni damas tapadas; no has oido leer romances, ni manuscritos en pergamino, bien lo sé. Pero tú has visto y oido otras cosas, y callas, y no te mueves, y no respondes á mi voz. ¡Ah! tu mirada está vacía. Yo no quiero tampoco preguntarte lo que tú no tendrias valor de decirme. Pobre prisionera, para eso no te han puesto ahí. ¡Silencio, águila negra! y el cielo no permita que la cárcel donde ahora gimes se desplome sobre tí!

"Ya tú reinado pasó."

Mi amigo quiso introducirme en los cuartos que caen al norte, y aun me dió el ejemplo entrando él; pero yo no me atreví á seguirle por las hendiduras que eché de ver en el piso y en las paredes; y salimos á la galería, sin perder de vista el águila negra, que inmóvil ahora, parecia clavada en el firmamento con solo el poder de sus robustas alas. Ya en este punto, mi amigo siempre delante, penetró por una puerta pequeña, cerca de la cual hay una escalera de cedro, y subió intrépido y resuelto hasta otra puertecilla, mucho mas chica que la anterior, que daba al terrado de la galería, desde cuya altura, segun él me dijo, se gozaba de una vista estensa, completa y pintoresca de todos los alrededores de la ciudad, la sierra y el valle, sabana de verdura y flores. Pero afortunadamente encontramos clavada dicha puerta, porque sobre ser la escalera débil, las paredes entre las cuales estaba encajonada se desmoronaban á nuestro contacto, y no era ocasion aquella de gozar vistas pintorescas. Bajamos, pues, con mas tiento del que pusimos en subir, y pasamos por otra puerta sin hojas, á la cocina, que mira al sud. Aquí nos encontramos con el único habitante del palacio, ocupado en preparar á la lumbre su frugal y escaso alimento. Era una negra baja de cuerpo, frente y nariz aplastadas, ojos saltones y fijos, ancha cara, cabellos que tiraban á rojos por la edad, medio encorbada y mal parada por los trabajos, y peor vestida. Díjonos ser esclava de los Sres. marqueses y antigua en su servicio. Al verla ante el fogon agitando el fuego y envuelta en humo, nadie diria sino que era la sibila ó hechicera que preparaba sus diabólicas confecciones. Por fortuna el pueblo no cree en las brujas, ni en los maleficios, que sinó, con el infeliz habitante del palacio, ya tuviera materia para levantar cuentos y fábulas, que acabarian por arrojarlo de allí, del único asilo que tal vez le resta en el mundo para concluir con alguna tranquilidad su ya cansada y larga vida.

Volvimos á la galeria, en cuya baranda nos detuvimos un rato, para ver la plaza mayor, la casa del Ayuntamiento que se distinguia por el rico dosel en que estaba el retrato de la Reina, y á nuestros pies el gran patio del palacio señorial, cercado de altas murallas, donde segun cuenta el historiador Acosta, habia en 1826 un ameno jardin, y hoy no solo no existe una flor, sino que está poblado de *calabazas*. Digimos un triste adios al águila negra, y bajamos mústios y meditabundos la ancha escalera de piedra.

He oido decir, que van á echar al suelo el palacio que amenaza una prócsima y total ruina. Yo lo sentiria mucho, porque es acaso el único monumento, la única huella que ha dejado el feudalismo en nuestra tierra; y vendrá un dia en que sirva á los fines del historiador presunto de la Isla, para acusarlo como un testimonio irrecusable de que tambien en los paises descubiertos por Colon entró en cuerpo y alma esa institucion de la edad media. La fachada adornada con figuras de relieve y alegóricas, los adornos de madera y las pinturas del salon, el dosel en que se miran los bustos de antiguos reyes, y parte, segun diz de la familia de los Señores del feudo, anuncian al menos avisado en la historia, que allí vivieron personages que profesaban las ideas y los usos de los caballeros de una época que pasó, y que aunque, como ha dicho alguno, ha dejado un rastro de sangre, no por eso es menos cierto que hubo Señores de vida y hacienda, y castillos feudales. Por desgracia nuestra tierra es tan poco *romántica*, que no tiene ruinas ni monumentos que atestigüen su edad, y que sirvan de recreo al anticuario, al historiador y al poeta, para sus sérias investigaciones.

En mi concepto, el palacio de tan fuerte y doble construccion, con reedificarle no mas algunas partes que han sufrido mayores embates del tiempo y los vientos, volvia á su prístino estado; y á las glorias del Bejucal, como al honor de los Señores del feudo tocaba el contribuir con todas sus fuerzas á repararlo, conservando todo aquello que pudiera conservarse en vez de destruirlo por cimiento. Es preciso que nos convenzamos de que la época de *demoler para levantar* ya pasó: principio maquiavélico que ha figurado mucho en las revoluciones que conmovieron la Francia á fines del pasado siglo y comienzo del presente; y como tal, en el dia necio, absurdo, bárbaro, anticristiano. Yo no abogo por la causa perdida del palacio: estoy muy lejos de eso. Tal como está en el dia, es un borron, una mancha para el Bejucal, poblacion la mas regular, hermosa y de despejado cielo, á mi ver, de la Isla. Bien se me alcanza que el aspecto sombrio del palacio, sus paredes y techos cargados de arbustos, abiertas aquellas en mil partes por profundas grietas, que son otras tantas arrugas, núncios de antigüedad y ruina, no causan en todos los que lo ven, una misma agradable impresion : pero para aquellos que buscan por entre esas arrugas y canas, por la aldaba de la puerta, como ha dicho un célebre escritor, un recuerdo, un uso, una costumbre, una historia de los primitivos tiempos de la isla, tanto moho, lobreguez y ruinas, adquieren á sus ojos un encanto indefinible. Los hombres pasan y cámbian sus usos y costumbres; pero quedan sus huellas, sus monumentos sobre la tierra; y estas son las páginas de una historia que no tenemos, en que á las veces ve claro el curioso investigador de sabrosas antigüedades. El palacio del Bejucal es una página de nuestra historia, escrita con elocuencia, con sencillo, ameno y fácil estilo: aquellas paredes hablan,—aun vaga silencioso y triste por la desmantelada casa el espíritu caballeresco y cristiano de los Señores del feudo.

Segun el pensamiento sublime de Victor Hugo, hubo un tiempo en que se escribia con las piedras de los monumentos: entonces una catedral gótica era la Biblia, los arcos ojivos y las agujas de las torres, el espíritu del cristiano que se alzaba hasta su Criador. Y no hay cosa mas sencilla, á mi juicio, en una época en que no se conocia la imprenta. No digo por esto que los que fabricaron y adornaron el palacio del Bejucal, fueran unos artistas y llevaran la mira de escribir una historia: precisamente porque no lo sabian ahora se puede leer lo que dejaron escrito; que es muy orgulloso el hombre para suponer que á sabiendas dejase tras sí pruebas que destruyen con muda elocuencia los juicios mejor dirigidos del historiador encomiástico.

Cirilo Villaverde.

IGLESIA DEL BEJUCAL.

Iglesia de S. Felipe y Santiago del Bejucal.

Don Manuel Mariano de Acosta, cuya memoria histórica **sobre** la ciudad de S. Felipe y Santiago del Bejucal, **seguimos** en todo lo relativo á ella, no fija el año en que se **construyó** su iglesia, como no lo fija tampoco hablando del palacio **señorial** de los señores marqueses de aquel título. Sin embargo, segun puede colegirse de la colocacion del Santísimo Sacramento en 1722, y de haberse erigido entónces canónicamente el beneficio curado, es de imaginarse que dicho año **fué** el de la fabricacion y conclusion de la iglesia.

Lo que sí no admite género de duda es que antes de fun-

darse la ciudad, en la hacienda del Bejucal, existía una hermita ó capilla con el título de Santiago, que era beneficio curado, á donde acudían los vecinos de la nueva ciudad y los
vegueros del contorno, á oir la misa que celebraban ya el cura de la dicha hermita, y ya el del Batabanó.

Tambien no admite género de duda que la actual iglesia
parroquial de S. Felipe y Santiago, está fundada sobre un cuadrado de ciento cincuenta varas de terreno, cedido por el Sr.
Marqués primer fundador de la ciudad segun el capítulo 15
de su compromiso. Su situacion es al oriente del señorial palacio á cuya fachada mira la suya, estándo este entre la plaza de armas y ella. Compónese de una nave principal y dos
medias ó capillas, con su batisterio, sacristía, púlpito, diez
altares, y una torre de muy regular arquitectura, con tres
cuerpos y la cúpula. "Está situada, dice el historiador Acosta,
medio á medio del fondo, al E. de un cuadrado ó manzana
que solo tiene esta fábrica, y lo demas es una plaza, cuya
exacta cuadratura la forma un ancho cimiento de cantería labrado á escuadra, tirado á cordel y encajonado en el terreno,
cuyo fuerte y bien marcado cordon está una cuarta mas alto
que las calles contiguas, y habiéndo sobre este en las esquinas y en los puntos que forman los huecos de las tres entradas, que ván á las tres puertas de la iglesia, primorosas pi-
lástras labradas con delicado gusto. . . . La plaza está terra-
plenada y con grama de la Bermuda en todo su interior; y la
circunstancia oportuna de que haga frente á la fachada del
templo, el grande y antiguo palacio de los marqueses que
ocupa con su jardin la inmediata manzana al O.; dá á este
punto de la ciudad un aire magestuoso, tan agradable como
sério. Es reciente este simétrico adorno, etc. . . ."

El Marqués fundador, conforme á la condicion 16 de su
compromiso, dió á la iglesia graciosamente:— "Cinco casu-
llas con sus estolas y manípulos, de los colores que usa la St.ª
iglesia; una alba guarnecida de encajes, con su ámito de lo
mismo, un frontal, unos manteles guarnecidos de encajes, un
atril, un misal con dos candeleros, un lienzo de pincel con las
hechuras de S. Felipe y Santiago, como patronos de dicha ciudad y titulares de ella: dos corporales, dos pálios, dos purifica-

dores, dos cornualtares, una campana de 4 @ y media, una pila de agua bendita, otra para bautizar, una lámpara de plata un sagrario, una mesa con cuatro cajones, para revestirse los sacerdotes y guardar los ornamentos, una tarima que está al pié de la mesa del vestuario, otra tarima para el altar mayor y una campanilla."

En cuanto al lienzo de pincel con las hechuras de los patronos de la ciudad, de que se habla mas arriba, no lo encontrámos en la iglesia en la visita que á ella hemos hecho espresamente, con el fin de redactar este artículo. Con escepcion del cuadro de las ánimas, que es de muy mal gusto, y está en el altar de la capilla de la derecha, los demas altares hasta el número de diez que encierra la iglesia, adórnanlos santos de bulto, en nichos grandes de cristal, que es el uso detestable de todos los templos de la isla. En vez de la lámpara de plata, donada por el Sr. marqués primero, vimos dos, una que cuelga frente al altar mayor en la nave principal, que es la mas grande, y la otra en la capilla de la izquierda.

Al pié de la torre se lee la siguiente inscripcion:

Se hizo esta torre con dinero de la iglesia y el vecindario en el año de MDCCCIX.

Por donde se ve claramente que la iglesia estuvo sin ella ochenta y siete años, suponiendo que fuese construida en 1722, cuando se colocó el Santísimo Sacramento. Conforme á los libros parroquiales, que tuvo la bondad de franquearnos el actual Sacristan mayor, el primer matrimonio que allí se celebró fué en dicho año, y lo contrajeron D. Manuel Hernandez y Dª Ignacia Niebla.

Para una ciudad de 2,000 habitantes y de 250 casas, la iglesia tiene toda la capacidad y decencia necesarias. Hoy dia no ocupa el centro de la poblacion, porque aunque es cierto que al principio esta tuvo por conveniente acercarse al rio en el rumbo norte, no lo es menos que merced á los beneficios que le ha traido el camino de hierro, ella receja y se derrama en direccion opuesta.

En fin parécenos que la iglesia es digna de la ciudad y la ciudad de la iglesia. Porque en efecto si aquella tiene toda la capacidad y decencia necesarias al culto divino, esta tiene la regularidad de las poblaciones modernas, y á la anchura y empedrado de sus calles (1) tiradas á cordel, une la casi uniformidad de sus espaciosas casas, labradas con una piedra que llaman allí de *cachimba*, y rejas de hierro en sus ventanas, sus plazas de armas y mercado, el Ayuntamiento, el hospital, el cementerio, el señorial palacio, las tiendas, y otros edificios, que le dan mucho brillo y hermosura y la constituyen una de las poblaciones interiores mas bellas de la parte occidental de la Isla.

C. V.

(1) Hasta el núm? de ocho de N. á S. y nueve atravesadas, con cincuenta y nueve manzanas.

CUEVA DONDE SE SUME EL RIO DE SAN ANTONIO.

CUEVA DONDE SE SUME EL RIO S. ANTONIO.

En la estencion de cuarenta leguas que tiene la tierra llana, ó alta, la tierra de los cafetales y las palmas, por escelencia, que media entre las tetas de Managua y las lomas del Cuzco, no se encuentran mas que cuatro rios y eso de poca importancia. Y son, el de las Mangas, que nace con el nombre de rio de S. Juan en la hacienda de S. Salvador, riega el hermoso ha-to de Guanacaje, y se vierte en el mar, cerca de la ensenada de Majana; el de los Güines, que nace en las lomas de Candela, riega el estensísimo y pintoresco valle de su nombre, y con el de Mayabeque, desemboca en la gran ensenada de la Broa; el de las Capellanías que nace en las Mesas del Mariel, pasa por un costado de la poblacion de Guanajay, y á poca distancia del camino de S. Márcos se hunde en las entrañas de la tierra, cerca de la aldeilla que le dá nombre; y últimamente el de S. Antonio, cuyo curso principia en la laguna de Ariguanabo, y acaba al sud de la villa de su nombre, desapareciendo de sobre la haz de la tierra de la misma manera que el anterior, es decir á cortas leguas de su nacimiento.

Es de advertirse que estos cuatro rios, tan distantes entre sí, todos corren invariablemente hácia el sud; lo cual proviene de la mayor altura á que están las costas del norte; pero no es tanta sin embargo que baste á conservar el nivel de las aguas por largo trecho, puesto que dos de ellos desaparecen bajo la tierra, á mucha distancia del mar, que es donde por lo comun ván á morir todos los rios. De los cuatro, el mas notable por su sumersion, y nacimiento, es el último de que hemos hablado mas arriba, esto es, el de S. Antonio.

Aunque principia á dársele ese nombre en la laguna de Ariguanabo, no pensamos que en ella tenga su nacimiento, como vulgarmente se asegura por ahí. En nuestro concepto, el rio de San Antonio no es otro que el que con el nombre de

Gobea nace en las tetas de Managua, y se pierde en la antedicha laguna, pasando á poca distancia al sud del Bejucal. Pero sea de esto lo que fuere, pues nuestro objeto es describir la vista que representa la estampa, cuyo epígrafe encabeza el presente articulo, contraigámonos á ella. Para haber de hacerlo con toda claridad, será preciso que primero digamos alguna cosa de la Villa.

Está situada, como se sabe, á la falda de una colina chata, entre los 22° 53' 40'' de latitud, y 76° 12' de longitud, sobre un banco estenso de piedra calcárea, que tiene una inclinacion visible hácia el sud. Por este motivo el rio, apenas sale de la laguna entra en un cauce profundo, el cual se va ahondando á medida que se acerca á la poblacion, por manera que cuando la avista y entra en ella, sus márgenes de piedra, cortadas á pico por la naturaleza, se levantan diez y doce varas sobre el nivel de las aguas. Particularmente entre los dos puentes, que es donde se hallan casi todos los baños, no se puede bajar sin escaleras; para bañarse hanlas labrado los vecinos desde los patios de sus casas en la piedra de las márgenes del dicho rio. El es bastante ancho, trae buen caudal de agua; y desde su entrada hasta su salida de la poblacion parece un lindo canal, que en vez de barcas, lo ocupan multitud de casitas, ó mas bien techos de guano á una y otra márgen, que son los baños que han dado tanta celebridad á la villa, y semejan flotar sobre las aguas.

Pero así que rebasa del segundo puente, pierde su forma de canal; aunque corriendo en un llano su cauce se estrecha; empobrece de repente; hace un remanso, que sirve de bañadero á los caballos de la villa; divídese en varios brazos, formando graciosas islitas, hoy sembradas de legumbres; y á poco muere tan sin ruido ni esfuerzo, que parece el sumidero de una cloaca cuando acaba de llover en las calles de una ciudad. En tiempo de lluvias, sin embargo, época en que se tomó la vista de la estámpa, la sumersion se efectúa mas adelante, esto es, al pié de una frondosa ceyba, la reina de nuestros bosques, ante cuya presencia, el rio, cual un esclavo, humilla la cabeza y le besa los piés para pasar.

En fin, la boca de la cueva donde se sume el rio de S. Anto-

nio, tiene sobre 20 varas de anchura: el techo es una bóveda de una sola piedra, por parte convexa, por parte cóncava; los montones de arena y los peñascos que han arrastrado las aguas, casi obstruyen la entrada, que concebimos fué en algun tiempo mucho mas espedita y capaz sin esos obstáculos. Precisamente encima de la cueva está asentada la poderosa ceyba, cuyas enormes raices, como las garras de un animal, introduciéndose por las grietas de la piedra, parecen sostener la bóveda, en vez de sostener esta á aquella. La circunferencia de su tronco es tal, que no lo abarcan cinco hombres: elévase en alto derechamente lo ménos 30 varas, y se divide en cuatro principales ramas, que hacen una copa capaz de abrigar hasta un regimiento de caballería, si estuviera mas baja.

Cuando nosotros la visitamos en 18 de Marzo del presente año, el rio se hundia antes de llegar á la cueva, segun decimos mas arriba. Esta circunstancia nos favoreció mucho para que pudiéramos registrar su interior cual lo deseábamos. Hasta cierto punto la entrada se hace capaz para un hombre

25

de pié; pero á poco es preciso agacharse, y caminar algun trecho en tan incómoda postura: entónces, el curioso que ha descendido hasta allí, seguido del estruendo que meten las aguas deslizándose por entre las piedras, queda encantado con la vista de ellas que saltan en chorros de plata, para desaparecer luego luego en la oscuridad, en las entrañas de la tierra.

Conforme á las inscripciones, nombres y fechas que vímos grabadas en la bóveda de la cueva, nosotros, no eramos por cierto los primeros que la visitábamos. Entre los nombres habia algunos que no nos eran desconocidos: entre las fechas, la mas antígua era de 1807, la mas moderna de 1837: entre las inscripciones, pocas habia sentenciosas, muchas vacias de sentido, y algunas que parecian grabadas allí por la mano de hombres sin pudor, ni educacion. Ningunas citarémos; tampoco nos venció la tentacion de agregar nuestro nombre, al de tantos desconocidos para el mundo, y nos separamos de la *cueva donde se sume el rio de S. Antonio*, preocupados de una idea religiosa, que nos asaltó allí al ver las bullentes aguas desaparecer de la haz de la tierra, no de otro modo, que la existencia de algunos hombres que contando demasiado con la largueza de la vida, risueños corrian á la gloria y solo hallaron la muerte.

C. Villaverde.

BAÑOS EN EL RIO DE SAN ANTONIO ABAD.

IGLESIA DE LA VILLA DE SAN ANTONIO ABAD.

S. ANTONIO ABAD DE LOS BAÑOS.

La iglesia de S. Antonio principió por la ereccion de una capilla ú oratorio que varios devotos dedicaron al santo patrono en el año de 1784 que fué bendecida por el Pbro. D. Manuel Morejon autorizado por el Obispo diocesano D. Santiago Echavarría. En 1785 se declaró ayuda de parroquia auxiliar del Cano siendo el primer cura confirmado D. Domingo Perez.

La villa de S. Antonio es una de las mas notables de la provincia de la Habana por su belleza, susceptible de mucha mas nombradia é importancia con la construccion de los ramales del camino de hierro que se proyectan. La jurisdiccion de la villa se ha aumentado en los últimos años como se verá en este artículo. La mayor parte de los terrenos son colorados y de una capa vegetal tan profunda que se asegura que en el *Tumbadero* pasa de 14 varas : no tiene montañas, ni alturas : un declive hácia el O. de la villa. Hay otra inclinacion del terreno hácia *Govea*. Al N. de la villa existe gran cantidad de terrenos calcáreos y donde la piedra es muy dura, continuando al S. algun tanto pedregosos algunos.

Las aguas se depositan en la célebre laguna de *Ariguanabo* que cuenta una estension de dos leguas de superficie y ocho varas de profundidad y otras corren al rio de S. Antonio célebre por su gruta y sus baños de que verán nuestros lectores las láminas correspondientes en este cuaderno. Está situada la laguna entre las jurisdicciones de *Corralillo* y *Guatao*. Se cree por algunos que las filtraciones de la Laguna alimentan al rio sus corrientes hasta que se precipita en la caverna como á 500 varas al S. de la villa. Existen en esta jurisdiccion magníficos cafetales.

Por Real cédula de 22 de Setiembre 1794 fué declarada villa la poblacion por el Sr. D. Cárlos IV y declarado *justicia mayor* con jurisdiccion civil y criminal en primera instancia el Sr. marqués de Monte Hermoso, asi como su hijo perpetuamente. Nombráronse los empleados de justicia, alcalde, regidores etc. por S. S. por privilegio de S. M. y se celebró el primer cabildo en 15 de mayo de 1795. Deseoso el Sr. marqués hacer grata la instalacion del Ayuntamiento (en 1º de mayo del mismo año) rebajó las pensiones que le pagaban sus censatarios y destinando una parte del resto á fondo de propios. Ultimamente se aumentaron algunas plazas del Ayuntamiento, habiendo hecho las elecciones el Escmo. Sr. actual Marqués.

La villa de S. Antonio tiene en la actualidad, segun leemos en la Geografía de nuestro amigo Poey 3,000 habitantes. Se halla ocho leguas S. S. O. de la Habana y tiene en su jurisdiccion los pueblos del *Pilar ó Vereda Nueva, el Caimito, Alquízar* y *la Guira de Melena*. Hasta el año de 1839 no pertènecieron estos dos últimos pueblos ni sus distritos á la jurisdiccion de S. Antonio, pero habiendo suplicado muchos de sus vecinos se les segregase de Santiago por los perjuicios que recibian en la administracion de justicia, por las costas é incomodidades que esperimentaban en las demandas; se accedió por

Real órden á la peticion habiéndose agregado á S. Antonio en el año citado no teniendo poca parte en este negocio el recomendable regidor D. Diego Fernandez Herrera. Los límites que entónces se dieron fueron los del territorio decimal.

Por lo espuesto queda esplicado por que la Estadística del año 1827 solo señale dos pueblos á S. Antonio y ahora el Sr. Poey le señala cuatro.

Progresa la villa indudablemente pues la estadística ántes citada le daba en 1827 solo 2553 habitantes de poblacion y hoy se le señalan 3,000. Si se atiende á todo el partido aun sin contar con sus nuevas adquisiciones el incrémento es considerable, pues suponiendole en 1807 un número de 5580 habitantes en 1827 tenia ya 9,346. Cafetales habia nueve y en 1827 existian treinta y cinco observándose aumento en todo menos en el ramo de ingenios que solo se ve en uno y otro estado un ingenio.

Ademas del Ayuntamiento cuenta la villa de S. Antonio una Diputacion patriótica de la Real Sociedad de Amigos del pais de la Habana que entiende en los negocios de su institu-to: á sus esfuerzos se debe el "colegio de Cristina"—No se olvidará por los que le presenciaron el momento de su apertura en 24 de julio de 1836. Los Concejales del pueblo y los Amigos del pais, acompañados de un concurso respetable, entusiasmados con los sonidos de una orquesta militar condujeron á los niños al nuevo colegio. Todo el aspecto de una fiesta popular y solemne dió al acto la importancia que realmente tenia; el cura revestido de sus insignias sacerdotales, la milicia escoltando la procesion cívica, el pueblo animado del mas puro júbilo, son recuerdos que no pueden estinguirse jamás. Esos momentos deliciosos en que el entusiasmo conmueve electricamente á ios corazones, en que estos palpitan descargados de la inmensa pesadumbre de las miserias de la vida, son los únicos en que vive el hombre, que sufre, pero que no deja empañar su alma con el hálito emponzoñado que á menudo la hiere en el mundo.

Para dar mayor estabilidad al colegio se ha formado un espediente de presupuestos y arbitrios cuya resolucion pende del gobierno. Tambien han pensado en el establecimiento de

25*

una clase de filosofía en él. Se ha construido una buena casa para el colegio.

En 20 de agosto de 1839 se instaló una *Casa de maternidad* subalterna de que está encargado el Ldo. D. Martin de Mueses.

Se encomia el buen servicio del Mercado de S. Antonio á cuyo objeto tiene una plaza. La vida es semejante allí á la de esta capital : el mismo lujo, la misma elegancia. Aunque los que no viven algun tiempo en un pueblo no pueden hablar de su condicion asertivamente, nos parecen francos y hospitalarios los habitantes de S. Antonio; algo dados á pleitos como todos los Cubanos y con las cualidades con que nos dotó la naturaleza las unas buenas, malas las otras.

Segun dice la Estadística de 1827 el cuartel de S. Antonio es el segundo edificio de su especie en la escala del mérito en la isla de Cuba.

De la temporada de baños á que acuden muchas personas de todas partes, se hablará en artículo por separado. El rio cruza por la poblacion y se comunica esta por dos puentes. Tiene tres plazas : de armas, mercado y recreo.

Se nos asegura que en todo el antiguo territorio de la jurisdiccion no se encuentra piedra alguna metálica, ni de chispa, petrificaciones de mariscos, etc., con cuyo motivo las aguas de sus baños no son minerales, que los *amadores* ó aficionados llaman *frescos*. Tambien se padecen de fluxiones ó afectos catarrales á causa de la densa neblina que suele cubrir los campos principalmente por Diciembre: esto se nos dice, pero no sabemos por esperiencia propia si es cosa digna de anotarse, así como otra observacion de que los meses mas sanos son de Diciembre hasta Abril.

Lo que sí debemos afirmar es que pocas poblaciones nuestras esceden en belleza á S. Antonio, tanto por lo pintoresco del rio, como por su estado de adelantamiento. Su temperamento es muy agradable, pues le refrescan continuas brisas "las amigas del cubano,"—y se ofrecen las límpias aguas del rio á los que aun quieran mayor frescura.—*A. B.*

PUENTES GRANDES.

PUENTES GRANDES.

La pintoresca situacion del pueblo de Puentes Grandes y la hermosa calzada que le sirve de comunicacion con la ciudad de donde dista 1¼ legua, hacen de este lugar uno de los mas concurridos en la temporada de calores. El rio es de los mas caudalosos de las cercanías de la Habana y contiene abundantes pesquerías, en que se emplean muchachos que con ligeras canoas le recorren.

Tocando á las casas del pueblo se encuentra el caserío de *Mordazo*, pagándose un peage al pasar del uno al otro pueblo. El terreno es un tanto quebrado por cuyo motivo hay desórden en la colocacion de las casas, pero un desórden grato, porque no impide que luzcan edificios primorosamente construidos alguno de los cuales merece que le destinémos una lámina, y así lo harémos. Nótase una hermita ó pequeña iglesia en el pueblo de Mordazo sin concluir. Desde que se empieza á descender por la cuesta que le liga al pueblo de Puentes Grandes, al dilatarse la vista por el panorama que se le ofrece se figura uno transportado á esos lindísimos paisages de la escuela framenca, en que siempre se ven las espumas de los rios salpicando los pítalos á las flores. Luego se unen recuerdos á ese azulado rio que tan pronto se desliza como una lámina de cristal, tan pronto se encrespa describiendo círculos bulliciosos y murmurando entre las piedras de su álbeo. Por otra parte las aguas del rio no corren inutilmente como otras tantas por los campos de Cuba. Al observar las sierras que se mueven á su impulso abandonámos la contemplacion de las cosas naturales para fijar nuestra atencion en los esfuerzos de la inteligencia. La velocidad con que se mueven las sierras, el acopio de materia prima todo demuestra la gran importancia de estos talleres que surten á la ciudad de tablas, vigas, etc.

La poblacion de Puentes Grandes es en el dia de mas de 400 individuos. Por algunos años estuviéron abandonadas de lagenterica por los temores de que se repitiese la funesta catástrofe que forma época en los pobres anales de la Isla, y se conocepor la *tormenta de Puentes Grandes*. Se atraviesa el rio por un puente hermoso, sostenido sobre horcones y profusamente entramado con puntales. Las barandas ó antepechos que dan áambos lados del rio terminan en cuatro pilas de mampostería, en tres de ellas se leen las siguientes inscripciones, de las cuales son notables por su ortografía las dos primeras,

Reinando la Catolica Magest
del Señor D. Carlos IV
que Dios guarde y en el pontif
icado de N. Smo. P, Pio—VI
se construyeron estos Pue-
ntes y su calzadas siendo
Govr y Cap^n Gra^l de esta ciudad
é Isla el Exmo Sr. D. Luis de las
Casas bajo la direccion del ca
vallero comis? Regidor Depositario
Gral. D. Josef de Armenteros
Año de **1796**

La inscripcion que acabamos de transcribir **se encuentra** en el primer pilar á la izquierda; el de **la derecha es del mis**me género.

POR LA ISLA DE CUBA.

Reinando la Catol Magest del
Sr. D. Carlos IV.
y en la Sta. Iglesia N. Smo P. Pio
VI se concluyeron los Puentes
de Mordazo, sus Calzadas
y enlozado del grande
Terraplen del Rio siendo
Govr. y Cap. g^l. de esta
Ciudad é Isla el Exmo Sr. Conde de
Sta. Clara y Comisario
el cavallero Regid. De
positario g^l. D. Josef de Armenteros
Año de 1798.

En el primer pilar de la banda opuesta se lee una inscripcion que acredita las reparaciones hechos en 1827. En ella se advierten ya los progresos del buen gusto, pues no adolece de los defectos de las otras, si bien es de pésima calidad la losa de la inscripcion.

REINANDO
LA CATOLICA MAGESTAD
DEL SR. D. FENANDO VII (Q. D. G.)
SIENDO GOBERNADOR DE LA HABANA
EL ESCMO. SR. DON
FRAN^{co} DIONISIO VIVES
Y PRIOR
DEL RL. CONSULADO
EL ESCMO. SEÑOR
CONDE DE LA FERNANDINA
SE REEDIFICO ESTE PUENTE
BAJO LA DIRECCION
DEL SR. D. ANTONIO TOSO
DIPUTADO
DE OBRAS CONSULARES
AÑO DE 1827.

Empero aunque la belleza del sitio no ha desmerecido de otras épocas acá, no sucede así respecto de algunas obras del arte. En los dias 21 y 22 de junio del año de 1791 se sufrieron perjuicios estraordinarios á consecuencia de un huracan que haciendo salir de su cauce á varios rios de las cercanías arrasaron casas, destruyeron puentes y arrebataron la existencia á muchos individuos. Entre las cosas que se destruyeron fué una el famoso puente que tal vez dió su nombre al pueblo. Tenía 17 ojos.

La descripcion que se hizo en aquella época del temporal es espantosa. El rio, la Prensa (*) se desbordó por ambas orillas y sus aguas se estendieron hasta las alturas de la poblacion del *Cerro*. El puente fué destruido, derribando los pilares y abriendo otros hasta su fundamento. Lo que no arrebató la corriente quedó reducido á un monton de escombros.

(*) El mismo Almendares ó Chorrera.

Se reputaba como el edificio mas suntuoso de la época en toda la Isla.

El año próximo pasado *estuvieron de moda* las *temporadas* en Puentes Grandes. Las calles eran por las tardes una sola tertulia, pues las llenaban multitud de hombres de todas edadas, mientras las señoras en los portales recibían sus adoraciones. Se han construido elegantes edificios y esto asegura que la *boga* de Puentes Grandes así como la del **Cerro** ya quedará perpetuada.

La poblacion se aumenta crecidamente en la temporada, pero lo que es la invariable, la fija no ha progresado mucho. El pueblo de Puentes Grandes se llamó con mas generalidad *Molinos del Rey* de 50 años atras. La tormenta de que hemos hablado varió el curso del rio y borró aquel nombre.—*A. B.*

PUENTE DE MARIANAO.

PUENTE DE MARIANAO.

Uno de los puntos mas concurridos en las temporadas de *baños* es sin duda alguna *Marianao*, pueblo situado á tres leguas de la Habana, en el camino de la *vuelta-abajo* y que por hallarse comprendido dentro de las veinte leguas de la capital se llama tambien *partido de afuera.*

Los rigores de la estacion, y el deseo de recobrar la salud quebrantada hacian que los vecinos de la ciudad prepararan sus viages al *Cerro, Puentes Grandes* ó *Marianao* desde los meses de marzo y abril en que ya empieza á sentirse la influencia del calor tropical. Esta *necesidad* convertida hasta cierto punto en *costumbre*, embullaba á las familias que se trasladaban á los partidos mencionados en *carretas* cubiertas ó *enramadas* con *pencas* de *cocos*, y al lento paso de los bueyes empleaban una ó dos horas en el tránsito y cantaban, ó reian, ó gritaban contestando los continuos saludos de los vecinos de esas inmediaciones que alborozados salian al encuentro.

Mayores si cabe, eran las demostraciones de júbilo y alegría con que á su llegada eran recibidos. Reuníanse las familias en la casa de los que se esperaban, apostábanse dos ó tres muchachos en el camino, y todo era en ese dia contentamiento y placer; comiase bajo la sombra deliciosa de los árboles, íbase luego á dar una *vuelta* por el pueblo, á beber agua del *pocito*, y poco tardaban las familias en estrechar sus amistádes y relaciones con la repeticion de estas escenas cada vez que llegaban otras nuevas. Así se animaban las *férias*, así concurrian á los bailes, así paseaban por las *estancias* y *sitios* de labor, y así finalmente pasaban la temporada hombres y mugeres. Bien es verdad que los primeros armaban ademas su *manigüita*, ó se lanzaban á las mesas de juego que en las casas de bailes se levantaban cuando empezaron ya á alterarse la sencillez de esas costumbres.

Esta pincelada aunque débil marcará el contraste que ofrece la época que alcanzamos. Hoy han cesado esas costumbres; ni familiaridad, ni franqueza, ni sencillez, ni nada de cuanto hacia agradables las temporadas. Sólidas y espaciosas casas se han construido donde ántes se veian las de *guano* y *embarrado*, quintas, y jardines, columnas y chapiteles han traido el lujo, la ostentacion y la etiqueta á esos lugares en que solo se iba á buscar salud, recreo, y esparcimiento. Los adelantos de la civilizacion, el progreso de las costumbres han obrado tan completa transformacion, y pocas muy pocas son las familias que viven de asiento en estos partidos esceptuando las que habitan en las estancias y sitios de labranzas, de suerte que es necesario internarnos para buscar aquellos hábitos sencillos de sus primeros pobladores.

Las casas de Marianao brindan cuantas comodidades pueden desearse y de pocos años á esta parte se han construido sus mejores edificios. Constan estos por lo regular de portal ó *colgadizo* á la calle que es una hermosa calzada, adornadas aquellas con varias y simétricas columnas, espaciosas salas cuatro, seis ú ocho cuartos, dos patios con árboles frutales, y cochera correspondiente.

El rio que lo atraviesa es bastante pobre y su lecho presenta continuas desigualdades, pareciendo apenas un arroyito en algunos puntos, y siendo en otros sumamente ancho y profundo. El soberbio puente que representa la lámina es lo mas notable de Marianao, y el mejor de toda la isla.

Dirigió la obra el ingeniero Mr. de Latour; su longitud es de *doscientas ochenta varas*, su mayor anchura *quince*, y *diez* sobre el arco cuya forma es *ojiva*: la altura del puente es distinta y llega á veinte varas en su mayor elevacion; las aguas corren debajo por un lecho de canteria. Una vegetacion siempre viva y lozana ofrece al observador un cuadro bellísimo y variado; y situado en medio del puente domina toda la poblacion que parece salir de enmedio de las campiñas ostentando con las almenas y pilares de los tiempos presentes, los pajisos techos de la época pasada. Contraste que materializa por decirlo así los adelantos actuales y las diversas costumbres que ántes hemos apuntado.

A una y otra orilla del rio se forman anualmente *ranchos* para baños, con *cañas bravas* y *pencas de coco*; ranchos ambulantes cuyo uso es casi comun á todas las familias y que por su rústico aspecto es lo único que queda de la sencillez primitiva de esos moradores. El lujo que ha introducido en el pueblo los caprichos de la moda no ha penetrado aun en los baños, detenido en las márgenes del rio desdeña estender hasta allí su imperio, parece huir de los encantos que las risueñas campiñas de Cuba ostentan en este lugar dejando solo el ruido apacible de las aguas confundido con el que produce el blando soplo de la brisa en aquellas hojas siempre verdes y lozanas; pero el observador imparcial mira en la carencia de *indústria* que nos aqueja la causa de ese que nosotros calificamos de abandono, porque ahí en esos mismos baños en que todo debiera ser comodidad y franqueza, ni hay donde sentarse, y en muchos ni donde poner los ricos y elegantes trages con que se adornan las bellas, cual si fueran á un baile ó á un sarao.

Tiene fama en toda la Isla el agua del *Pocito* de Marianao, que si ántes lo fué, hoy presenta solo el aspecto de una fuente resguardada con una bonita mampostería, y adornada con dos ó tres tubos de metal á manera de surtidores por donde se provee el vecindario de la que necesita. Es muy pequeña la

cantidad de agua que sale por ellos y siempre hay porcion de
gente aguardando el turno para proveerse. Son muy medicinales sus efectos y muchas las personas que con ella han restablecido su salud. Leese en la fuente la siguiente inscripcion:

REINANDO LA MAGESTAD
DEL Sor. D. FERNANDO 7º Q. D. G.
Y GOBERNANDO LA ISLA
EL ESCMO. Sor. D. FRANCISCO DIONISIO VIVES
EL Sor. D. JOSE MARIA CALVO
ALCALDE DE 1ª ELECCION DE LA HABANA
CON EL AUSILIO DEL REAL CONSULADO
Y ALGUNOS VECINOS CONSTRUYO ESTA FUENTE
JULIO 2 DE 1832
D. ANTONIO TORSAL DIRIGIO LA OBRA
Y GRABO

Cerca de la fuente, ó *pocito* hay una azotea construida para descanzo de los que allí concurren, pues hay que bajar una
cuesta que fatiga al caminante: tiene asientos á los cuatro
vientos, y en los pilares de los ángulos, lo mismo que en los
muros se leen versos amatorios, multitud de nombres y recuerdos de las familias que han pasado en el pueblo las temporadas. Curioso sería trasladar aquí tan varios y encontrados
pensamientos como se espresan en esos renglones, pero no lo
permite la naturaleza de la obra, y aunque sí entretenimiento
no daría instruccion á nuestros lectores que es el objeto de este
artículo.

Es cosa notable que el soberbio puente de Marianao cuya
vista impone al pasagero, ya lo contemple desde la altura, ya
lo mire desde el ojo que forma su arquería, no contenga ni
una sola inscripcion, ni un solo nombre, ni la fecha en que se
construyó, cuando es el mejor de toda la isla, cuando llama
la atencion de los inteligentes, y lo que es mas aun, cuando
estámos acostumbrados á ver prodigar los nombres, las
letras y las inscripciones en obras insignificantes que acaso
sin estas no habria ni quien las mirase.   *M. Costáles.*

FIN DEL TOMO PRIMERO.

ARCO MORISCO Á LA ENTRADA DEL SOCAVON.

PASEO PINTORESCO
POR LA ISLA DE CUBA.

OBRA ARTÍSTICA Y LITERARIA,

EN QUE

Se pintan y describen los edificios, los monumentos, los campos y las costumbres de este privilegiado suelo.

PUBLICADA

Por los Empresarios de la Litografía del Gobierno y Capitanía General.

TOMO SEGUNDO Y ULTIMO.

HABANA.
IMPRENTA DE SOLER Y COMP.
—
1842.

PUENTE DEL ALMENDARES.

TRAVESIA DEL CAMINO DE HIERRO AL PIE DEL CASTILLO DEL PRINCIPE. HABANA.

CAMINO DE HIERRO DE GUINES.

Una de las causas que tendrán un resultado indefinido en el progreso industrial de Cuba es la existencia del camino de hierro de Güines. Ofrecimos al publicar la lámina en que se representaba *el paradero de Villanueva* ocuparnos del camino en otra ocasion, oferta que cumplimos fieles á nuestro propósito de presentar á nuestros lectores datos históricos de importancia real para los que siéndoles aficionados consideren que mientras no nos apartemos de los líndes que nos señalamos en el prospecto no se nos puede exigir otra cosa. Pudiéramos ser los cronistas de nuestras impresiones cuando transitamos por el primer ferrocarril que ha existido en la América española ¿pero cuál sería el resultado?— Un ferrocarril en Cuba es como en cualquiera parte del mundo un medio de trasladarse de un punto á otro: ¿qué le diríamos á los forasteros?— Si es cubano el lector ¿qué necesidad tiene nuestro pobre ingenio de pintar imágenes que habrán pasado quizá mas brillantes por sumente?— El vapor fecundando con su benéfico impulso los campos de la Isla, los pueblos unidos en mas estrecho lazo de fraternidad por el trato y comunicacion frecuente que proporciona, las bellezas de las ciudades recorriendo del uno al otro estremo con los adornos que indican una civilizacion avanzada: todo forma un bello cuadro y en su cielo se mecen siempre para nosotros las delgadas hojas de las palmas, juguetean mil pajarillos y apénas vuela impelida de los vientos alguna nube. ¿No es verdad que esta pintura es fiel retrato para los hijos de la reina del mar de las Antillas?— Y si con mas penetrante mirada busca allá en el lejano horizonte del dudoso porvenir la lontananza del cuadro, entónces á la alegria pasajera de la impresion momentánea sucede el profundo convencimiento de que al ferrocarril de Güines deberá Cuba su porvenir industrial, pues el ejemplo de sus convenien-

cias ha sido mas elocuente que todos los esfuerzos de los amigos de los pueblos que hasta aquí proclamaron las ventajas de los ferrocarriles. El nombre de *Villanueva* justamente colocado en letras de bronce sobre la fachada del paradero del camino de que dimos una lámina en el tomo 1° de esta obra, pasará sin duda á las generaciones futuras cercado de las bendiciones de sus paisanos.

Efectivamente al ilustre Conde se debe la idea de la construccion del camino de hierro de Güines á la Habana y á su constante y decidida proteccion el que se haya realizado. Feliz ha sido la idea de colocar en el lienzo que representa á S. E., y debe ser colocado en la Real Casa de Beneficencia el *paradero de Villanueva:* sin duda la obra que allí se simboliza de este modo, es la flor mas linda de su corona de gloria si la posteridad le acuerda alguna.

El fértil territorio de Güines, que presenta uno de los pocos ejemplares de formar una estensa llanura quedaba separado de la ciudad desde el momento que empezaban las aguas á hacerse sentir en la estasion lluviosa. Las pesadas carretas de nuestra informe agricultura dignas de figurar en las sendas que aun hoy ofrecemos en otras partes al caminante, se detenian dias y mas dias en el tránsito de doce leguas: atascábanse á cada momento, húndianse en engañosas *tembladeras* (1) y sacrificaban bueyes sin término. Si las descomunales ruedas de aquellas se hundian hasta no poderse mover, las recuas y volantes sufrian considerables perjuicios. Tal era el estado de los caminos de Güines: para mejorarle se idearon varios proyectos. Quien pensó en la abertura de un canal; quien dijo que una calzada reunia todas las ventajas; pero el pensamiento del Escmo. Sr. Pinillos obtuvo lo preferencia, y como el que tuvo la idea tuvo el poder de ejecutarla, no sucedió en este como en tantos otros proyectos que apénas nacen en la cabeza de un inventor cuando perecen en el archivo de algun curioso ó cosidos á minuciosos espedientes en que todos los informantes los aprueban y se mandan á guardar.

El camino de hierro realizado es una demostracion que no ha perdido el pais, pues las sociedades anónimas creadas despuespara la construcion de otros, la *compañía de caminos de hierro de la Habana* formada para su compra son pruebas nada equívocas de sus buenos frutos. D. Alfredo Cruger dirijiendo el camino ha contraido el mérito del ensayo y su escuela ha servido para los demas. Tal vez ese *tonel* que representa una de nuestras láminas, tal vez otras partes del camino se han hecho con demaciada magnificencia, pero esos monumentos eran casi indispensables para que fuese dignamente espresada la primera empresa que acometia el pais y no por un particular sino por una Junta respetable y rica.

El mismo ingeniero Cruger en un informe que dió á la Junta en 1836 fué de sentir que en lo sucesivo debia adoptarse un sistema de construccion mas ligero que el empleado en el camino de Güines, sino se trataba de hacer una obra nacional en que se tuviese en poco el producto y en mucho la suntuosidad y magnificencia.

Elegante es el arco morisco que da entrada al *tonel* ó co-

(1) Lugar que parece transitable en la superficie y no obstante la parte inferior es muy fangosa.

1*

cabon que horadando la montaña sirve de tránsito al camino. Sobre su entrada se mandó poner por acuerdo de la Junta de Fomento:

LA JUNTA DE FOMENTO.— PRESIDENTE EL ESCMO. Sr. C. DE VILLANUEVA. COMISARIOS.— M. HERRERA A. M. DE ESCOVEDO, W. VILLAURRUTIA. INGENIERO DIRECTOR ALFREDO CRUGER.

1837.

La Real Junta no pudo con solo sus fondos dar cima á la obra que generosamente acometió: en vano lo hubiera pretendido, por cuya razon desde que se pensó en el proyecto se estimó necesario un empréstito, que al cabo vino á negociarse en Lóndres, á cuyo fin se nombró un agente para que allí lo verificara, y que salió de la Habana en 1834 con aquel objeto.

El contrato se firmó en Madrid en 18 de octubre del espresado año con D. Alejandro Robertson: el capital nominal fué de 450.450 £ amortizable á 1º de enero de 1860. Se ne-

goció al 75 p $\frac{o}{o}$ neto y produjo 337.837 £ y una fraccion, importó pues el empréstito 1.649.998 ps. 3 rs. que gana el 6 p $\frac{o}{o}$ pagadero por mitad en 5 de marzo y 5 de setiembre con otras varias condiciones de que resulta que la adoccion del proyecto de empréstito fué muy favorable á la junta que para satisfaccion del público demostró en un estenso estado que el interes abonado por ella era de un 11 y fraccion p $\frac{o}{o}$ mientras que si hubiera contraido el empréstito en la Habana ó con las bases del contratado por el conde de Toreno saldria á mas de 13 p $\frac{o}{o}$ siendo enorme la diferencia respecto de lo principal del negocio puesto que es mucho mas conveniente el de la junta.

La junta ha dado publicidad á todas sus cuentas de gastos, hasta el momento en que se trató de la venta del camino. Entre las medidas que acordó para el progreso de la obra fué una el contratar novecientos veinte y siete isleños á razon de nueve pesos mensuales para los trabajos. Las anticipaciones que exigió el transporte y demas ascendieron á 48.105 ps. 6½ rs. Desgraciadamente esta idea no tuvo el éxito mas feliz por cuanto á que murieron solo del cólera morbo en aquella sazon reinante 102, cosa que esparció el temor y algunos fugaron. Solo hasta 30 de noviembre de 1836 habian fugado 65 y se retiraron liquidando cuentas 148. El corto sueldo que tiene que darse á los jordaleros, los medios de ganar mas, que consideran siempre realizables y otras muchas circunstancias hacen que estas empresas casi nunca tengan el objeto apetecido. Otros medios deben elejirse para que efectivamente progresase la poblacion blanca. Merece de todos modos la junta nuestra gratitud por solo haber acometido el proyecto.

Estrenóse el camino desde que estuvo espedito el primer tramo hasta el Bejucal, terminando en Garcini, como ahora termina en el lugar que ocupó antes el jardin botánico. Hizose el ensayo el dia 19 de noviembre en celebridad de los dias de la Reina Dª Isabel 2ª. Al efecto determinó la junta publicar un acuerdo con dos partes: 1ª que se estrenaria el camino en dicho dia y que los concurrentes tomarían los asientos sin órden de preferencia; 2ª que los boletines se vendiesen desde la víspera y que se diesen dos viages en el dia 19, el 1º á las sietede la mañana y el 2º á la una de la tarde.

Ya indicamos que el ejemplo del buen éxito del camino de Güines estimuló al interes individual para que acometiesen nuevas empresas. La misma junta consibió el proyecto de la formacion de varios ramales, que se llevarán á efecto por la Sociedad en cuyas manos hoy se encuentra. La preferencia del de Guanimar sobre el de Batabanó ha sido muy disputada: nosotros nada dirémos aquí pues ni era oportuno, ni tenemos los datos de que se han usado por ambas partes contendentes.

Para que el objeto de la junta al fijar dos lápidas con inscripciones á los lados de la puerta del paradero del Botánico tengan aquí una reproduccion las copiamos.

PARA LA PROSPERIDAD DE LA ISLA
LA JUNTA DE FOMENTO
PRESIDIDA
POR
EL CONDE DE VILLANUEVA.

COMISION DIRECTIVA
DEL CAMINO DE HIERRO
MIGUEL HERRERA Y OFARRILL
ANTONIO MARIA DE ESCOVEDO
INGENIERO
ALFREDO CRUGER.

Encima de la puerta y en letras de bronce se lee sobre la pared ocupando todo el frente

DEPOSITO DE VILLANUEVA.

La empresa ha dado rendimientos que nadie pudo esperar: el año de 1841 ofreció mayores productos que el anterior, la única cosa que se notó en decremento fué el tránsito de pasageros, pues hubo menos y esto es una consecuencia precisa de que ya no llamaba á tantos curiosos. Nos parece no obstante digno de consignarse aquí que el valor de lo producido por la

carga ascendió en 1840 á 346.119 ps. 6 rs., y que en 1841 produjo 4020 ps. mas. Que los pasajeros dejaron el primer año, 82.261 ps., y el de 1841, 970 ps. menos.

No era pues de estrañarse que á vista de tales resultados se apresurásen especuladores á comprar el camino tan pronto como se anunció de venta en 3.000.000 $. Es inutil decir que el crédito del camino no solo ha tenido una notable influencia en el pais sino que ha llegado á Lóndres. Las acciones del empréstito adquirieron gran importancia y mayor precio, y sus tenedores no se desprenden de ellas por considerarlos como escelente y productiva propiedad.

Frustrada la idea de venta el año de 1839 por los motivos que son notorios y que constan del espediente instruido por la Junta de Fomento que corre impreso por acuerdo de la misma en el año de 1841 se ha verificado el remate por una sociedad anónima que se compone de mil y pico de acciones de á 500 ps. cada una.

En la actualidad ya se ha comenzado á trabajar en el ramal de Batabanó, pues los ingenieros civiles se encuentran sobre el terreno tirando la línea, con autorizacion del Gobierno para que no impidan los dueños la operacion. Los Sres. que componen la Junta directiva de que es secretario nuestro amigo, el aventajado naturalista D. Felipe Poey, tiene en la práctica del Sr. Administrador actual uno de los alementos de su prosperidad, pues no ha tenido que esperimentar la incertidumbre de los ensayos. El Sr. Administrador conoce perfectamente el negocio de que se ejercita pues de él se ha

ocupado desde que existe el camino de que fué nombrado Administrador por la Real Junta de Fomento. El camino se ha rematado en mas de 3.000.000 de ps.

Levantémos aquí la pluma deseando á los accionistas de la Compañía de la Habana, el éxito que ha tenido la Real Junta de Fomento en el de Güines en los ramales proyectados.

A. B.

VISTA GRAL. DE GUANABACOA.

VILLA DE LA ASUNCION
DE GUANABACOA.

La villa de la Asuncion de Guanabacoa es uno de los puntos de baños de mayor nombradía en la isla de Cuba. Los vecinos de ella recuerdan sus animadas férias ó temporadas, y los habitantes de otros pueblos que á este han concurrido tampoco olvidan los placeres que en él han disfrutado. Las *guerras* de gallos, los *reinados* azules y *rojos* que eran así denominados los partidos mantenedores de **la reputacion del** *giro* ó del *talisayo*, valientes guerreros de pico y de espolones con sus reinas, lindas damas á la cabeza engalanadas con el color de los combatientes, son recuerdos que animan los tintes de la história de las temporadas de Guanabacoa que es como en otras partes una série de distracciones y de placeres urbano—campestres : época en que la lijera chupa remplaza al sério frac y en la que de todo forastero se disculpa con una sola frase: "estoy de temporada."— Esto equivale á todas las que puede imaginar la política ó sea la cortesanía para disculpar algun desórden en la morada, cierto descuido en el trage, cualquiera entorpecimiento en el servicio. "Estoy de temporada."— significa todo esto y no obstante, ¿cuan dulce es entónces la vida? ¿como se deslizan las horas del dia hasta que las tinieblas de la noche son interrumpidas por el harmonioso ruido de los instrumentos que en los bailes animan á los concurrentes á participar de la bullidora danza, del monotono wals?

La franca cordialidad que reina en las temporadas de Guanabacoa es uno de los signos cataceríscos que las distinguen de las temporadas de Marianao y Puentes Grandes, en que las costumbres de la ciudad no se alteran en lo mas mínimo. Es verdad que tambien se van variando, y cierto que es un mal, las costumbres de temporada en Guanabacoa; pero nunca nos parece que presentarán el aspecto de las otras citadas.

Desgraciadamente el camino de hierro de Güines que tantos bienes ha producido en otras cosas ha inundado de casacas y levitas de paño nuestros campos apesar de lo ardiente de nuestro sol. Antes para salir un jóven al campo casi siempre montaba á caballo y vestido de lienzo con un sombrero de *yarey* burlaba á los rayos del sol. Hoy entra en un carro como en una sala y si acaso lleva un sombrero de paja es exótico viene regularmente de Francia y tiene un peso doble de aquellos ligerísimos sombreros que dieron por largos años lucrativa ocupacion á pobres y honestas matronas, á bellas y laboriosas doncellas de Cuba.

Guanabacoa tiene un aspecto sumamente vário: sus torres que se elevan sobre tantos techos mezclados de diversos colores, por sobre los pardos de guano, las blancas almenas de los terrados, las corvas líneas de tejas le dan un colorido especial. El tránsito desde Regla está embellecido con vistas lindísimas, principalmente la que se presenta á la subida de la loma del Indio y abraza toda la bahía y parte de la Habana.

La reputacion de que gozan las aguas minerales de Guanabacoa le han adquirido siempre unas temporadas lucidas; pero no es el único motivo de celebridad entre nosotros esta circunstancia. Guanabacoa, pueblo indiano, ha sido por muchos tiempos la fábrica de los vacijas y demas objetos de alfareria que suplian á los búcaros mejicanos y jarros malagueños. Esta manufactura trae su orígen de los indios naturales hábiles en esta clase de obras aunque ignoraban el medio de vidriarlas. Tambien ha obtenido una merecida reputacion por los machetes que salian de sus fraguas: ora por el agua, ora por otros motivos; las *hojas* de los *machetes de cinta* de nuestros campesinos se pueden presentar como muestras de finísimo temple. La prueba de su bondad es doblarlas hasta que la punta toque en la empuñadura, y aun dar en un clavo con el filo sin lesion. Esta industria está muy reducida en la actualidad, pues los *machetes de calabozo* que son los que se usan en la agricultura se traen del estrangero á precios muy baratos. Los machetes de Guanabacoa son las espadas toledanas de Cuba. Los manantiales Barreto, Albañil y Nuñez se suponian como unos de los mas adecuados á esta especulacion.

Se cree muy rico de minerales el territorio de Guanabacoa: existen minas de chapapote, se trabaja la de la Prosperidad que se supone de Hullacrasa; y no falta quien haya dicho que las hay de oro y aun señalado á Bajurayabo y la estancia del Zapote como locales en que se encuentra. Humbold hizo vários reconocimientos y halló amianto con otras minerales, de que dió cuenta á la Real Sociedad económica de la Habana y consta en sus actas.

Tambien es notable Guanabacoa por ser una villa compuesta en su orígen en su mayor parte de naturales aborígines. En cabildo de 12 de junio de 1554 celebrado en la Habana, se acordó que se recojiesen en el pueblo de Guanabacoa los indios que vagaban por los campos para que fuesen doctrinados. Al siguiente año gobernando la Habana el Dr. Angulo, se trasladó allí el gobierno para evitar los perjuicios de la invasion de franceses que por aquellos tiempos se verificaba á menudo dejando un ensangrentado recuerdo en la história de las Antillas; celebraron varios acuerdos los capitulares, y uno fué nombrar de protector de indios á Hernan Manrique

que pidió para propios que aun llevan hoy el título de *natura-les* las haciendas Rio de Cañas ó Bayamo. Andando el tiempo fueron mezclándose las dos razas, y el tinte cobrizo apenas conserva en alguna que otra familia algun rastro de que existió. No obstante varios de nuestros ancianos recuerdan algunos individuos, siendo muy atendible la longevidad de que se ven algunos ejemplos todavia, que alcanzan estos habitantes.

Así continuó Guanabacoa hasta que en 1743 fué agraciada con el título de villa por el Sr. D. Felipe V., quien le concedió el uso de escudo de armas en pendones, estandartes, banderas, escudos y sellos. Concediósele jurisdiccion ordinaria á sus alcaldes, que se crearon de goteras adentro; pero hizóse nueva instancia para que se estendiese la jurisdiccion á los habitantes del campo que residian mas próximos á la villa atendiendo S. M. á que la jurisdiccion nuevamente creada era para evitar las vejaciones que de los alcaldes de la Habana sufrian los vecinos de Guanabacoa: por Real Cédula de 5 de diciembre de 1750 se hizo estensiva á lo solicitado.

El dia 8 de junio de 1762 ha dejado tambien un recuerdo en la loma del *Indio*. Hemos leido la série de hechos honrosos para los hijos de Guanabacoa recopilada por el Ldo. Céspedes; pero no todo ha de ser gloria y ventura y nosotros citamos lo mas importante. Los ingleses rindieron á la Habana y no es estraño que nos hicieran sufrir el primer descalabro en Guanabacoa. Desembarcaron á seis millas de este pueblo y fueron detenidos en su marcha por 6.000 hombres apostados en la loma del *Indio*. Los acontecimientos pasaron rápidamente: un mal dirigido ataque de los nuestros motivó una retirada en el mismo dia y el conde Alvemarle entró en Guanabacoa, sustituyendo á la bandera española la inglesa que se conservó constantemente para que se pudiesen surtir de viveres los habitantes de la rendida, pero valiente capital de la Antilla mayor.

Una de las franquezas mas notables hechas por la cédula de ereccion del Sr. D. Felipe V. fué la consecion de una féria anual que habia de principiar en 1° de febrero de cada año, durando hasta el diez inclusive, porque en tales dias, dice la

2

Real Cédula, era costumbre reunirse gran concurso á causa de celebrarse la fiesta de la Purificacion de Ntra. Sra., para que se hiciesen ventas de todo lo que hay en ella y entra de fuera. Si el camino de hierro de la mina Prosperidad se concluyese, podrian los de la villa hacer uso de este privilegio que atraería gran concurso y seria muy benéfico al pueblo. Una féria en que se pusieran de venta objetos de valor al lado de otros de inferior calidad, en donde un estante de libros se levantase al lado de un seron de plátanos ó de un yugo ú arado proporcionaria ventajas á los especuladores.

Al principio aunque la poblacion no estaba compuesta de indios solamente, se conservaban separados los barrios, residiendo los blancos y sus negros esclavos en la parte central, donde edificaron una hermita á la vírgen de Candelaria y los indios en la loma que hoy se llama del hermitaño y la del Indio en donde residia el que guardaba la tan célebre imágen del Señor del Potosí, de cuyos milagros hacen estensa relacion las crónicas de nuestras madres. La primera loma está hácia *Tarraco.* En las *memorias de la Sociedad económica* se ha ha-

blado del santuario del Potosí, y de sus relatos consta que la familia de Anton Recio, en cuyas tierras se edificó una hermita á la santa imágen, impuso varias sumas para el sostenimiento del culto: los fieles vecinos han contribuido á su reedificacion segun consta de la piedra que se halla sobre la puerta de la capilla.

La primera iglesia parroquial estuvo en el barrio del Campo santo hasta 1721 en que se concluyó la nueva iglesia en donde antes residia la antiquísima hermita de Candelaria en tanto que de ella hay mension desde 1656, Respecto de la introduccion de religiosos franciscanos consta que el primero entró con el carácter de misionero para enseñar y doctrinar á los indios. Tanto el convento de S. Francisco como el de los P. P. fueron edificados á peticion del cabildo, y en ambas peticiones suena el apellido *Aguilar* entre los consejales y personas que intervinieron. Este apellido y el de García se daba muy frecuentemente á los indios y es muy posible que muchos ignoren hoy que por sus venas corre sangre indígena.

Antes de que hubiese conventos existian como ya hemos

dicho algunos religiosos en el territorio. Sabido es que el hermano Manuel el peregrino, fundador del santuario de Regla estuvo sirviendo la hermita de Candelaria y quiso establecer la de Regla primeramente en la loma del Indio.

Para no dilatar mas este artículo solo copiamos la siguiente inscripcion del convento de **P. P.**

ESTA IGLESIA DE Nª Sª DE CANDELARIA Y DEL GLORIOSO
S. FRANCO. JAVIER LA HIZO Y BENDIJO EL ILLMO. Y REVE
ERENDISIMO SR. D. FR. JUAN LAZO DE LA VEGA
Y CANSINO OBISPO DE CUBA SIENDO MAYORDO
MO Y MAESTRO EL TENIENTE LORENZO CAMACHO
SE ACABO EN 3 DE NOVE. AÑO DE 1749.

Prescindimos de hablar detenidamente de los hospitales que hay en la villa y su territorio, sus cofradias, sus consejales, sus milicias, su diputacion patriótica, etc., porqne nos dilataríamos sobre manera. Su poblacion actual es de 10.000 habitantes con cuatro pueblos. Es tenencia de Gobierno.

Por lo visto, Guanabacoa tiene celebridad por varios motivos entre nosotros, y si el lector es goloso y amigo de chambres á la criolla, no concluirémos sin recomendarle el famoso *casabe* de sus vurenes que tan buena liga hace con aquellos.

Figúrese en una mañana muy clara y fresca sentado al pié de un tamarindo con alegres compañías y contemple las verdes y lustrosas hojas del plátano tendidas en el suelo conteniendo sobre sí el humeante agi... ya iba á describir el banquete provincial de los dias de caprichos, pero presumo que no habia de agradar á todos y me conformo con escitar el recuerdo y quizas el apetito de los que por amar á su tierra aman hasta su agiaco.

A. B.

VALLE DE YUMURI. MATANZAS.

VALLE DEL YUMURÍ.

Una de las maravillas mas notables que posee Matanzas, y acaso la Isla entera, es sin disputa el famoso Valle de Yumurí, cuya vista, aunque en brevísimo bosquejo, encabeza este artículo.

No serémos nosotros tan vanos, que describiendo con tosca pluma, objeto tan grandioso, creamos decir lo que el pincel no pudo; pero harémos un esfuerzo por dar de él á nuestros lectores una idea breve, y por añadir color y vida, si es posible, á los rasgos fugitivos del paisajista.

La situacion de este celebrado Valle es media legua al Oeste de Matanzas. Limítanlo al Este, la loma de la Vigía, al Norte la de la Cumbre, que comprende parte del realengo S. Ale-

2*

jandro y el corral Ojo de Agua, al Oeste los Cuavales, sierra que se estiende desde las faldas del Pan hasta la ciudad, y la loma de las Cuevas de Hatuey y del Tundidor al Sud. Verdaderamente todas esas lomas que circundan el Valle, no vienen á ser mas de una, con diferentes nombres, que forman una gran herradura, siendo su boca única el Abra por donde callado y ancho como doscientas varas ó mas, sale á la bahía el cenagoso rio del Yumurí. Podrá medir cinco leguas de circuíto, dos de longitud, y poco mas de una de latitud, pues antes que círculo figura un óvalo, cuyo vértice mas saliente se abanza al Este.

El Valle, que es la parte mas poblada de los alrededores de Matanzas, comprende en su área sobre seiscientas caballerías planas de terreno, donde están plantados dos ingenios de azúcar, tres dehesas ó grandes potreros, para la ceba de ganado, é infinito número de estancias de labor, que con sus humildes techos de *guano* y sus paredes de barro, hacen gracioso contraste con el bello color esmeralda de la llanada, y le dan variedad suma al paisaje. Ademas de esas fincas rurales, y sus

fábricas, á la parte mas occidental ya hace años que se ha formado una poblacion regular, que lleva por nombre Corral-nuevo: está casi al Norte del Pan: dista tres leguas de la ciudad: y desde las lomas que cierran el Valle por la banda de esta, ni por la Cumbre, se divisa, por eso no hacemos otra cosa que mensionarla. La perfecta planicie del Yumurí ó mas bien su suelo demasiado bajo, permite al observador desde cualquiera altura examinar toda su estension; y al mismo tiempo favorece á su fertilidad que es prodigiosa, conforme se echa de ver en el contínuo verdor y lozanía de las plantaciones, y en los inmensos bosques de palmas, cuyas copas presentan una superficie interminable de color verde esmeralda, en contraposicion de sus millares de millares de lisos y blancos troncos, que es una maravilla el verlos de alguna distancia. No es menos la que ofrecen algunos hilos y charcos de plata, que á las veces, por entre esos troncos de las palmas, y las ramas de los árboles se descubren, ó séase lagunas y rios de un lento correr, que cruzan en todas direcciones el pintoresco Valle. Los principales de estos últimos son dos, qùe se distinguen con los nombres de rio Chico y rio Grande. Nace el primero entre el mogote de Gil y el Pan por el Sud-oeste, corre hácia el Norte, y cuando ha entrado gran trecho en la llanada, inclínase al Sudeste y desagua en el Estero, al pié mismo de las Cuevas de Hatuey. El segundo tiene su nacimiento mucho mas distante, al Norte de Corral—nuevo: dá infinitas vueltas y revueltas atravesando el Valle de estre-mo á estremo, hace varios remansos que en la estacion del verano se convierten en otras tantas lagunas, y pobre y ca-llado, hilo á hilo se trasfunde en el anterior; junto con el cual sale por el Abra á la bahía, ya con el nombre indígena de rio del Yumurí.

Las barreras que rodean este inmenso palenque de la na-turaleza, por el costado del Norte, figuran graciosas cabañas con la techumbre blanca. Aquellas son los fortísimos estribos que sostienen las barreras por la parte interior, y la techum-bre blanca, los varios caminos que de la costa bajan al valle. Entre estribo y estribo, las aguas han formado profundos tor-rentes, que los dividen y demarcan, y han depositado asimismo

con el transcurso del tiempo toda la capa vejetal de las altu-ras, que da alimento á espesos bosques de un verdor y loza-nía perennes. Por el costado del Sud, las barreras presentan muy distinto aspecto. Son de piedra, labradas á pico, y de una altura prodigiosa, principalmente cerca de la Vigía, de la loma del Tundidor y de las Cuevas de Hatuey. En esto siguen ellas el sistema invariable de todas las cordilleras de la Isla, cuyas caras que miran al Sud son suaves declives, cargados de tierra, al contrario de las que miran al Norte, perpendiculares y en estremo pedregosas.

Quieren decir que este Valle fué en otros tiempos un lindo lago, alimentado y lleno con las vertientes de las aguas, las cuales trabajando de continuo las barreras que las contenian las horadaron y al cabo rompieron, por la parte en que ahora sale al mar el rio de su nombre. En efecto, si reflexionamos que esta es su única abertura natural, y que las dos montañas del Abra, presentan el vivo aspecto de dos arquitrabes, cuyo tremendo arco desquició y arrebató el ímpetu de las aguas detenidas por el espacio de algunos siglos quizas, no puede menos de convenirse en que no van fuera de camino los que tal opinan. Y si á esto agregamos que el fondo y laderas del **Valle,** están compuestos de terrenos conocidamente terciarios, **en que** sobresalen las arenas y arcillas *plásticas* que son calcáreas de formacion marina y agua dulce por sus fósiles, la duda se convierte en certidumbre.

El segundo dia de la memorable tormenta de S. Agustin, que acaeció en el año de 1794 sábese por tradicion fiel, que el Valle del Yumurí, ofreció un espectáculo sublime y desolador, el de un verdadero lago. Contaba entónces entre otras pocas plantaciones, con dos ingenios de fabricar azúcar, el del Sr. Junco, que aun hoy existe, y otro de otro Sr. que no recordamos ahora. Las fábricas de este estaban situadas á la márgen izquierda del rio Grande, al pié de la loma del Tundidor. Pues bien, con el contínuo llover y el retroceso que hacian las alborotadas aguas de la bahía, ambos rios salieron furiosamente de madre; é inundóse todo el Valle, de tal modo, que los habitantes de él para salvar la vida, tuvieron que salir á toda prisa, unos á caballo, y otros en canoas que les enviaron de la ciudad para socorro; ahogáronse casi todos los animales, perdiéronse las labranzas, y cuando las aguas volvieron á su centro, echaron de ver que las fábricas del segundo ingenio habian desaparecido completamente. En el lugar que antes estaban no se encontró otra cosa que un monton de tierra, ó graciosa colina, sobre la cual el dia de hoy ha construido D. Joaquin de la Fuente, vecino y escribano de Matanzas, una bellísima quinta.

Otras muchas de estas han levantado personas ricas, en el tramo de la herradura que media entre el Tundidor y la Cumbre, las cuales gozan de una vista deliciosa ya de la ciudad y la bahía, ya del mar abierto, y del Valle, al que parece que vela continuamente el gigante Pan, tan celebrado por los poetas matanceros, y que sirve de reconocimiento á los marinos.

C. Villaverde.

PASEO NUEVO. MATANZAS.

EL PASEO NUEVO.—MATANZAS. (1)

Como vuelan los años! yo ví abandonado hace pocos ese lugar en que hoy descuella el Paseo Nuevo de Matanzas y aun hace menos que esos pinos que tan magestuosos lucen en la lámina, empezaban á estender sus simétricas ramas, y aho-ra ¡cuán trocado el sitio! cuán crecidos los árboles! Sentado una tarde del año de 1838 precisamente en el mes de mayo, solo, sin ser conocido, estrangero en Matanzas aun que hijo de la Habana, veia recorrer los carruages por el paseo continuar su carrera por el café de la Marina, doblar por la esplanada de la Aduana y dar vueltas por la poblacion, pues luego los veia reaparecer. Cuáles fueron mis impresiones?

(1) Uno de los Redactores del Paseo se ocupará por incidencia de este mismo particular de que tiene datos que completarán este artículo.

Este paseo es como el nuestro, decia yo en melancólico soliloquio : nos parecemos todos los hijos de Cuba en ciertas cosas y ninguna simboliza mejor nuestro carácter que los paseos. Dar vueltas y mas vueltas en quitrin ó en volante sin mas fin que disfrutar el fresco y sentados es el mas raro divertimiento que pudieran inventar los hombres. No obstante que mas podemos pedir que la frescura de la brisa y el dulce *far niente* de un quitrin, y mas si nos tomamos la libertad de ir fumando un *larguísimo* cigarro de la Vuelta de Abajo? —Un turco en su divan ú otomana con su pipa en la boca y su opio por añadidura no nos aventaja sino en que no sale de su gabinete ni mortifica á las caballerias haciendolas andar mal de su grado.

Cuando la sociedad nos es estraña, cuando no participamos de su bullicio entonces observamos las cosas con mas severidad; yo que en mi patria me dejo arrastrar de sus costumbres no podria prescindir de estas reflexiones á pocas leguas de la Habana de vuelta de un viage mas dilatado. Cuando olvidándolas volvía los ojos á la bahía, al hospital, al cuartel, á la ciudad pues desde mi asiento podia ver todas estas cosas ¡cuán diversos eran mis pensamientos! —El paseo tiene por el linde derecho al mar de la bahía desde donde aparece como una azotea pues le orilla un muro de mampostería. Desde el se nota el movimiento del puerto que en los dias en que sopla el viento por la boca ofrece la imágen de un temporal en miniatura. Las faiuas conducidas por negros la cruzan en todas direcciones; las olas se mueven continuamente, y los *botes* tienen que atarse para que se conserven atracados á los buques para el desembarco. Los que están acostumbrados á la calma de nuestra bahía disfrutan de un espectáculo nuevo, y sin peligros en la de Matanzas. Por la noche se siembra de luces el mar: como los buques no pueden atracar al muelle se conservan anclados aquí y allá en la estensa bahía. Los pinos del paseo le dan una forma particular y severa que le distingue de los otros de la Isla. El paseo está situado en los términos dichos despues de que se pasa el rio, por un puente de madera y dejando al uno y otro lado las bonitas casas de madera y alto que recuerdan las construcciones Norte americanas. La situacion del paseo no puede ser mas bella porque no solo disfruta de las buenas dotes naturales del lugar sino que le sirve de fondo al cuadro que presenta los dos magníficos edificios citados y de que damos las correspondientes láminas.

Ha sido escelente idea la de sembrar en el paseo los pinos que la adornan por su pronto crecimiento: en el de Isabel II, se ve que el primer tramo sembrado de álamos, árbol de mucho crecimiento, ya presenta las formas de un paseo, mientras que el segundo que está plantado de mangos es hasta ahora una calzada pues apenas se les distinguen. En cuatro años hemos visto elevarse á la altura que hoy tienen los pinos del paseo de Matanzas que al principiar esta época los ví en el estado de plantones ó sean *posturas* para que todos me entiendan.

He recorrido el paseo en distintas ocasiones despues que lo hice por primera vez en la fecha citada en el párrafo primero y siempre me ha parecido un lugar encantador. Desde él se ven salir de mañana los vapores de la *carrera de Matanzas* arrojando humo por sus chimeneas y agitando sus ruedas magestuosamente. Los habaneros que se hallan en Matanzas envian con ellos mil recuerdos á sus amigos á sus amadas: tambien lo he hecho yo: tambien he mirado con envidia el momento en que se han separado del puerto, cuando yo tambien habia de hacerlo para puntos mas distantes. Entonces oprimido el corazon con las penas de la ausencia he dado un tiernísimo adios al buque deseándole un próspero viage y he puesto la vista en la columna de humo que salia de la chimenea: elevábase entonces recta y hermosa hácia el cielo y como ella se elevaron mis votos al Todopoderoso por la prosperidad de Cuba.

C. F.

ADVERTENCIA.

En este cuaderno se publica una lámina que contiene la vista de los Baños de S. Antonio Abad. En el último cuaderno del tomo primero se habla de ellos por C. Villaverde por lo que se hace innecesario que nos ocupemos de nuevo sobre lo mismo.

IGLESIA DE JESUS DEL MONTE.

JESUS DEL MONTE.

EL pueblo de Jesus del Monte está unido á la ciudad por la calzada del Monte sin interrupcion de las casas apesar de estenderse á poco mas de una legua. Su situacion le hace muy digno de las consideraciones del viagero pues en realidad con distinta fisonomía del resto de la poblacion no es otra cosa que un barrio de la ciudad.

Es muy pintoresca la situacion del pueblo cuyas casas tienen los patios al campo y son muy frescas. El terreno es bastante seco, pues los arroyos de *Agua dulce* y *Maboa* no tienen aplicacion ninguna: esta es una de las causas de su estado estacionario pues careciendo del interés de los baños no ha sido nunca un lugar de temporadas tan concurrido como los otros

3

puntos del Cerro, Marianao y Guanabacoa. Jesus del Monte tiene una Capitanía pedánea, un cura, y pueden llegar á 2,000 sus vecinos. En la época constitucional tuvo Ayuntamiento : entónces se compraron algunos solares para formar la plaza pública en cuyo centro se elevó una elegante columna con verjas de hierro que han desaparecido desde 1823.

Como todos los transeuntes que se dirigen á la *Vuelta-arriba,* que son numerosísimos, pasan por la calzada de Jesus del Monte así como los que van por tierra á Regla, Guanabacoa etc. ha sido siempre dicha Calzada un punto de los mas agitados por el comercio interior. Las tiendas de frutos del pais, los almacenes, las carnicerias y otros lugares de ventas llamados generalmente *puestos* casi ocupan todas las casas. Las mugeres pobres, casi todas se ocupaban pues las hubo y hay ricas como en todas partes, en *tejer* sombreros de *guano* de *yarey* ó *paja* como dicen ellas y cubrian las necesidades de los hombres del campo y los hacendados y viageros, los últimos se van desertando y adoptan los de *gipipapa* y de *Europa.*

Con un terreno muy sano una atmósfera purísima y en tan cercano punto á la ciudad pues apenas esceden de una legua las últimas casas parece increible que los progresos de Jesus del Monte no hayan sido mayores. Varias causas lo han impedido : la falta de aguas, la tendencia positivista del pueblo y ultimamente la descomposicion de la calzada que llegó á estar intransitable. En el dia se han introducido las aguas del *Acueducto de Fernando* VII en el pueblo, antes surtido de agua de pozos y algibes; hay baños particulares en varias casas se ha compuesto perfectamente la Calzada ; el lujo que nuestras necesidades van haciendo que invada el comercio contribuye á hermosear el pueblo, pues ya ostenta establecimientos elegantes y hermosos mereciendo sus *panaderias* una merecida reputacion. El pueblo tiene varios institutos de educacion vigilados por la Seccion de Educacion de que son miembros algunos de sus mas celosos y honrados vecinos.

En el punto en que hoy está la iglesia ecsistió ántes un ingenio ¿porque han de desesperar los habitantes de Jesus del

Monte de sus progresos? Parece pues increible que la moda ejerza su imperio hasta en la celebridad de los lugares. Las quintas mas espléndidas se construyen en la direccion del Cerro y las casas se derriban en Jesus del Monte y no se reedifican. La quinta de Lagunillas quizá de las mas antiguas de la provincia colocada en una de las eminencias de Jesus del Monte ¿en que pudiera ceder á sus rivales si la moda no levantase á unas y abatiese á las demas? La falta de agua es lo único que pudiera hacerla desmerecer ¿y esta nó puede remediarse?

La iglesia se encuentra colocada como se ve en la lámina en una eminencia, desde su altura se ven paisages lindísimos: por la parte del campo multitud de eminencias cubiertas de verdura, y adornadas de edificios y cocales: á lo lejos los pinos de Holanda de las quintas del Cerro, mas próximos los cocales de Buenos Ayres y la estensa arquería del aqueducto que como una ancha faja blanca presenta en panorama su parte superior é inferior sombreada con una lista verde efecto producido por la vegetacion de las plantas y los árboles.

Hácia el Norte descúbrese la hermosa bahía de la Habana y á esta ciudad con sus torres monásticas sus edificios profanos su imponente magestad. Suspiré al verla porque no oia el ruido de sus carruages, el vividor estruendo de las ciudades: me parecia una ciudad desierta ó un gigante dormido: de mis ojos corrió una lágrima. Mayores que tú, patria mia, fueron Babilonia, Palmira y el Palenque ¿qué será de tí dentro de pocas generaciones? Levantará entre tus escombros sus erizadas pencas la tuna, los abrojos serán talvez tu corona y de tus habitantes no conservarás ni cenizas.

Las nubes que impelia el viento del Sur y encapotaban el cielo, el trueno que retumbaba á lo lejos y el ruido de la campana que se agitaba en aquellos momentos llenaron mi alma de amargura: "nacer para morir" —esta idea no se apartaba de mi mente cuando empezó á llover: entré en la iglesia: su aseo y decencia y la forma de sus altares me recordaron á Espada que tantas veces he llorado en sus desgracias ora cuando su voz resonaba en mis oidos, ora cuando sus consejos dirigian el alma del hijo de su amigo que aun hoy le

llora, ya ó despues que la muerte le arrebató de este pais.
Por encanto mi alma se dejó llevar á otras épocas anciosa
siempre de recuerdos y de gloria : siempre lágrimas!

　　Sentado y reflexivo pasaron por mi imaginacion vários
acontecimientos y mi mente se fijó en la guerra con los ingleses, recordé entonces unos versos que me inspiró la indignacion cuando aun era mas jóven en que hablaba de los ingleses invasores de mi patria, y entre los gefes de Cuba recordé á *Caro*, al intrépido *Gutierrez*— (1)

> 　　Cuba, inocente, venturosa patria
> ¡Donde tus triunfos y tu gloria donde?
> Buscará tus anales el viagero
> La presa de Morgan. Ellos no existen
> Pero que importa si los hechos quedan...
> Cortés, Grijalba, el bienhadado Casas
> De tus orillas plácidas salieron
> Y la enseña de Cristo tremolaron
> De las anchas praderas del Axteca

_____

(1)　　Oda á *Cuba* (inédita) y escrita en 1833.

A las frígidas cumbres de los Andes.
. . . .

> Cien pueblos, cien gimieron encorvados
> Bajo el peso horroroso
> Del cetro poderoso
> De los hijos de Albion: aun el tridente
> Que Neptuno les dió vedlo encendido
> Con sangre ¡Ay Dios! que derramó su mano:
> De mi patria tambien sangre vertieron
> Sus campos y su altar enrojecieron

Despues que hablaba de los principales cabos españoles decia á los que ocuparon á Jesus del Monte—

> De alma gloria los rayos le circundan;
> Valientes denodados les contienen
> De las altas colinas al amparo : (1)
> Sumisos á las leyes se mantienen
> Sufriendo en la inaccion, *Gutierrez*, *Caro*

. . . .

_____

(1)　　Tenian órden de irse retirando sin empeñar accion.

Oh! rabia, ó no mas dijo vibrando
Intrépido Gutierrez, su ancha espada,
Y la sangre estrangera derramada
Regó la tierra que ocupó lidiando.

En aquellos lugares existieron los dichos capitanes: aqui decia yo el coronel *Caro* mantendria acampada su tropa para impedir que los ingleses sitiaran por hambre á nuestros padres; allí los batiria Gutierrez con la intrepidez que la tradicion le atribuye y que tantas veces ha hecho palpitar mi corazon de entusiasmo patrio; mas allá se verificaría el encuentro en que se retiraron los enemigos á Guanabacoa y los españoles á S. Juan.

Ya era avanzada la hora y el encargado de cerrar la iglesia tuvo la bondad de no molestarme con una brusca advertencia pero me paseó las llaves por delante y conocí su intento. Mi compañero ya subía la cuesta á buscarme: "Qué diablos hacius en la iglesia ¡no seria rezar! me dijo.—Amigo, le contesté, he sufrido, y todavía he de sufrir mas porque recuerdos ha despertado Jesus del Monte en mi alma para algunos dias.

— Pues, chico miéntras tu estabas con los ángeles en el cielo yo me andaba por las calles ayudándote.

— Hombre ¿cómo?

— Te he contado las *fondas* para que lo digas en el *Paseo Pintoresco* y son nada menos que treinta y una incluyendo á los bodegones en que se da de comer.

— Indicio es ese del tráfico de transeuntes.

Mientras descendíamos me preguntó por la época de la fundacion de la Iglesia. Aquí hubo un ingenio le dije, que se llamó S. Francisco de Paula y fué del Br. D. Francisco de Lara Bohorgues. Donó el sitio y fábricas para la iglesia el licenciado Rivera y fué el primer cura en 1698 D. Estéban de Leon.

Cuando nos separamos mi amigo se reia de sus trabajos estadísticos y yo me proponia colocar mis impresiones en el artículo de Jesus del Monte para el Paseo pintoresco por la Isla de Cuba.

A. B.

RIO YUMURÍ Y LOMA DE LAS CUEVAS. MATANZAS.

EL ABRA DEL YUMURÍ.

Al noroeste de la Plaza de Armas de la ciudad de Matantas, levántanse dos montañas, cuya direccion es N. O. y las cuales forman el Abra del Yumurí: nada hay mas pintoresco y salvaje que estar dos jigantescas masas de roca, á cuyos piés corre manso y sosegado el rio Yumurí, revelando una catástrofe ó cataclismo, porque á los ojos del menos instruido en la ciencia geológica, salta, que aquello fué un todo, y que si yace hoy dividido, débese sin duda á algun trastorno, del cual se ha perdido la memoria tradicional por la desaparicion de la raza, primitiva habitadora de esta isla.

La opinion comun de que las dos montañas que forman el Abra estuvieron unidas, se apoya en la uniformidad que se advierte entre sus lados fronterizos: las mismas asperezas peñascosas, el mismo color á veces negro y á veces rojizo, como si el elemento ignio hubiese calcinado su superficie; los ángulos salientes que en la una correspnden ecsactamente á los ángulos entrantes de la otra, y en fin, multitud de pormenores que revelan su unidad primitiva.

¡Cuán pintoresca es el Abra! Situado el observador en la cenagosa orilla del mansísimo Yumurí, á veinte pasos del baño que llaman de la Marquesa, quédale á su derecha la montaña nombrada la Cumbre (por ser mas alta que la otra, en la cual se ven pórticos de gótica adquitectura, grupos de columnas, bellísimas, y fantástiscas concavidades, que la imaginacion de un poeta puede poblar á su sabor de seres misteriosos, y de brillantes idealidades; quédale al observador, á la izquierda la otra loma, célebre por sus cuevas descriptas con brillantéz por los poetas criollos D. José Güell y D. Federico Milanés: en esta loma abundan las mismas bellezas y caprichos artísticos que en la frontera, poseyendo ademas un **objeto digno de contemplarse y de escribirse: en este una pe-**

ña saliente que describe una línea curva en la region del aire representando con notable esactitud un cocodrilo en ademan de arrojarse al rio: es sorprendente la semejanza del peñazco con el animal que representa, distinguiendose á la señal de los ojos y del brazuelo, la forma del hocico, y contemplando por último la ilusion, la posicion inclinada de la *estaláctica,* hasta el estremo que á primera vista el observador no acierta á creer si es un objeto real ó fantástico el que cautiva su atencion.

La falda y sima de entrambas montañas están cubiertas de árboles y arbustos silvestres que hacen resaltar mas y mas su salvaje aspecto: débiles yagrumas, torcidos almacigos, peralejos, platanillos, curujeyes de varias especies, pitahayas que serpentean por las concavidades de su peñascoso cariz, y pardos panales de avispas que cuelgan de sus lados como lámparas apagadas de aquel templo rústico, dánle cierto aire agreste y sublime que impone al corazon y levanta al pensamiento hasta el Criador llenando el alma de un encanto indefinible: los condores de Cuba cerniendose sobre aquellas eminencias, el *Aguaita–Caiman* habitador de los mangleros, la *guajaca* colgando de aquellas plantas y arbustos, como un belo flotante, el lindísimo *Sunsum*, volando inquieto y sin posarse nunca, libando el nectar de mil flores silvestres que nacen entre las grietas de las rocas para cubrir su árida desnudéz aquellos grupos de amorosos mangleros, que levantan su verde frente salpicada de blancas flores sobre el terzo cristal del rio, los enjambres de laboriosas abejas, que pueblan la maleza, las lisas que juguetean y retosan entre las ondas mansas del callado Yumurí, todo en fin, causa un contento inesplicable al que con ojos y corazon de poeta, contempla de pié, y en silencio so recojimiento, aquellas paredes colosales de *roca viva*, labrada y adornada por la naturaleza, y en la que las asperezas de distintos colores, parecen arabescos y adornos fantásticos de una lujosa arquitectura; pero la belleza de este paisage es indefinible en una noche de luna: entónces los ruidos solemnes y melancólicos de la noche, aquellos velos flotantes de guajaca que la brisa mueve amorosamente, las aguas del rio que lamen con blandura la arena de las orillas, el canto monotono y lúgubre que alza el esclavo de la vecina cantera, la barca que se desliza por las tranquilas ondas al acompasado son de los remos, ligera y silenciosa como un pensamiento de amor por la mente de una vírgen, esparce tal misterio en rededor de estos románticos lugares, é imprimen en el alma, tan religioso entusiasmo, que los lábios se abren maquinalmente para dejar salir un involuntario homenage de amor y respeto hacia el Criador: él está allí presente en tan grandiosas obras; en vano querria la duda obscurecer la razon en aquellos sitios, que del fondo del alma se levanta la fé, y el hombre esclama.—"¡Aquí está Dios, y le adora lleno de ardiente conviccion!"— Pintores y poetas, en cuya fantasía arde la centella inmortal del genio, vosotros que teneis una imaginacion capaz de comprender la misteriosa harmonía que revelan las maravillas del Altísimo, vosotros que buscais inspiracion, venid á contemplar de pié, desde el baño de la Marquesa la salvaje sublimidad del Abra del Yumurí.

J. Victoriano Betancourt.

PUENTE DE SAN LUIS SOBRE EL RIO SAN JUAN. MATANZAS.

L. Cuevas dib.º y litº.

Litog. del Gobierno, Habana.

PUENTE SOBRE EL RIO DE SAN JUAN. MATANZAS.

L. Cuevas dib.º y litog.º

Litog. del Gobierno, Habana.

PUENTE SOBRE EL YUMURI. MATANZAS.

Puentes del Yumurí y del S. Juan en Matanzas.

MATANZAS, ciudad marítima, que en nuestros tiempos va adquiriendo la importancia comercial á que está destinada, por su situacion geográfica en la costa del norte de la Isla, frente el canal de Bahama y por la estension y abrigo de su gran bahía, Matanzas aun bajo otros particulares, es digna de ocupar la atencion del historiador, del geógrafo, del novelista y del poeta.

Su situacion, sobre una pequeña península, que se levanta en forma de colina, al fondo de la bahía, puede decirse que es el fundamento de sus futuros adelantos en punto á policia. Pues dudamos que ninguna otra ciudad marítima de la Isla, con escepcion de la Habana, cuente con mas elementos que Matanzas, para llevar su poblacion á esa bella á puro sencilla regularidad de las poblaciones del Norte-américa.

Aquellos sus dos rios S. Juan y Yumurí, que rodean su esbelta cintura, como la madre á su hija mas querida con los brazos, en especial el primero, de mas caudal de agua y mayor profundidad, son y serán con el tiempo fuentes perennes de su riqueza y futura prosperidad material. Porque saliendo el uno del famoso valle, parte la mas cultivada de las cercanías de Matanzas, y el otro atravesando diferentes y dilatadas campiñas, partiendo su dominio con el S. Agustin, acuden á la ciudad querida, con los productos de las tierras que riegan y fertilizan sus cristalinas corrientes.

Pero esa misma posicion de Matanzas estrechada por los rios, el mar y la loma de Shimpson, á primera vista parecia oponerse al incremento de la poblacion, si la necesidad no hubiera sugerido á los hombres echar puentes sobre los rios. Habiendo ocupado las casas toda la península, salvaron los inconvenientes que se les presentaron, estendiéndose por el dilatado valle de S. Juan, donde ya se ha erigido el barrio llamado Pueblo–Nuevo, y por las faldas de la Cumbre, donde tambien ya se ha poblado el otro barrio cuyo nombre de ori-

gen francés, Versalles, no atinamos de que se derive. Puesto que, si bien posee el hospital y el cuartel mas grande y mejor construido de la Isla, y el paseo, sus torcidas y desiguales calles, están muy distantes de acercarse á la idea de belleza, que su denominacion significa.

A pesar de eso, Matanzas, lo repetimos, á sus rios y á sus puentes debe el carácter de novedad y hermosura, que ofrece su vista á todo viajero. Sus rios la adornan y fecundan: sus puentes son los eslabones que la ligan á sus dos rivales barrios. Por ellos entra en sus mercados todo lo que la escasa indústria del pais elabora en el interior; por ellos sale á los campos todo lo que la ciudad atesora en sus henchidos almacenes de lencería, ferretería y víveres. Matanzas sin sus puentes, seria un hombre sin brazos, un pájaro sin alas, un castillo entre fosos, que no pudiendo estenderse sobre la tierra, tendria que buscar en los aires espacio para levantar los pisos de sus casas, como las torres sus cuerpos.

Los dos puentes que estan en la embocadura de los rios Yumurí y S. Juan fueron construidos á espensas del vecindario, y dueños de las haciendas inmediatas ochenta y cuatro años despues de la fundacion de la ciudad. El primero la une con el barrio de Versalles, y el segundo con el de Pueblo-Nuevo. Este último, á la cesasion del mando de gobernador de la Habana, del Sr. Marques de la Torre, en abril de 1777, quedaba muy adelantada su obra, cuyo coste ascendia segun contrata á la suma de 7,500 $; y es probable que el otro del Yumurí, de menos precio, pero de idéntica construccion, se hubiese hecho contemporaneamente. El de S. Juan tiene aprocsimadamente 130 pies de largo, y veinte y cuatro de ancho: es todo de madera dura, con guardalagos de quiebra-hacha, que promete mas duracion que el hierro: descansa sobre cuatro estribos de piedra, los cuales no levantan de la superficie del agua, en marea baja, arriba de vara y media; por cuya razon, no pueden pasar bajo sus cinco ojos, mas que canoas pescadoras, y únicamente por dos del centro, las enormes lanchas que transportan los toneles de miel y las cajas de azúcar de los almacenes á los barcos anclados en medio de la bahía, y de estos á aquellos. A la cabecera de este puente, por la parte de Pueblo-Nuevo, hay á la derecha la casa del guarda, que es harto pequeña y de madera; á la izquierda una taberna, de la misma facha que su vecina: despues sigue la célebre calzada de Tirry, que fue construida sobre una ciénaga, y atraviesa toda la poblacion. Entrando por la ciudad se encuentra á la izquierda la antigua bateria de la Vijia, adelante una taberna, y frente de ella otra taberna, ambas de pobre apariencia; pero orgullosas á nuestro ver, junto con la compañera del lado opuesto, por caer bajo su jurisdiccion la guarda del puente, esto es de los pasajeros, que entran ó salen de la ciudad, veanse ó no en la necesidad de llamar á sus puertas, siempre abiertas al que tiene, y cerradas al que no tiene.

El otro puente sobre el Yumurí es mucho mas corto, aunque no menos ancho, ni en su principio mas levantado de la superficie del agua, que el anterior. Y decimos en su principio, porque hasta el pasado año de 1841 no ha venido á dársele una vara mas de elevacion: elevacion que reclamaba la necesidad del tráfico, pues tanto se habia levantado el fondo del rio que trabajosamente en estos tiempos, pasaban bajo sus tres ojos las pesadas lanchas llenas de carga. A semejanza del de S. Juan, descansa sobre estribos de piedra, que son dos. Sus cabeceras están enteramente desembarazadas, pues por la parte de la ciudad hay una plazuela nombrada de Ayllon, y por la de Versalles la plaza del mercado público del barrio.

Este es uno de los puentes mas transitados de Matanzas. Bien es que sirviendo de vehículo al barrio mas industrioso y activo de la ciudad pocos puntos de vista pueden presentarse de mayor efecto que los que se gozan desde sus guardalagos. Yendo para Versalles, lo primero que se ofrece á los ojos del viandante, es la ancha bahía, con sus amenas riberas, y las fortalezas de Peñas–altas y el Morrillo, que la custodian, la primera al terminar lo que allí nombran playa de Judios, y la segunda en la boca del rio Canímar. A lo lejos vense las tetas de Camarioca, y la punta de tierra, que adelantándose al Nordeste, forma el círculo de la bahía, en el centro de la cual, divísase de ordinario un pequeño bosque de mástiles y cordaje que parece levantarse de un cayo que tuviese en su mitad un apacible lago. Y si en vez de dirigir la vista al mar, que viene manso y callado á romper bajo del puente sus olas, con las muertas del rio, se sigue la direccion de este contra sus corrientes; el observador quedará encantado con el espectáculo del Abra, puerta del paraiso, que hay mas adelante en el celebrado Valle, pero de aspecto salvaje.

Por este puente además en las suaves tardes tropicales, se encaminan al Paseo de pinos que hay á la orilla del mar, las hermosas matanceras, y sus amigos, y sus amantes, desde los guardalagos las saludan al pasar cuando ya de vuelta, se esconde la luz del sol, y la bahía, y el rio y la ciudad se empiezan á cubrir de tinieblas, y dan al sitio aquel aire de misterio tal que no puede comprenderlo, quien no ha sentido sus cabellos ajitarse con la brisa del crepúsculo, sobre las aguas del Yumurí, y á orillas de la bahía de Matanzas.

Pero á donde llegó el artificio, y elegante forma del puente de S. Luis, sobre el rio de S. Juan, dudamos que haya llegado ningun otro puente de la isla. Es de madera, como los anteriores, que hemos procurado describir, pero á diferencia de ellos descansa sobre un solo estribo de piedra, con dos ojos ó arcos. La construccion y trabazon de sus piezas (pues para nada se ha empleado el hierro) que se patentizan como las de un reloj, descubren á leguas el ingenio de su modesto artífice Mr. Luis Sagebien, al cual debe Matanzas sus mas bellos edificios. El vértice de los arcos se eleva diez varas de la superficie del agua siendo doble su diámetro, y el puente dos varas mas ancho que el del Yumurí y el de San Juan. Para evitar el roce y molimiento de las ruedas de los carruages en los durmientes, tiene fuertes fajas de hierro atravesadas, y para el crucero de la gente de á pié, anchas aceras que se alzan una cuarta del piso comun. Así este hermoso puente, que une á la sencillez, la fortaleza, es uno de los muchos objetos que llaman poderosamente la atencion del viajero en Matanzas. Por estar inmediato al mercado, su mayor tránsito se efectua por la mañana, y la escena que ofrece á los ojos del observador, es de las mas animadas que pueden imaginarse. Por la tarde al contrario, apenas uno que otro pasagero le cruza, uno que otro carruage, cuyas ruedas corriendo resuenan como un trueno lejano; pero en cambio la vista del rio que se pierde entre dos fajas de verdes mangles, la de la sierra vecina por donde asoma la cúspide del Pan, el caserio de Pueblo-Nuevo, y toda la ciudad á la derecha, suplen con ventaja las escenas de por la mañana.

C. Villaverde.

L. Cuevas dib.º y litog.º

Litog. del Gobierno, Habana.

LAS CANTERAS EN EL RIO YUMURI. MATANZAS.

LAS CANTERAS DEL YUMURI EN MATANZAS.

LAS cercanias de Matanzas cierto que son las mas pintorescas de nuestras ciudades marítimas. La serrania que á sus espaldas corre formando el valle tan celebrado del Yumurí, domina toda la poblacion, la bahía y sus confines, donde sobresalen las montañas de Camarioca al Oriente y el valle de S. Juan al Sud.

Principalmente los cuatro caminos que partiendo de la ciudad se dirigen al valle del Yumurí, son otros tantos paseos, que frecuentan casi siempre á pié, y por pura diversion tanto los jóvenes, como las jóvenes matanceras. El primero de ellos que atraviesa la alegre y moderna poblacion de Versalles, faldeando al principio la Cumbre, y luego trepándola, llega

4*

hasta una altura desde la cual todos los campos, caserios, bosques, rios, montañas y mar que se descubren en mágico panorama, no hay pincel humano que sea bastante á trasladarlos al lienzo con la frescura, la animacion, la bella variedad de ricos matices, el movimiento que imprimen la luz y las sombras, y con aquella originalidad con que la naturaleza sábia, y espléndida, viste sus cosas las mas insignificantes.

Tales paisages, y tantas bellezas ofrece á cada paso, y por todas partes el otro camino, que saliendo de la poblacion por el Oeste, se dirige al susodicho valle centro de toda belleza, cifra de todo encanto y amenidad.

Los otros dos caminos de que hacemos mencion, aunque no presentan esos bellísimos golpes de vista, por no levantarse, ni trasponer ninguna altura, pues antes corren entre barrancos, no carecen ciertamente de interés. El uno desde Versalles orilla la márgen izquierda del Yumurí hasta entrar en el Valle; el otro asimismo orilla la márgen derecha, y no se alonga como el anterior, porque en llegando al Abra, el rio hace un recodo, derrubia el pié de los paredones y no con-

siente paso. Ambos casi en un tercio de su curso, van encajonados entre las lomas y las fajas de mangles que bordan las márgenes del rio: ambos á poco de salir de la poblacion, el uno á la derecha, el otro á la izquierda ofrecen la vista de las *Canteras*, que es lo que representa la estampa puesta al frente de este artículo.

Segun la necesidad, ó conveniencia ha dispuesto que se labren esas canteras, en la pintura y en el original, parecen paredes de basalto, como las que se encuentran en las montañas de Suiza, y en otras regiones heladas del Antiguo y Nuevo Mundo. Pero por el color de la piedra, que es blanco parduzco, por la formacion de ella, conocidamente de orígen terciario, pues encierra aun casi vivos los caracoles y los corales. Las canteras del Yumurí, por tales razones, están muy lejos de tener la consistencia ó dureza de las rocas primitivas. Esto pudiera ser inconveniente para la fabricacion de las casas. Y decimos que pudiera ser porque la verdad es que la parte mejor y mas moderna de la ciudad, y de Versalles, el hospital, el cuartel, la iglesia y la nueva cárcel, estan fabricadas con las piedras que se han estraido de esas canteras. Quieren decir, que la inconveniencia cesa con el tiempo, atento á que la piedra, endurece cada vez mas, con la presion y la accion de la argamasa que liga y aprieta unas con otras en los grandes edificios.

Pero si está probado, por larga esperiencia, que las piedras de las canteras del Yumurí, son buenas para la fabricacion de casas, la esperiencia tambien ha probado, que para aceras de calles, son inútiles y hasta perjudiciales. Puede asegurarse, sin temor de padecer error, que no hay acera transitable en las calles de la ciudad de Matanzas. Las goteras en los meses de mayo, agosto y setiembre, que son tan recias y frecuentes van separando las partes arenosas que el gran laboratorio de la tierra, fué uniendo á los caracoles y corales de los depósitos marinos, y bien pronto en vez de una loza, no quedan mas que los huecos, las puntas, y los filos cortantes de esos fósiles que lastiman los pies de los transeuntes, al estremo de preferirse aunque haya humedad el centro de las calles, á sus aceras.

La vista, sin embargo, de las canteras de Matanzas es imponente y bella. Desde cuatro varas, por escalones ó cuerpos van levantándose hasta la altura de cuarenta y cincuenta sobre el nivel del rio. Los trabajadores suben por escalas de mano, y aun de la misma piedra, y segun van dando barrenos ó labrando sillares, con el estrépito que es de imaginarse van dejando caer aquellas enormes masas, que botando de cuerpo en cuerpo no paran hasta las márgenas del rio.

Preevemos, que con el tiempo, no quedarán á uno y otro lado del Yumurí, mas que dos altísimos paredones de piedra labrados á pico, que imitarán las murallas de un castillo, todavia no imaginado por los hombres.

C. Villaverde.

EL MUELLE. MATANZAS.

EL MUELLE DE MATANZAS.

CADA vez que como viageros hemos visto Matanzas nos hemos acordado involuntariamente de Venecia, y no porque esta ciudad marítima de la Isla de Cuba se parezca aun en nada á la reina del Adriático, sino porque acá en nuestra mente, siempre hirviendo en deseos de progreso y mejora, nos figuramos ya ver trazados lindos canales y elegantes puentes con sus calles laterales y sus guadaños por góndolas. Este que hasta ahora no es mas que un bello sueño, puede no obstante realizarse, y la vista de la lámina que acompaña á este artículo y la esplicacion que de ella darémos, probarán con cuanto motivo deliramos á veces y nos embriagamos con encantadoras ilusiones.

Matanzas tiene ya dos canales venecianos en sus dos pintorescos y utilísimos rios, principalmente en el de S. Juan que se estiende navegable mayor distancia que Yumurí y que está por mas trecho encajonado con buenos murallones de cantería, resultando de esta mejora del arte el que de sus orillas se desprendan menos emanaciones dañosas de las que por lo general se levantan de todos los rios. Débese á estos dos rios tambien la formacion del estenso bajío que enfrenta con la ciudad, siendo de tan escasa profundidad el fondo, que los buques de travesía y aun los mayores de cabotage se quedan á larga distancia de la orilla, resultando de este inconveniente que hayan de verificarse las cargas y descargas de los buques por medio de grandes lanchones construidos al efecto y sumamente chatos ó de poco calado, para que puedan penetrar por las barras de los rios hasta la puerta misma de los almacenes de frutos que están situados en la orilla. Bajo este aspecto considerado, el muelle de Matanzas empieza desde el lugar en que son navegables sus rios recorriendo con sus corrientes sus orillas hasta las embocaduras en el mar, y de estas hacia uno y otro lado formando un estenso arco con algunas irregularidades; pero no es esto lo que generalmente se llama el muelle, y así concretándonos á la representacion de la lámina la esplicarémos.

Sin reparar en los pequeños botecillos que aparecen como adorno, desde luego observamos en primer término lo que se le dá el nombre de muelle de Matanzas. Consiste este en un estenso terraplen amurallado de cantería de poca anchura que avanza cuasi en línea recta hacia la parte mas hondable de la bahía, y sin embargo, tampoco fondo logra aun con esta disposicion, que como se puede notar en el grabado, solo atracan á él, y eso muy á la punta, los barcos menores de cabotage. Hácia la izquierda vemos representada parte del tinglado bastante ámplio que ocupa una buena porcion del lado izquierdo dejando calle descubierta por el derecho para que los carretones y demas carruages de descarga puedan llegar hasta la misma punta con sus cargas y retornos. Por la parte en que aparecen atracadas las goletillas costeras, forma el muelle con las orillas del barrio llamado de *Versalles*, y con el frente, tambien amurallado de cantería, en que están los edificios de la ciudad fronterizos á la bahía, una rada de mediana estension á la cual solo pueden entrar los lanchones y botecillos por su poco fondo y la barra que forma como á su medianía el Yumurí, que es el rio que vierte en el mar sus aguas por esta parte. Esta rada es el punto mas concurrido de todo el ámbito del muelle, porque colocado este en una disposicion que le resguarda de las alteraciones del mar por causa de los vientos del N. E. que levantan altas oleadas en la bahía, se hace preferible á los demas puntos de desembarco que se presentan.

Hemos pues hablado del muelle de Matanzas como es en sí, y contrayendonos ahora á lo que dijimos al principiar este artículo ¿no seria muy facil por el método que se ha construido el *muelle* terraplenar todo el bajio estendiendo la ciudad comercial sobre este pequeño Adriático con sus canales, sus puentes y sus góndolas? De este modo habria facilidad de avanzar muelles hasta un punto en que las embarcaciones de regular porte pudiesen atracar y verificar sus descargas, y al menos los vapores atracarian desde luego para hacer menos costoso el transporte de pasageros, lo que bien podia desde hoy hacerse estendiendo un estrecho muelle de madera como agregacion del de piedra actual, de modo que aunque fuere débil por la dificultad que parece ecsistir de clavar en el fondo estacas muy enterradas, serviria indudablemente para el objeto que lo proponemos. Bella y hermosa parte de ciudad podria ser la que se agregase á la Matanzas actual por el método que hemos dicho y que quizás otros antes que nosotros han previsto; el aura del mar, el rumor de las olillas en los canales, aquel poético discurrir entre el cielo que se refleja á los pies, la tierra que se huella y el mar que riela y se enriza suavemente; aquella variedad del conjunto, el tránsito por agua y el de tierra, el movimiento altamente mercantil que desarrollaria esta parte de la ciudad anfibia; todo contribuiria á darle poesia, á proporcionarle ventajas. Por eso notros queremos dormir embriagados con estas ilusiones, porque vemos un bien en las mejoras y mas vale arrullarse muellemente con ideas benéficas que soñar destrucciones; mas vale, repetimos, adormirse con ideas útiles y gloriosas esperando los adelantos del porvenir.

Y. V.

ADVERTENCIA A LOS SRES. SUSCRIPTORES.

Los empresarios de esta publicacion la hubieran continuado si solo tuvieran que dar vistas de esta **ciu-dad y** sus alrededores: al llevar á cabo la idea que se propusieron de reunir en esta coleccion las vistas **de los** monumentos y lugares mas notables de toda la Isla se han convencido de que no les es posible costear **el viaje** del dibujante y los demas gastos que exige la empresa con solo los auxilios de la escasa suscripcion **que hoy** cuentan. Deseosos los empresarios de dar cuenta al público de todas sus operaciones para conven-**cerle** de la hidalguia de sus sentimientos y del buen deseo de cumplir con sus compromisos, suspende**n la publicacion** que habia de quedar trunca pudiendo ahora unirse los dos cuadernos publicados al primer **to-mo.** Los empresarios no desisten de llevar á cabo su idea: la suspenden para tomarse el tiempo necesa-**rio** de crear los medios de realizarla, ya sea en esta ó en otra forma pero siempre con el mismo título **por que** no conciben que haya otro mas análogo á su intento. Para que se convenzan todos de la imposibilidad **de** cumplir hoy sus compromisos baste observar que no solo tienen que enviar un dibujante á sacar **las vistas,** sino que tendrian que costear otro en el establecimiento para sus continuos trabajos. Al despedi**rse por** ahora los empresarios del público no pueden menos de dar gracias á las autoridades locales que **casi todas** han favorecido el papel con sus suscripciones y á **los amigos de las artes** y de la literatura que **no las han** abandonado hasta el fin.

CUARTEL DE INFANTERIA. MATANZAS.

REAL ADUANA. MATANZAS.

L. Cuevas dib.º y litog.º

Litog. del Gobierno, Habana.

HOSPITAL DE SANTA ISABEL. MATANZAS.

LISTA DE SRES. SUSCRITORES SEGUN EL ORDEN DE SU INSCRIPCION.

Escmo. Sr. D. Gerónimo Valdés, Presidente Gobernador y Capitan General de la isla de Cuba: protector principal de esta obra.

Escmo. Sr. Conde de Villanueva, Intendente de ejército, Superintendente general delegado de Real hacienda.

Escmo. Sr. Conde de Mirasol, Segundo cabo de la Capitanía general y Sub–inspector general de las tropas de infantería y caballería de esta Isla.

Señor D. José María Parejo, Asesor general Segundo teniente de Gobernador; por 2 ejem.

Señor D. Pedro María Fernandez de Villaverde, Asesor general, Tercer Teniente de Gobernador.

Escmo. Sr. D. José María Mantilla, Alcalde primero ordinario.

Señores Ldo. D. José Agustin Govantes, Alcalde segundo ordinario.

,, D. Antonio Bachiller y Morales.

,, D. Tranquilino Sandalio de Noda, Agrimensor de la Real Aud. Pret.

Ldo. D. Manuel Costales y Govantes.

D. Ildefonso Vivanco.

,, José Pastor.

,, Pedro Ulloa.

Marqués de Villalta.

D. Montiano de Loira.

,, Francisco de Velasco, Brigadier de infantería, Teniente de rey de esta plaza

,, Juan Ogando

,, N. Silva.

,, Francisco Howe.

,, José María Lastayo.

Señores D. Francisco de Moret.

,, Alejandro Martinez de Arcos.

,, Santiago de Capetillo y Nocedal, Administrador general de correos.

,, Antonio María de Capetillo y García, oficial de correos.

Ldo. D. Manuel Arizmendi.

,, ,, Domingo del Monte.

D. Fermin Polo.

,, Juan Higinio Martinez.

,, Diego Antonio Acevedo.

,, Francisco Gallardo Solano.

,, Ricardo de Juan y M.

,, José del Castillo.

,, Cárlos del Castillo.

,, Fernando del Castillo.

,, Joaquin de la C. Mendoza, por 2 ejem.

,, Francisco Morejon de la Barrera.

,, Ramon Gonzalez, Intendente de ejército, Contador mayor del Real Tribunal de Cuentas de la Isla de Cuba, decano.

Marqués de Selva Alegre, Contador mayor

de dicho Real Tribunal de cuentas, subdecano.

Señores D. José Vazquez Varela, coronel de infantería, Ministro de Real Hacienda.

,, José de Imaz, Intendente honorario de ejército

,, Melquiades de S. Pedro é Ibarra, Contador de segunda clase del Real Tribunal de cuentas.

,, Simon Hernandez de la Torre, Oficial de segunda clase de dicho tribunal.

,, Francisco de San Martin, escribiente de primera clase de dicho tribunal.

Escmo. Sr. conde de O–Reilly.

Señores D. Rafael Cabello.

,, Francisco Ochoa.

,, Francisco de Cárdenas y Manzano.

,, Bernardo José Lopez.

,, Joaquin Antonio Ramos, coronel de infantería, Secretario por S. M. de la Sub-inspeccion general de esta isla.

,, Félix Ramos, Ten. Cor. graduado.

Señor D. Gabriel Maria de Foxá, Teniente de infantería.

El archivo de la Sub-inspeccion.

Señores D. Angel Loño, Coronel del regimiento infantería dela Union.

,, Ignacio Suarez Florez.

Pbro. D. José Miguel Bruselo.

D. Rafael José Rodriguez.

,, Francisco Javier Armenta.

,, Esteban Samuano.

,, Angel de la Cruz Muñoz.

Dr. D. Vicente Osés.

D. Ramon M. Forns.

,, Jacobo Oreiro.

,, Ignacio Paez.

,, Fernando Guerra.

,, Rafael Sostoa.

,, Miguel Novo.

,, Rafael Rodriguez de Arias.

,, Federico Zuluaga.

,, Agustin Lobaton.

,, Carlos Valcárcel.

4

Señores D. Eduardo Rovira.
 „ Manuel Duelo.
 „ Juan Wintuisen.
 „ José María Wintuisen.
 „ José María Delgado.
 „ Manuel Zapatero, Administrador de Rentas en el Mariel.
 „ Manuel Arriaza.
 „ Federico Hedelman.
 „ Juan Baumaun.
 „ José María de Montalvo y Morales.
 „ Francisco María de Curbía.
 „ Enrique Gener.
 „ Miguel Diaz.
 Dr. D. Luis Genebriera.
 D. Juan Antonio Gallego.
Sras. D: Teresa Alvarez de Guitart.
 „ „ María del Cármen de las Fuentes de Carreras.
Br. D. Cristobal Guitart y Alvarez.
Pbro. D. José Blanco y Robles.
 D. Fulgencio Pardo.

Señores D. Antonio Ricart.
 „ Magin Ricart.
 „ José María Cardeña.
 „ Francisco Jimenez Anido
 „ José de la Cruz Arcila.
 „ Guillermo Douval.
 „ Antonio Menchi.
 „ Juan Bautista Fronti.
 „ Pedro Ramon Fernandez.
 „ José Emetrio Valdes.
 „ Manuel de la Paz Mirat.
 „ Etanislao Sanz.
 „ José Suarez.
 „ Juan Antonio Fabre.
 „ Francisco de Paula Rodriguez.
 „ Manuel Fuertes.
 „ José Suarez Rueda.
Oidor D. Ignacio de Ramon Carbonell.
 D. José Francisco Almeida.
 „ Guillermo Good.
 „ Nicolas P. Trist, cónsul de los Estados Unidos de América.

(SE CONTINUARA.)

Señores D. Fernando Coradini.
,, Manuel Santin.
Marqués de Aguas-Claras.
Ldo. D. Agustin Valdes y Sanchez.
Dr.D. Pedro Mendo, Provisor y Vicario general.
Pbro. D. Tomas Martinez.
D. Francisco de Chacon y Calvo.
Ldo. D. José de Jesus Ruiz.
Alegría y Charlain.
D. Joaquin José García.
Marqués de la Real Proclamacion.
Ldo. D. Pedro María Romay.
D. Joaquin de la Puente.
,, José Gregorio de Ibarrola, Procurador de la Real Audiencia.
,, Antonio Juan Vignau.
Dr. D. Pablo Humanes.
D. Juan Pinet.
Coronel graduado D. Fulgencio de Salas.
D. Agustin de la Roberé.
R. P. Fr. Santiago Papiol.

Señor Marqués del Real Tesoro.
M. R. P. Maestro ex–lector Fr. Pedro Infante.
,, ,, Remigio Cernadas.
,, ,, Vicente Buitrago.
,, ,, Ambrosio Herrera.
R. P. Fr. Manuel Palma.
Señores D. Nicolás de Cárdenas y Rodriguez.
Dr. D. Nicolás José Gutierrez.
Oidor D. Prudencio de Echavarría.
D. Fernando de Gavér.
M. R. P. M. Prior y Vicario Provincial Fr. José Claro Pinelo.
Señores Dr. D. Estevan Bermudez.
Ldo. D. José Victoriano Betancourt.
Dr. D. Isidro Cordobes.
D. Juan Manuel Torices.
,, Antonio Warleta.
,, Juan Collazo y Gil.
,, Pedro Superville.
,, Pedro Martin.
,, José Maria Ramirez.

6

Señores Dr. D. Francisco Javier Coronado.
D. Isidro Sicart.
„ Manuel Fernandez.
„ Manuel Santos.
„ Guillermo Jamm.
„ Ramon Andrés del Sol.
„ Alejandro Fernandez Trebejo.
„ Fernando Valverde.
„ Juan Fernandez Rico.
„ Jose Planás.
„ Manuel Meireles.
„ José Nicolás Morejon.
„; Rafael García.
„ Juan Bayebl.
„ Pedro Clarens.
„ José Llanusa.
„ Pedro de Cantero.
„ Federico Gruner.
„ José Samá.
Oidor honorario D. Francisco de Armas.
Escmo. Sr. D. José Ricardo O–Farrill.
Señor D. José Ricardo O–Farrill y Arredondo.

Señores D. Joaquin de Peñalver y Sanchez.
Conde de Casa Pedroso y Garro.
Escmo. Sr. D. José María Calvo.
Escmo. é Ilmo. Sr. Arzobispo Administrador de esta
Diócesis.
Señores Marqués de S. Felipe y Santiago.
„ de Casa-Duquesne.
D. José Patricio Sirgado.
„ Ignacio Herrera y Pedroso.
Oidor D. Ignacio Crespo Ponce de Leon.
Escmo. Sr. Conde de Bainoa.
Señores. Ldo. D. Manuel de Armas.
Comandante del Real Cuerpo de ingenieros
D. Manuel Arrate de Peralta.
Coronel D. Joaquin de Loresecha.
Regidor D. Francisco Rodriguez.
D. Ambrosio Rendon y Zuazo.
Regidor Ldo. D. Juan Cascales y Ariza:
Ldo. D. Andrés Cascales y Ariza.
D. Pedro Martinez, por 2 ejemplares.
Cebrian, Guertin y campañía.
Johns, Harvey y compañía, por 2 ejemplar.

Señores D. Francisco Goiri y Beazcoechea.
Mr. Gield.
Cónsul general de Prusia D. Federico
Sthamer.
D. Pedro Richard.
Rebuelta, Demestre y campaña.
D. Santiago Ponce de Leon.
Ldo. D. José María Morilla.
„ José Macedas.
Alcalde mayor provincial D. Francisco
Valdés y Herrerra.
„ Rafael Gonzalez.
Ldo. D. Manuel Martinez Serrano.
Rafecas y hermanos.
D. Juan Grau.
„ Lino Carballo.
Intendente D. Tomas A. de Cervantes.
„ Cárlos Marshal.
R. P. Fr. Manuel de S. Gregorio.
Ldo. D. Francisco Gregorio de Tejada.
D. Laureano José de Miranda.
Dr. D. Pablo Marin.

Señores Cónsul gen. de Rusia D. German Mooyer.
D. Francisco del Val.
„ Nicolas Galcerán.
„ José Francisco Artola.
Roig Brunet y Comp.
Ldo. D. Antonio Zambrana.
Ldo. D. Francisco Javier de la Cruz.
D. Cárlos Cruzat.
„ Joaquin Andreu.
„ Juan Sastre y Puig, Administrador del
Real colegio seminario.
„ Manuel Espinosa Romero.
„ R. Clarke.
„ Manuel Muñoz.
„ Santiago Hadiver.
„ Adolfo Godefroy.
„ José Miguel Urzainqui.
„ Agustin del Pozo.
„ Ohlmeyer Ullmann y Compañía.
„ Alejandro Bastian.
„ Tomas Lopez.
„ Roig Mainer y Comp.

8

Señores Gibert Hermanos.
D. Manuel Anguera.
„ Angel Alcisnelles.
Ferran, Hermanos y Comp.
D. Ramon de la Cámara.
„ Manuel Peñasco.
„ Santiago Drake.
„ Francisco Morales.
„ Cárlos Baeza.
„ Guillermo Bruner.
Nicolás Lopez de la Torre, Comisario ordenador honorario.
D. Francisco de Córdova y Rodriguez.
„ Francisco Luis Callejo.
Dr. D. Francisco Alonso y Fernandez.
D. Estevan Naveas.
„ José Dotres y Hermano.
Real Colegio de Humanidades de Jesus.
D. Fernando Antonio de Alvear.
Ldo. D. Miguel de Ceballos y Alfonso.
„ „ José T. Cabrera.
D. Francisco de Paula Serrano.

Señores D. Diego Tanco.
„ José María de Sequeira, Comisario honorario de ejército.
D. José Severino Boloña, impresor de la Real Cámara de S. M.
„ Serafin de Bolivar.
„ Manuel Rodriguez Mesa.
„ Márcos Ceulino.
„ M. Hernandez Ceo.
„ José Diaz, Sub-inspector de Bomber.
„ José Montes segundo maestro mayor de las obras de fortificacion.
Marqués de la Cañada Tirri.
Ldo. D. Juan F. Beltran.
D. Manuel Marquéz y Fernandez, oficial 2º del cuerpo de cuenta y razon de Artillería.
Brigadier D. José de Acosta.
Dr. D. José Antonio de Aragon.
D. Isidro Sanchez.
„ Juan B. de Erice.
„ Bernardo de Echavarría, oidor honor.

Señores. Ldo. D. Enrique Rafael Dau.
D. Joaquin Toscano:
„ Manuel Larrinaga.
„ Antonio Eulate
„ José Muros.
„ Juan Santa Cruz.
„ Juan Bautista O-Ruitiner.
„ Manuel Matute.
„ Alfonso Torrejon y García.
„ José Casal.
„ P. B. Escauriza.
„ Ambrosio Tomati.
„ Juan Mantero de Espinosa, Cp. de Inf.ª
„ Fernando Moreno.
„ Pablo Antonio Toñareli.
„ Juan Damon, por 2 ejemplares.
„ Jacinto Sigarroa.
„ Cárlos José Pedroso.
„ Fernando Ortega Salomon, Prior de
la Real Audiencia Pretorial.
„ Juan Manuel de Cespedes.
„ Ildefonso de Silos.

Señores D. José Andres, comandante del cuerpo
de ingenieros de esta Plaza.
„ José Antonio Delgado, teniente coro-
nel graduado, capitan de granaderos
del regimiento de Nápoles.
„ Agustin Braza.
„ Manuel José Carrera.
„ Andres Amador García.
Conde de Casa-Bayona.
Ldo. D. Luis Waddiny y Cárdenas.
D. Cárlos Ting.
„ Pedro Florentino Dominguez.
„ José Quiñones, capitan de infantería.
Señora D.ª María de Jesus Perez de Diaz.
D. Andres Benitez, intendente honorario
de provincia, contador de 2.ª clase.
„ Manuel Solar.
„ Juan José de Presno, teniente coronel.
„ Justo Antonio de Cortina.
„ Manuel Maruri.
„ Manuel Calvo.
„ Gregorio Menchiaca.

Señores D. Félix de Arango.
„ Pedro Jorganes.
„ Miguel Palomino.
„ Luis Melizet.
Ldo. D. Joaquin de Oliva.
„ Pedro Ferran.
„ Lucas de Ariza, oidor honorario.
„ Juan María de Leicegui.
„ Fernando de Arritola.
„ Agustin de Planes.
„ D. Francisco Antonio Mojarrieta.
„ „ Pedro Rizo.
„ „ Manuel de Galdos.
„ „ Francisco Fernandez de Velasco.
D. Ignacio Félix Escoto, fiscal de departamento.

Señores D. Juan José Guerrero, teniente de Inf.ª
„ José Antonio Diaz Bustamante.
Ldo. D. Antonio de las Cuebas.
„ „ Andres Rodrigues Zenea.
„ „ Gabriel Rodriguez Carballo.
D. Pascual Mendivi.
Dr. D. Francisco Rensoli.
Ldo. D. Rafael Lima.
„ „ José Rodriguez Valdes.
„ „ Francisco Flaquer, por 2 Ejem.
„ „ Juan Miret.
„ „ Manuel Rojo.
„ „ Fernando Adot.
„ „ José María Aguirre y Alentado.

Paseo pintoresco

por la isla de Cuba publicado por el establecimiento litográfico

DEL GOBIERNO Y CAPITANIA GENERAL

En la Habana.

Año de 1841.

Cuaderno nº 1.

Paseo pintoresco

por la isla de Cuba publicado por el establecimiento litográfico

DEL GOBIERNO Y CAPITANIA GENERAL

En la Habana.

Año de 1841.

Cuaderno n.º 2.

Paseo pintoresco

por la isla de Cuba publicado por el establecimiento litográfico

DEL GOBIERNO Y CAPITANIA GENERAL

En la Habana.

Año de 1841.

Cuaderno nº 3.

Paseo pintoresco

por la isla de Cuba publicado por el establecimiento litográfico

DEL GOBIERNO Y CAPITANIA GENERAL

En la Habana.

Año de 1841.

Cuaderno n.º 4.

Paseo pintoresco

por la isla de Cuba publicado por el establecimiento litográfico

DEL GOBIERNO Y CAPITANIA GENERAL

En la Habana.

Año de 1841.

Cuaderno nº 5.

Paseo pintoresco

por la isla de Cuba publicado por el establecimiento litográfico

DEL GOBIERNO Y CAPITANIA GENERAL

En la Habana.

Año de 1841.

Cuaderno nº 6.